Georg Franz-Willing

DER ZWEITE WELTKRIEG

Ursachen und Anlaß

J'ai peur des peuples des steppes et des prairies et je crains de les voir écraser entre eux notre pouvre vieille Europe.
(Aristide Briand, 1931).

GEORG FRANZ-WILLING

Der Zweite Weltkrieg

Ursachen und Anlaß

DRUFFEL-VERLAG
LEONI AM STARNBERGER SEE

Umschlagentwurf: H. O. Pollähne, Braunschweig

Internationale Standard-Buchnummer
ISBN 3 8061 0961 3

1979
Druffel-Verlag

Satz, Druck und Bindearbeiten: Sellier Druck GmbH, Freising
Printed in Germany

Inhaltsverzeichnis

Vorwort

Der vierzigste Jahrestag des Ausbruchs des Zweiten Weltkriegs bietet umsomehr Anlaß zu rückschauender Betrachtung über die Gründe dieser Katastrophe, als im Gegensatz zum Ersten Weltkrieg die Quellen für den Forscher teilweise immer noch verschlossen sind und damit der willkürlichen und einseitigen Darstellung im Sinne der Sieger nach wie vor Tür und Tor geöffnet ist. Wenn es das Kennzeichen geistiger Sklaverei ist, daß das besiegte Volk die Taten seiner eigenen Regierung durch die Brille der Sieger betrachten und sie darnach be- und verurteilen muß, so ist diese geistige Versklavung des deutschen Volkes durch die „Umerziehung" weitgehend geglückt. Das Ziel dieser „Umerziehung", dem deutschen Volk sein nationales Selbstbewußtsein zu nehmen, indem man ihm sein Geschichtsbewußtsein nahm, wurde dadurch erreicht, daß man ihm seine staatliche Existenz durch die Zerstörung des Reiches raubte, es köpfte und vierteilte und ihm den Brandstempel der Kollektivschuld einprägte. Dieser Gehirnwäsche war das deutsche Volk nach der totalen Kapitulation der Wehrmacht vollkommen ausgeliefert und ist es weitgehend heute noch. Neben der täglichen Berieselung durch die Massenmedien ließen die Siegermächte es sich angelegen sein, durch den Raub der deutschen Akten die geschichtliche Darstellung der deutschen Vergangenheit selbst zu schreiben, insbesondere der jüngsten Zeit von 1933 bis 1945. So glückte es ihnen, das eigenständige Denken und die geschichtliche Selbstbetrachtung teils ganz auszulöschen, teils in ihrem Sinne umzulenken, immer im moralisierenden Sinne der Züchtung und Pflege des kollektiven Schuldbewußtseins. Diesem Zwecke dient auch die Sperre wesentlicher Akten und sonstiger Quellen der Siegermächte, so vor allem Rußlands, der USA und auch Frankreichs. In England ist die Benützungsperre der einschlägigen Akten erst vor einiger Zeit von fünfzig auf dreißig Jahre herabgesetzt worden. Die Akten des deutschen Auswärtigen Amtes werden von einer alliierten

Kommission herausgegeben; seit 1960 dürfen westdeutsche Historiker an der Herausgabe mitwirken. Diese Aktenedition kann sich mit jener nach dem Ersten Weltkrieg an Vollständigkeit, Gründlichkeit und Genauigkeit nicht messen. Die „Umerziehungs"politik der Sieger konnte freilich nur deshalb so erfolgreich sein, weil sie die unentbehrliche Hilfe der innenpolitischen Nutznießer der nationalen Katastrophe Deutschlands, aller angeblichen und wirklichen Gegner des Nationalsozialismus unbegrenzt in Anspruch nehmen konnte. Der Mangel an nationaler Würde wie auch an „Zivilcourage", der teils dogmatisch, teils konjunkturell bedingte Haß gegen Hitler und das Dritte Reich, waren und sind wichtige Voraussetzungen dafür, daß das durch die Nürnberger Schauprozesse von der Siegerwillkür geformte „Geschichtsbild" insbesondere der jüngsten Vergangenheit uneingeschränkte amtliche und halbamtliche Geltung erhielt. Ein erschreckender Verfall der Geschichtsforschung und Geschichtsschreibung fand darin seinen Ausdruck. Die Siegermächte haben als Besatzungsmächte die schlechten Eigenschaften des besiegten Volkes planmäßig sich zunutze gemacht, sie bewußt gefördert und gepflegt. Sie arbeiteten nur mit jenen „Deutschen" zusammen, die willenlose Werkzeuge ihrer Politik waren. Die Geschichtsschreibung der deutschen Teilstaaten segelt daher im Kielwasser derjenigen ihrer jeweiligen Besatzungsmacht, in Westdeutschland und in Österreich im amerikanischen, in Mitteldeutschland im sowjetrussischen Fahrwasser. Sie ist dadurch mehr oder weniger zum verlängerten Arm der antideutschen Kriegspropaganda geworden. Ansätze zu revisionistischer Forschung und Darstellung konnten sich nur im Ausland bilden und werden innerhalb des deutschen Bereichs bekämpft. Der Nestor der revisionistischen Geschichtsschreibung in den Vereinigten Staaten von Nordamerika, Harry E. Barnes, urteilte diesbezüglich mit folgenden Worten:

„Das deutsche Kriegsschuldbewußtsein stellt einen Fall von geradezu unbegreiflicher Selbstbezichtigungssucht ohnegleichen in der Geschichte der Menschheit dar. Ich kenne jeden-

falls kein anderes Beispiel in der Geschichte dafür, daß ein Volk diese nahezu wahnsinnige Sucht zeigt, die dunklen Schatten der Schuld auf sich zu nehmen an einem politischen Verbrechen, das es nicht beging, es sei denn jenes Verbrechen, sich selbst die Schuld am Zweiten Weltkrieg aufzubürden."

Johann J. Görres, leidenschaftlicher Streiter für das deutsche Volk im Kampf gegen die französische Herrschaft über Mitteleuropa unter Napoleon I., legte als Kenner der Schattenseiten des deutschen Nationalcharakters dem französischen Kaiser folgendes Urteil in den Mund: „Leichtgläubiger ist kein Volk gewesen und törichter kein anderes auf Erden. Keine Lüge ist so grob ersonnen worden, der sie nicht in unbegreiflicher Albernheit Glauben beigemessen hätten. Die törichte Mißgunst, womit sie sich untereinander angefeindet, habe ich zu meinen Gewinnsten wohl gehegt: immer haben sie mehr Erbitterung gegeneinander als gegen den wahren Feind gehegt." Diesem treffenden Urteil über den Mangel an Nationalgefühl, an Instinkt für nationale Würde sei ergänzend noch jenes des Reichskanzlers Caprivi über die Haltung des Zentrumsabgeordneten Lieber im Reichstag hinzugefügt: Es sei dem Herrn Abgeordneten Lieber „egal, ob die Russen in Berlin und die Franzosen in München einmarschieren, wenn nur die Zentrumspartei noch existiert". Auch Fürst Bismarck hatte schon auf die Gefahr hingewiesen, daß die Parteien das Deutsche Reich ruinieren würden. Die Siegermächte haben diese Einsicht wohl beherzigt. Der römische Kaiser Tiberius hatte bereits im ersten nachchristlichen Jahrhundert geraten, man solle die Germanen ihren inneren Zwistigkeiten überlassen, dann könne man sie nach dem Grundsatz „Teile und herrsche" leicht beherrschen. Eben dieses Schicksal erleidet das deutsche Volk wieder seit 1945.

Dieses Buch kann nicht den Anspruch erheben, erschöpfend das Thema zu behandeln. Ein solcher Anspruch wäre eine unzulässige Anmaßung, denn er übersteigt bei weitem die Arbeitskraft eines einzelnen. Es fehlen auch noch, wie oben hervorgehoben, viele wichtige Quellen; die Literatur ist trotzdem schon ins Uferlose angeschwollen. Es bleibt aber das Anliegen, sach-

lich aus der überparteilichen Warte einen Überblick und Rechenschaftsbericht zu geben. Objektivität ist eine höchst subjektive Eigenschaft; der Wissenschaftler kann jene Objektivität nie voll, sondern nur in einem Annäherungswert erreichen durch das Bemühen, unvoreingenommen die Menschen und die Ereignisse aus ihren Zeit- und Lebensumständen heraus zu betrachten, zu verstehen und zu beurteilen. Der Historiker muß versuchen, einen archimedischen Standpunkt einzunehmen. Das wird nur annähernd in dem Maße möglich sein, in dem er sich von der Parteien Haß und Gunst nicht beeinflußen läßt. Abgesehen von dem Bemühen, die Arbeit nach Möglichkeit auf den neuesten Forschungsstand zu bringen, ließ der Verfasser es sich angelegen sein, ältere, meist totgeschwiegene Literatur, soweit sie Quellenwert besitzt, anzuführen, besonders auch solche von Wissenschaftlern und Publizisten neutraler Staaten. Hervorgehoben seien hier besonders die Dokumentationen des Völkerrechtslehrers Friedrich Berber, so seine auszugsweise Veröffentlichung erbeuteter Prager Akten unter dem Titel: „Europäische Politik 1933–1938 im Spiegel der Prager Akten“, Essen 1942, ferner: „Die amerikanische Neutralität im Kriege 1939–1941“, Essen 1943. Das Auswärtige Amt veröffentlichte 1940 polnische Beute-Dokumente unter dem Titel „Weißbuch Nr. 3“. Von neutraler Seite seien u. a. erwähnt die Bücher des berühmten schwedischen Asienforschers und Gelehrten Sven Hedin: „Amerika im Kampf der Kontinente“, Leipzig 1942, und „Ohne Auftrag in Berlin“, Tübingen 1950. Über Roosevelt-Amerika verdienen zwei Titel besondere Hervorhebung: Giselher Wirsing: „Der maßlose Kontinent. Roosevelts Kampf um die Weltherrschaft“, Jena 1943, und neuerdings das Buch des ehemaligen republikanischen Abgeordneten des Repräsentantenhauses von 1920–1945, Hamilton Fish: „FDR. The other side of the coin. How we were tricked into World War II“, New York 1976.

Der britische Kriegspremierminister Winston Churchill schrieb im Jahre 1944 an Stalin, er betrachte diesen Kampf als einen dreißigjährigen Krieg gegen den „deutschen Angriff“.

Damit gab er nicht nur das Stichwort für das, was er als seine Lebensaufgabe betrachtete, nämlich die Zerstörung des Deutschen Reiches. Das hatte er schon im November 1939 in einer Rundfunkansprache mit den Worten ausgedrückt: „Dieser Krieg ist ein englischer Krieg und sein Ziel ist die Vernichtung Deutschlands". Churchill gab mit der Feststellung, daß er einen dreißigjährigen Krieg gegen Deutschland führe, von 1914 an gerechnet, auch den Hinweis, daß die beiden Weltkriege als Ganzes zu betrachten sind. Der Geschichtsforscher und Geschichtsschreiber wird daher nur dann zu einem richtigen Verständnis und einer richtigen Darstellung gelangen, wenn er den Zweiten Weltkrieg als einen Teilaspekt eines dreißigjährigen Krieges in Ursachen und Anlaß behandelt. Präsident Roosevelt bezeichnete Churchill einmal als einen „mid-Victorian Imperialist", eine treffende Charakterisierung. Der Schlüssel zu Churchills geschichtlichem Handeln als Symbolfigur der konservativen britischen Oberschicht liegt in diesem von Roosevelt richtig erfaßten Wesenszug seines britischen Freundes. Beide Weltkriege waren nur möglich, weil die damals führende Weltmacht, das Britische Weltreich, eingriff in binneneuropäische Kriege. Die ausschließliche Verantwortung für die Ausweitung festländischer Konflikte zu einem Weltkrieg liegt eindeutig bei der Führungsschicht des Britischen Weltreichs, denn nur sie war damals, 1914 wie 1939, bei den damaligen Machtverhältnissen in der Lage, binneneuropäische Auseinandersetzungen auszuweiten zu einem erdumspannenden Krieg. Beide Weltkriege, 1914 wie 1939, gingen jeweils aus einem örtlichen Streit an der deutsch-slawischen Grenze hervor, 1914 zwischen Serbien und Österreich-Ungarn, 1939 zwischen Polen und dem Großdeutschen Reich. Die Ausweitung dieser Streitfälle zu einem globalen Krieg war nur möglich durch einen Kriegseintritt Englands, des Britischen Weltreiches, gegen Deutschland. Das bedeutete, daß der Krieg sich angesichts der weltumspannenden Größe des Britischen Weltreiches auf alle fünf Kontinente ausdehnte, wobei der Schwerpunkt des Ersten Weltkrieges in Europa blieb. Im Zweiten Weltkrieg bildete sich neben Europa ein zweiter Schwerpunkt heraus, durch den Kampf zwischen der ersten farbigen Großmacht, Japan, mit den Vereinigten Staaten um die Beherrschung Ostasiens und des Pazifischen Ozeans. Kriegsentscheidend war in beiden Weltkriegen die angelsächsische Tochtermacht in Nordamerika. Die Vereinigten Staaten tragen die Hauptverantwortung für den Ausgang des Ersten und des Zweiten Weltkrieges und für ihre Folgen.

Das Ergebnis beider Weltkriege ist die Zerstörung der europäischen Vorherrschaft über die Erde, der Wiederaufstieg der farbigen Völker vom Objekt zum Subjekt im Weltgeschehen, eine vorläufige Zweiteilung der Weltherrschaft zwischen Russen und Amerikanern und die ständig wachsende Drohung eines Dritten Weltkrieges um die alleinige Beherrschung der Erde. Mit der Kenntnis dieser Folgen der beiden Weltkriege, dieses zweiten dreißigjährigen Krieges, der nach dem Willen der angelsächsischen Weltmächte gegen das deutsche Mitteleuropa geführt wurde, muß der Historiker die beiden Weltkriege als einheitlich Ganzes, Ursachen und Anlaß des Zweiten Weltkrieges mit dem Ersten Weltkrieg, seinen Ursachen und seinem Ausgang eng verknüpft sehen.

Allgemeine Ursachen seit Gründung des kleindeutschen Kaiserreiches

Die Entwicklung bis zum Ersten Weltkrieg

Die Entladung der gewaltigen Spannungen zwischen den großen Mächten in den zwei Weltkriegen der ersten Hälfte des zwanzigsten Jahrhunderts hat ihre Wurzeln im Eroberungsdrang der weißen Rasse, insbesondere der Angelsachsen und der Russen, in der Industrialisierung durch die Maschinentechnik und in der sprunghaften Bevölkerungsvermehrung Europas seit Beginn des neunzehnten Jahrhunderts durch die Fortschritte der neuzeitlichen Medizin und Naturforschung. Nach dem Zusammenbruch der auf dem Wiener Kongreß 1815 geschaffenen europäischen Pentarchie durch den Krimkrieg (1853–1856) begann sich anschließend ein neues Mächte- und Kräftesystem zu entwickeln. Es stand bis zum Ausbruch des Ersten Weltkrieges unter dem Vorzeichen der Pax Britannica des Britischen Weltreiches, dessen seebeherrschende Weltmacht und Weltführungsstellung seit der Seeschlacht von Trafalgar 1805 und der Niederringung des napoleonischen Frankreich 1815 bis zum Ende des neunzehnten Jahrhunderts unbestritten war.

In dem Jahrzehnt zwischen 1860 und 1870 entstanden zwei neue Großstaaten in Europa: das kleindeutsche Kaiserreich und das Königreich Italien.

In Nordamerika vollzog sich gleichzeitig durch den Ausgang des Bürgerkrieges (1861–1865) die Entwicklung der USA zu einem einheitlichen Riesengebilde, in dem vorausschauende Geister die künftige Weltmacht des zwanzigsten Jahrhunderts emporsteigen sahen.

Das europäische Mächtesystem erfuhr durch die Entstehung der beiden neuen Staatsgebilde in der Mitte und im Süden des Kontinents eine Erweiterung und eine Umwälzung. Frankreich, die bisherige festländische Führungsmacht, hatte durch den Verlust des Krieges von 1870 seine traditionelle Führungsstellung an das neu gebildete Deutsche Reich verloren. Es wurde daher von der Geburtsstunde des durch seine Niederlage ermöglichten Aufstieg Deutschlands zum geschworenen Gegner des Deutschen Reiches. An dieser Einstellung der französischen Politik hätte auch ein völliger Verzicht auf territoriale Abtretung – Elsaß-Lothringen – nichts geändert. Vom außenpolitischen Kräfteverhältnis her gesehen, war die Schaffung des Deutschen Reiches nur durch die freundschaftliche Neutralität Rußlands möglich geworden. Sie beruhte nicht nur auf den dynastischen Bindungen zwischen den Hohenzollern und den Romanows, sondern mehr noch auf der diplomatischen Meisterschaft Bismarcks. Er hatte die freundschaftlichen Beziehungen zum Zarenhof immer sorgfältig gepflegt und sie besonders durch die wohlwollende Haltung Preußens gegenüber Rußland bei dem polnischen Aufstand 1863 vertieft. England stand im deutsch-französischen Konflikt abseits, mit mißtrauischem Blick die Entwicklung auf dem Festland verfolgend. Nur wenige Engländer, wie Thomas Carlyle und Charles Kingsley, standen mit ihren Sympathien auf deutscher Seite. Durch rasche Beendigung des Krieges und baldigen Friedensschluß schaltete Bismarck auch dieses Mal wie 1864 und 1866 die Gefahr einer Einmischung anderer Mächte aus. Wie man aber in London die Gründung des Deutschen Reiches beurteilte, dafür ist die Stellungnahme des damaligen Führers der konservativen Partei, Benjamin Disraeli, im Unterhaus aufschlußreich; er erklärte wörtlich am 9. Februar 1871: „Dieser Krieg bedeutet die deutsche Revolution, ein größeres politisches Ereignis als die Französische Revolution des vergangenen Jahrhunderts.

Nicht ein einziger der Grundsätze in der Handhabung unserer auswärtigen Angelegenheiten, welche noch vor einem halben Jahre von allen Politikern als selbstverständliche Richtlinien anerkannt wurden, steht heute noch in Geltung. Es gibt keine überkommene Auffassung der Diplomatie, welche nicht fortgeschwemmt wäre. Wir stehen vor einer neuen Welt, neue Einflüsse sind am Werk ... Das Gleichgewicht der Macht ist völlig zerstört.“ Diese Stellungnahme Disraelis wurde der rote Faden der britischen Politik gegenüber Deutschland von diesem Zeitpunkt an, gegenüber dem kleindeutschen Kaiserreich, der Weimarer Republik, dem Dritten Reich. England war aber schon vorher, vor dem Jahre 1870, grundsätzlich mißtrauisch gegenüber der deutschen Nationalbewegung und die Versuche einer nationalen Einigung des deutschen Volkes eingestellt[1]. Die Schaffung einer deutschen Flotte durch das Frankfurter Nationalparlament erregte in London starken Unwillen, und der maßgebende britische Staatsmann Lord Palmerston vertrat den Standpunkt, die Deutschen mögen den Boden pflügen, „mit den Wolken segeln oder Luftschlösser bauen", aber auf dem Meere dürfe kein Kanonenschuß ohne Englands Erlaubnis abgefeuert werden[2].

Die beati possidentes, die bisherigen, allein die Geschicke Mitteleuropas bestimmenden Großmächte Frankreich, England, Rußland konnten, auf lange Sicht gesehen, eine derartige Umwälzung umso weniger hinnehmen, als die kleindeutsche Einigung ein ganz anderes Gewicht und ganz andere machtpolitische Folgen als die italienische Einigung hatte. Der Gründer des Deutschen Reiches, Bismarck, bemühte sich, den Frieden zu erhalten, um seiner jungen Schöpfung ein gedeihliches Wachstum zu sichern. Der „Alpdruck der Koalitionen", die ständige Erinnerung an die Kaunitzsche Koalition gegen Preußen im siebenjährigen Krieg (1756–1763) bestimmte daher seine Außenpolitik. Es glückte ihm, bis zu seinem Sturz im Jahre 1890 die Gefahr der Einkreisung zu bannen durch eine geschickte Isolierung Frankreichs, das er zur Ablenkung von Revanche-plänen sogar in der Kolonialpolitik förderte, durch die sorgfältige Pflege der traditionell freundschaftlichen Beziehungen zu

---

[1] Erich Marcks: Die europäischen Mächte und die 48-Revolution, in: Männer und Zeiten, Stuttgart 1942, S. 304; Lord Salisbury und die deutsche Frage 1864, in: Ploetz: Konferenzen und Verträge, II, 3. Bd., S. 468 f.

[2] K. Oreans: Geschichte Englands, Bonn 1921, S. 990.

Rußland und durch gute Beziehungen zu England. Zur weiteren Grundlage seiner Außenpolitik machte er ab 1879 den Zweibund mit Österreich-Ungarn als Fortsetzung des ehemaligen Deutschen Bundes, an den er noch Italien und Rumänien heranzog. Als Präsident des Berliner Kongresses im Jahre 1878 verhinderte er einen Krieg zwischen Rußland und England durch eine entsprechende Neuregelung auf dem Balkan. Der Berliner Kongreß unter Bismarcks Leitung war zugleich Ausdruck der Vormachtstellung Deutschlands auf dem Festland. Obwohl das Kongreßergebnis in Rußland Unzufriedenheit hervorrief und zu einem Anwachsen der deutschfeindlichen panslawistischen Strömung führte, vermochte der Kanzler die guten Beziehungen zu Rußland weiter aufrechtzuerhalten. Die rasch sich ausdehnende Wirtschaft mit wachsenden überseeischen Interessen infolge der stürmischen Industrialisierung drängte in den achtziger Jahren auch Deutschland auf die Bahn des kolonialen Imperialismus. Bismarck verstand es, auch diese Bewegung mit Meisterhand zu steuern und größere Spannungen mit dem Britischen Weltreich zu vermeiden, nachdem das Reich 1884/85 durch Kauf, nicht durch Eroberung oder Raub Schutzgebiete in Afrika und in der Insulinde erworben hatte.

Doch war trotz aller erfolgreichen Bemühungen des Reichskanzlers, England näher an den Dreibund heranzubringen (1887 Mittelmeerabkommen), eine Handelskonkurrenz auf die Dauer nicht zu vermeiden. Eben in diesem Jahr erfolgte der erste britische Schritt gegen die unangenehm werdende deutsche Handelskonkurrenz mit der Einführung des Warenzeichens „Made in Germany“ für alle deutschen Waren, die auf den Markt des Britischen Weltreiches kamen. Die Maßnahme erwies sich bald als Bumerang. Statt den deutschen Handel zu schädigen und den britischen zu schützen, wurde das „Made in Germany“ Gütezeichen der besseren und billigeren Ware. War es Zufall oder Fügung, daß im gleichen Jahre 1887 auch die ersten geheimen Fühler zu einer Einkreisung Deutschlands von einflußreichen britischen Persönlichkeiten ausgestreckt wurden[3])? Der Handel war jedenfalls der Lebensnerv des Britischen Weltreiches, „die Urform der britischen Zivilisation", „das vorzüglichste Interesse Englands"[4] und die Grundlage des angelsächsischen Imperialismus. Auf nichts reagierte England empfindlicher als auf eine bedrohliche Handelskonkurrenz, die seiner Führungsstellung als erste Handels- und Geldmacht gefährlich werden konnte. Das junge Deutsche Reich stieß bei seinen wirtschaftlichen Ausdehnungsbestrebungen überall auf das in allen fünf Kontinenten allgegenwärtige Britische Weltreich, ebenso wie im Zeitalter des Imperialismus auch die anderen Kolonialmächte, vor allem Frankreich und Rußland, auf das meerbeherrschende Albion stießen, Frankreich besonders in Afrika, Rußland in Mittel- und Ostasien. Die Spannungen zwischen den expandierenden Kolonialmächten England, Frankreich und Rußland waren zeitweise so stark, daß sie an den Rand eines großen Krieges führten, in Afrika 1898 beim Zusammenstoß zwischen Frankreich und England im Sudan. Dort aber gab Frankreich freiwillig nach, um seine Energien auf den Rachekrieg gegen Deutschland zu konzentrieren und dabei England als Verbündeten zu gewinnen. Frankreich hatte unmittelbar nach Bismarcks Sturz, dessen kurzsichtige Erben den Rückversicherungsvertrag von 1887 trotz russischer Bereitschaft nicht erneuert hatten, mit Rußland eine Militärkonvention im Jahre 1892 geschlossen, die zum Zweibund ausgebaut wurde. Zar Alexander III. hatte im gleichen Jahre

---

[3] E. Adamov: Die Diplomatie des Vatikans zur Zeit des Imperialismus, Berlin 1932, S. 90ff.; Karl Heise: Entente-Freimaurerei und Weltkrieg, Basel 1920, S. 116f.; E. Winter: Rußland und die slawischen Völker in der Diplomatie des Vatikans 1878–1903, Berlin 1950, S. 53ff.; E. Winter, Rußland und das Papsttum, 2 Bde., Berlin 1961, II, S. 400ff.; H. Krausnick: Holsteins Geheimpolitik 1886–1890, 2. A. 1942, S. 269ff., 367. S. a. neuerdings: Renate Riemeck, Mitteleuropa. Bilanz eines Jahrhunderts, Freiburg 1965, S. 12ff., 16ff.

[4] Albert Demangeon: Das Britische Weltreich, Berlin 1926, S. 26f.

1892 zu Graf Lambsdorff geäußert[5]: „Wir müssen uns mit den Franzosen einigen und bei einem Kriege zwischen Frankreich und Deutschland sofort über die Deutschen herfallen, um ihnen keine Zeit zu lassen, zuerst Frankreich zu schlagen und dann gegen uns vorzugehen. Man muß die Fehler der Vergangenheit berichtigen und Deutschland bei der ersten Gelegenheit zu Boden schlagen." Der Stimmungswandel in Rußland war neben höfischen Einflüssen vor allem auf das Anwachsen der panslawistischen Bewegung mit ihrem Ziel einer slawischen Universalmonarchie unter russischer Führung zurückzuführen. Die Parole lautete: „Der Weg nach Wien führt über Berlin!", denn die Zerstörung des Habsburger Reiches galt neben der Auflösung des türkischen Reiches als wichtigste Voraussetzung dafür, um die West- und Südslawen unter russische Herrschaft zu bringen[6]. Deshalb paßte auch der Plan eines Dreibundes von Frankreich, Rußland und Deutschland, den Graf Witte hegte, schlecht in das Programm der panslawistischen Partei. Sie bekämpfte auch mit allen Mitteln den großen deutschen Kultureinfluß in Rußland[7].

Die deutsche Diplomatie erwies sich nach Bismarcks Sturz unfähig, dem Reich weiterhin die außenpolitische Bewegungsfreiheit zu sichern. In den neunziger Jahren verschärften sich allgemein die kolonialen Bestrebungen und imperialistischen

---

[5] Werner Frauendienst: Das Deutsche Reich von 1890 bis 1914, in: Hdb. d. Deutschen Geschichte von Meyer, Brandt, Just, IV, 1. Teil, S. 20. – Der Stimmungswechsel des Zaren Alexander III gegen Deutschland war nach Ansicht des spanischen Botschafters in Petersburg, Graf Cartagena „namentlich auf den Einfluß der Zarin Maria zurückzuführen, die als Dänin Preußen-Deutschland niemals den Krieg von 1864 verziehen hatte". Graf Cartagena: Erinnerungen an meine Botschafterzeit in Rußland, 1914, Berlin 1934, S. 55.

[6] Dok.-Anhang Nr. 1.

[7] „Man kann, ohne zu übertreiben, sagen, daß alles, was sich an Kultur und Fortschritt in Rußland fand, auf deutsche Einflüsse zurückzuführen war." Graf Cartagena a. a. O. S. 48, 54.

Tendenzen, getrieben vor allem durch die kapitalistische Weltwirtschaft mit ihrer Jagd nach Rohstoff- und Absatzgebieten. Deutschland beteiligte sich auch an der „Weltpolitik" im Sinne der wirtschaftlichen Ausdehnung in zunehmendem Maße, wobei es für das Reich weniger um Neuerwerbungen von weiteren Kolonien – mit Ausnahme von Kiautschau in China und einigen kleinen Inselgruppen im Pazifischen Ozean – als um die Ausweitung des überseeischen Handels ging. Eben dadurch aber wuchs die Konkurrenz mit England, das mit wachsender Sorge und zunehmendem Neid auf den immer unangenehmer werdenden Handelskonkurrenten blickte. Die Artikelserie in der angesehenen britischen Zeitschrift „Saturday Review" gegen Deutschland mit dem bezeichnenden Schlußsatz „Ceterum censeo, Germaniam esse delendam" verlieh der Stimmung der maßgebenden Wirtschafts- und Handelskreise Englands bereits in der Mitte der neunziger Jahre deutlichen Ausdruck. Auf der Insel wuchs mehr und mehr die Überzeugung, daß die Ausschaltung und Vernichtung dieses Konkurrenten die Voraussetzung für die Sicherung des britischen Wohlstandes und der britischen Handelssuprematie sei. In dem ersten Artikel der „Saturday Review" vom 24. August 1895 „Our true foreign policy" heißt es sinngemäß: „Vor allem gilt doch, daß wir Engländer bisher stets gegen unsere Wettbewerber im Handel und Verkehr Krieg geführt haben. Und unser Hauptbewerber in Handel und Verkehr ist heute nicht länger Frankreich, sondern Deutschland. Bei einem Kriege mit Deutschland kämen wir in die Lage, viel zu gewinnen und nichts zu verlieren. Ein Krieg mit Frankreich dagegen, ende der Krieg wie er wolle, schlösse immer mit schweren Verlusten für uns ab." Der Artikel vom 1. Februar 1896 mit dem Titel „A Biological View of our Foreign Policy by a Biologist" stammte von Sir P. Chalmers Mitchell, Professor der Astronomie und Biologie in Oxford, der Verbindung zu Sir Eyre Crowe hatte. Dort ist eine weltpolitische Sicht aus darwinistischer Warte geboten und von Rassenkriegen die Rede. „England ist die größte „Rasse" unter ihnen, die größte, was geographische Verteilung angeht, die größte an Ausdehnungskraft, die größte an Rassenstolz ... England wird den Kampf auf Leben und Tod kämpfen müssen mit einem Nebenbuhler nach dem anderen ..." Nicht China und Japan, nicht Frankreich und Rußland seien die unmittelbaren Nebenbuhler, sondern Deutschland. Wörtlich schreibt er dazu:

„Unter den europäischen Völkern sind sich die Deutschen und die Engländer am ähnlichsten. Weil die Deutschen den Engländern so ähnlich sind im Wesen, im religiösen und wissenschaftlichen Denken, im Gefühlsleben und an Begabung, sind sie unsere vorbestimmten natürlichen Nebenbuhler. Überall auf der Welt, bei jedem Unternehmen, im Handel, in der Industrie, bei sämtlichen Anlagen in der weiten Welt stoßen Engländer und Deutsche aufeinander. Die Deutschen sind ein wachsendes Volk, ihre Wohnsitze liegen über die Reichsgrenzen hinaus. Deutschland muß neuen Raum gewinnen oder bei dem Versuche untergehen ... Wäre morgen jeder Deutsche beseitigt, es gäbe kein englisches Geschäft, noch irgendein englisches Unternehmen, das nicht zuwüchse. Verschwände jeder Engländer morgen, die Deutschen hätten im gleichen Verhältnis Gewinn davon. Hier also wird der erste große Artenkampf der Zukunft sichtbar; hier sind zwei wachsende Nationen, die aufeinanderdrücken rund um die Erde. Eine von beiden muß das Feld räumen, eine von beiden wird das Feld räumen." Der Artikel schließt wie folgt: „... macht euch fertig zum Kampf mit Deutschland, denn Germania est delenda."

Ein weiterer Aufsatz vom 11. September 1897 brachte u. a. folgende Gedankengänge:

„Aus einer Million von Streitereien um Kleinigkeiten fügt sich die größte Kriegsursache zusammen, davon die Welt jemals gehört haben wird. Würde Deutschland morgen ausgelöscht, gäbe es übermorgen weltein weltaus keinen Engländer, der nicht seinen Gewinn davon hätte. Staaten haben jahrelang um eine Stadt oder für ein Thronfolgerecht Krieg geführt; und da sollten sie nicht Krieg führen, wenn ein jährlicher Handel von fünf Milliarden (Pfund) auf dem Spiele steht? ... Zu Frankreich und Rußland könnten wir dann sagen: ‚Sucht euch die Entschädigung selbst aus, nehmt euch in Deutschland, was ihr wollt, ihr sollt es haben! Der Artikel schließt wieder mit dem Spruche: „Germaniam esse delendam‘.“ Zur Verschlechterung der deutsch-britischen Beziehungen trugen Mitte der neunziger Jahre die deutschen Sympathien für die Buren in Südafrika (Krüger-Depesche), mehr noch aber der 1897/98 beginnende deutsche Flottenbau unter Alfred Tirpitz bei. Die verwandtschaftlichen Beziehungen des Kaisers, Enkel der britischen Königin Victoria, konnten daran ebensowenig ändern wie jene zum russischen Kaiserhaus das Umschwenken Rußlands zum Bündnis mit Frankreich hatten hindern können. Die ideologischen und nationalistischen Strömungen wie die wirtschaftlichen Interessen erwiesen sich stärker als dynastische Bindungen. In dem Jahrzehnt zwischen dem Tode des Reichsgründers im Jahre 1898 und der Annexionskrise im Jahre 1908 schürzte sich der Schicksalsknoten für die machtpolitische und militärische Entwicklung in der ersten Hälfte des zwanzigsten Jahrhunderts. England trat aus seiner ‚splendid isolation‘ heraus. Es gelang seiner überlegenen Diplomatie, die weltweiten Spannungen mit Frankreich und Rußland zu beseitigen. Die um die Jahrhundertwende laufenden deutsch-englischen Bündnisverhandlungen scheiterten im wesentlichen an der deutschen Forderung, den ganzen Dreibund mit einzubeziehen. So weitgehend wollte sich England nicht binden und belasten. Aber es schloß im Jahre 1902 zur Entlastung seiner ostasiatischen Front ein Bündnis mit Japan, das dadurch zur gleichberechtigten Großmacht als erste farbige Macht aufgewertet wurde. Dieses Bündnis sollte sich für die britische Politik rasch bezahlt machen, nämlich durch den russisch-japanischen Krieg von 1904/5. Rußland verlor den Krieg, zog sich geschwächt für die nächsten Jahre von Ostasien zurück und war 1907 bereit, mit London einen Interessenausgleich in Mittel- und Ostasien zu vereinbaren. Es war ein Meisterstück britischer Diplomatie: denn dadurch wurde Indien entlastet. Darüber hinaus war die schicksalsschwerste Folge der russischen Niederlage in Ostasien die Verlagerung des Schwerpunkts der russischen Ausdehnungsbestrebungen nach Südosteuropa gegen Österreich-Ungarn und gegen Deutschland. So war der Ausbruch des Weltkrieges in dieser gefährlichen Brandecke Europas eine indirekte Folge des japanischen Sieges über Rußland.

Ungefähr gleichzeitig konnte die britische Regierung auch mit Frankreich zur Entente Cordiale im Jahre 1904 gelangen: der Interessenausgleich der beiden Kolonialmächte in Afrika war bereits durch den freiwilligen Verzicht Frankreichs 1898/99 auf den Großteil des Sudans eingeleitet worden. Die Folge dieser meisterhaften Schachzüge der britischen Diplomatie war die Isolierung Deutschlands: es blieb gefährlicher Handelsrivale, und wurde für die Inselmacht und für das Gleichgewicht der Kräfte eine Bedrohung, nicht zuletzt auch durch den Flottenbau.

Die großen Mächte England, Rußland, Frankreich betrachteten mit zunehmender Sorge das Wachstum der deutschen Kraft in der Mitte des Kontinents: die Zunahme der Bevölkerung und gleichzeitig mit ihr das Anwachsen der wirtschaftlichen Leistung und der militärischen Stärke[8]. Neben Rußland hatte Deutschland die höchste Bevölkerungsvermehrung auf dem Kontinent: die Bevölkerung des Deutschen Reiches wuchs von vierzig Millionen im Jahre 1870 auf 56,2 Millionen im Jahre 1900 und auf fast 68 Millionen im Jahre 1914. Demgegenüber stagnierte die französische Bevölkerung im gleichen Zeitraum nahezu: Frankreich zählte 1870 36 Millionen Einwohner, 1914 vierzig Millionen. Rußlands Bevölkerung wuchs von achtzig Millionen im Jahre 1870 auf 115 Millionen im Jahre 1900 und auf 180 Millionen 1914, davon 128 Millionen im europäischen Teil. Die Einwohnerzahl Großbritanniens vermehrte sich von 35 Millionen im Jahre 1870 auf 41,6 Millionen im Jahre 1900 und bis 1914 auf 46 Millionen. Kennzei-

---

[8] K. A. von Müller: Das Zeitalter des Imperialismus, in: Knaurs Weltgeschichte, 1935; danach das folgende.

chen der gewaltigen Bevölkerungsvermehrung in Europa war die Hand in Hand mit ihr infolge der Industrialisierung gehende Verstädterung, wobei besonders die Großstädte ein starkes Anwachsen zeigten. Lebten in Deutschland 1871 knapp zwei Millionen Menschen in Großstädten, so waren es 1910 bereits 13,82 Millionen. Damit in Zusammenhang stand auch das Anwachsen der sozialdemokratischen Partei Deutschlands: sie war seit 1890 die zahlenmäßig stärkste Partei und die mächtigste Klassenkampf-Organisation der Welt. Entsprechend der Zunahme der städtischen Bevölkerung nahm die Landbevölkerung ab. Der Anteil Deutschlands im Welthandelsumsatz stieg von 11% im Jahre 1890 auf 12% im Jahre 1900 und auf 12,9% im Jahre 1913. Gleichzeitig sank der Anteil des britischen Handels von 20% auf 15%. Nach weiteren zehn Friedensjahren hätte der deutsche Handel den britischen überrundet. Die deutsche Handelsschiffstonnage verdreifachte sich von 1892 bis 1912 auf 4.593000 t und stand, in weitem Abstand von der britischen mit 12.415 Millionen t an zweiter Stelle vor der norwegischen und der amerikanischen. Die Alternative, die Bismarcks Nachfolger Caprivi ausgesprochen hatte: „Deutschland muß Menschen oder Waren ausführen" war durch diese Entwicklung zugunsten der Warenausfuhr entschieden. Die deutsche Auswanderung belief sich zwischen 1881–1885 noch auf 858000 Menschen; sie sank zwischen 1901 und 1905 auf 146000, zwischen 1911 und 1913 auf 69000. Immerhin wanderten zwischen 1861 und 1914 3,5 Millionen Deutsche aus. Dabei hatte die Bevölkerung des Deutschen Reiches in dem Zeitraum zwischen 1870 und 1914 noch den erstaunlichen Zuwachs von 28 Millionen Einwohnern zu verzeichnen.

Das Wachstum der deutschen Wirtschaft war beispiellos: die deutsche Stahlerzeugung stieg zwischen 1890 und 1910 auf das Siebenfache an: die britische wurde 1893 überholt, bis 1914 um das Dreifache überflügelt.

Dieses Wachstum des deutschen Volkes war die entscheidende Triebfeder für die Bildung einer antideutschen Koalition; gegen das Wachstum des deutschen Volkes richtete sich die

Politik Englands, Frankreichs und Rußlands[9]. Vor Kriegsausbruch 1914 betrug Englands Handel jährlich 1400 Millionen Pfund, der Deutschlands 1050 Millionen Pfund, der amerikanische 860 Millionen. Nicht nur das atemberaubende Wachsen des deutschen Handels war für die Briten beängstigend, auch der Bau der deutschen Flotte wurde mit jedem neuen Kriegsschiff als zunehmendes Ärgernis empfunden, obwohl die britische Flotte mit zwei Millionen t der deutschen mit 480000 t weit überlegen war. Die Bedrohung des Gleichgewichts der Kräfte auf dem Kontinent, die immer schärfer werdende deutsche Handelskonkurrenz und der deutsche Flottenbau trieben die britischen Politiker immer mehr in ein deutschfeindliches Fahrwasser. Das Deutschland-Gutachten von Sir Eyre Crowe vom 1. Januar 1907, der von einer deutschen Mutter stammte, beeinflußte stark die Außenpolitik Sir Edward Greys in seiner Amtszeit von 1905–1916[10]. Für die Haltung und Einstellung der maßgeblichen Oberschicht Englands ist ein Gespräch zwischen dem Führer der konservativen Opposition, Lord Balfour, mit dem damaligen amerikanischen Botschafter Henry White um das Jahr 1910 bezeichnend: Lord Balfour erklärte[11]:

„Wir sind wahrscheinlich töricht, daß wir keinen Grund finden, um Deutschland den Krieg zu erklären, ehe es zuviel Schiffe baut und uns unseren Handel wegnimmt.“ Darauf Henry White: „Sie sind im privaten Leben ein hochherziger Mann. Wie ist es möglich, daß Sie politisch etwas so Unmoralisches erwägen können, wie einen Krieg gegen eine harmlose Nation zu provozieren, die ein ebenso gutes Recht auf eine

---

[9] Erwin Hölzle: Die Selbstentmachtung Europas. Das Experiment des Friedens vor und im Ersten Weltkrieg, Göttingen 1975, S. 82ff.

[10] Ebda, S. 130ff.

[11] Allan Nevins: Henry White. Thirty years of American Diplomacy, New York 1930, S. 257f.; s. a. Albert Wedemeyer, Reports New York, 1958, S. 13f.

Flotte hat wie Sie? Wenn Sie mit dem deutschen Handel konkurrieren wollen, so arbeiten sie härter." Darauf Balfour:

„Das würde bedeuten, daß wir unseren Lebensstandard senken müßten. Vielleicht wäre ein Krieg einfacher für uns." White erwiderte:

„Ich bin erschrocken, daß gerade Sie solche Grundsätze aufstellen können." Balfour sagte zum Schluß:

„Ist das eine Frage von Recht und Unrecht? Vielleicht ist das nur eine Frage der Erhaltung unserer Vorherrschaft."

Diese Äußerungen einer so maßgebenden Persönlichkeit der führenden Schicht Englands stimmen auffallend mit den Gedankengängen der oben zitierten Artikel der „Saturday Review" überein.

Der amerikanische General Wedemeyer, der dieses Gespräch zwischen White und Balfour in seinem Buch anführt, zitiert anschließend noch den bekannten britischen Militärschriftsteller Generalmajor J. F. C. Fuller. Dieser stellte fest, die Bedeutung von „Balfours gewissenlosen Zynismus" liege in der Tatsache, daß ‚die industrielle Revolution zu dem Beginn eines wirtschaftlichen Existenzkampfes geführt hatte, in dem die Selbsterhaltung eine Rückkehr zu den Methoden des Dschungels diktierte. Der uralte Kampf zwischen Mensch und Bestie war durch den industriellen Kampf wieder eingeführt zwischen Nation und Nation, in dem alle Teilnehmer Bestien waren[12]!'. Auffallend ist bei Fuller wie bei Balfour und dem Verfasser der Artikel der „Saturday Review" die darwinistische Denkweise: sie übte einen starken Einfluß auf die machtpolitische Entwicklung hin zum Kriege aus[13]. Der Amerikaner Homer Lea schilderte in seinem prophetischen Buch „Die Stunde der Angelsachsen", 1912 erschienen[14], die schicksalhafte Entwicklung der Beziehungen zwischen Deutschland und England wie folgt:

---

12 S. Dok.-Anhang, Nr. 2.

13 Hölzle, Selbstentmachtung, S. 223.

14 Original-Ausgabe: „The Day of the Saxon", 1912. Hier ist die deutsche Ausgabe, Bern 1946, zitiert.

„Die Notwendigkeit ist der Gott der Völker! ... Bismarck und die Fabriken Deutschlands haben diesen Gott erneut gerufen. Daß die deutsche Expansion notwendigerweise einen Kampf mit den Angelsachsen ergeben muß, ist nicht die Schuld Bismarcks und nicht die Schuld dieser rauchenden Kamine. Sie ergibt sich aus der angelsächsischen Situation ... Es gibt keinen Teil der Erde, der für die deutsche Entwicklung offen wäre, ohne auf die Rechte und Ansprüche der Angelsachsen zu stoßen ... Deutschland ist durch die Angelsachsen so eng eingekreist, daß es nicht einmal versuchsweise eine Ausdehnung seines Gebiets oder seiner Herrschaft über nicht angelsächsische Völker machen kann, ohne die Sicherheit der angelsächsischen Herrschaft zu gefährden." Weiter unten fährt Homer Lea fort: „... ; als aber England die Einigung der deutschen Stämme erlaubte, bereitete es sich selbst das Grab ... Sobald Deutschland die Vereinigung aller deutschen Stämme in Europa vollendet hat, wird sich das Britische Empire aus Europa verdrängt sehen ... Die Aufrechterhaltung des Britischen Empire beruht nämlich entscheidend auf der Aufrechterhaltung des politischen Gleichtgewichts in Europa. England muß für dieses Gleichgewicht mehr kämpfen als für seine wertvollsten Besitzungen, denn auf ihm beruht die Sicherheit all seiner Besitzungen[15]."

Diese Ausführungen des Amerikaners Homer Lea enthalten den Schlüssel zum Verständnis der beiden Weltkriege: sie sind wie der industrielle Imperialismus britischen Ursprungs.

Die Annexionskrise von 1908/9 leitete die letzte entscheidende Phase in der Entwicklung zum Ersten Weltkrieg ein: Rußland mußte, vom verlorenen Krieg gegen Japan und der revolutionären Erschütterung geschwächt, gegenüber der Habsburgischen Monarchie zurückweichen. Aber es trieb nun mehr denn je seine Rüstungen voran und baute mit den seit 1888 reichlich fließenden französischen Milliarden-Anleihen das strategische Eisenbahnnetz in seinen westlichen Gouverne-

---

[15] Homer Lea, a. a. O., S. 129f., 133.

ments mit Nachdruck aus, sein Ziel, das Erbe des ottomanischen und des habsburgischen Reiches anzutreten, fest im Auge. Die deutsche Politik wußte den drohenden Gefahren der Isolierung und der Einkreisung nur zweierlei entgegenzusetzen[16]: den Bau der „Risiko“flotte[17], die von England zu Unrecht als Bedrohung seiner beherrschenden Seemacht aufgefaßt wurde, und die Unterstützung des verfallenden türkischen Reiches. Der Bau der Bagdadbahn mit deutschem Kapital wurde von Rußland und von England als eine Gefährdung ihrer Stellung im vorderen und mittleren Orient angesehen. Deutschland mußte daher das Endstück von Basra bis zum Persischen Golf den Briten überlassen. England aber vermehrte unter dem Eindruck des deutschen Flottenbaues nachhaltig seine Seerüstung. Zu diesen Spannungen traten jene mit Frankreich in den beiden Marokkokrisen von 1906 und 1911. Beide Male zeigte sich die Vereinsamung Deutschlands. Auf der Konferenz von Algeciras stand auch Italien auf seiten der Gegner Deutschlands; 1911 bot England offen seine Hilfe Frankreich an. Kaiser Wilhelm II. äußerte sich erbittert über die Feindseligkeit, auf die er überall in Europa stieß, nach dem Abschluß der Algeciras-Konferenz (1906): „Und all das wird von England her aufgezogen, das sich empörend benimmt,“ sagte er. „In allem, was in Europa geschieht, ist sein Einfluß sichtbar, seine Gegnerschaft gegen Deutschland und meine Person im besonderen[18].“ Wie sehr zu Beginn des zweiten Jahrzehnts bereits stimmungsmäßig die Feindseligkeit gegen England auch im Deutschen Reich gewachsen war, darüber gibt ein Brief vom Kaiserhof vom 6. Dezember 1911 Aufschluß: „Täglich fühlt man den Haß gegen England um einen Grad steigen. Es ist, als hätte jeder in Deutschland den Instinkt, daß dieser Krieg notwendig sei. Ich weiß positiv, daß der Kaiser nichts davon hören will, daß er

---

[16] K. A. v. Müller, Das Zeitalter des Imperialismus, S. 763.

[17] Alfred von Tirpitz, Erinnerungen, Leipzig 1919, S. 167ff.

[18] Fürstin Marie von Radziwill: Briefe vom deutschen Kaiserhof 1889–1915, Berlin 1936. S. 284.

sich mit aller Kraft widersetzt und daß er die Annäherung an Frankreich ersehnt[19]."

1911 wurde die Türkei in einen Krieg verwickelt; der Dreibundpartner Italien hatte dem mit Deutschland befreundeten ottomanischen Reich den Krieg erklärt, um Tripolis zu gewinnen. Die kleinen Balkanstaaten (Serbien, Bulgarien, Montenegro, Griechenland) nützten die Schwäche des türkischen Reiches, griffen es an (1. Balkankrieg 1912) und besiegten es. Istanbul mußte Tripolis und die Cyrenaika an Italien abtreten (1912). Die genannten Blakanstaaten zerstritten sich dann um die Beute. Bulgarien mußte allein gegen die anderen, mit denen sich noch Rumänien verbündete, kämpfen und einen Großteil seiner Eroberungen wieder aufgeben. Serbien war der Hauptgewinner der beiden Balkankriege (2. Balkankrieg 1913). Österreich-Ungarn erzwang die Bildung eines albanischen Staates durch Kriegsdrohung gegen Serbien und Montenegro. Europa war knapp an einem großen Krieg vorbeigegangen. Der russische Außenminister Sasonow schrieb am 6. Mai 1913 an den russischen Gesandten Hartwig in Belgrad: „Serbiens verheißenes Land liegt im Gebiet des heutigen Österreich und nicht dort, wohin es jetzt strebt, und wo auf seinen Wegen die Bulgaren streben ... Die Zeit arbeitet für Serbien und zum Verderben seiner Feinde, die schon deutliche Zeichen der Zersetzung aufweisen ...[20]"

In dieses Pulverfaß am Balkan fielen am 28. Juni 1914, dem nationalen Trauertag der Serben – am St. Veitstag (28. 6. 1389) wurde das serbische Reich auf dem Amselfeld von den Türken besiegt und unterworfen – die Schüsse in Serajewo, durch die der österreichische Thronfolger Erzherzog Franz Ferdinand und seine Gemahlin ermordet wurden. Die Attentäter waren österreichische Staatsangehörige und handelten als serbische Nationalisten im Auftrag einer großserbischen nationalisti-

---

[19] Ebda, S. 347.

[20] Ploetz, Konferenzen und Verträge, Teil II, 3. Bd., S. 441; Hölzle, a. a. O., S. 79f.

schen Vereinigung „Schwarze Hand". Dieser Geheimbund stand unter Führung des Leiters der Nachrichtenabteilung des serbischen Generalstabs, Oberstleutnant Dragutin Dimitrijević, mit Tarnnamen „Apis" genannt[21]. Die Geldmittel für die Organisierung des Attentats hatte der russische Militär-Attaché in Belgrad, Oberst Artamanow, zur Verfügung gestellt, ebenso wie der russische Gesandte in Belgrad, Hartwig, ein leidenschaftlicher Panslawist. Das Komplott gegen den Thronfolger war von langer Hand sorgfältig vorbereitet. Der Verdacht einer Mitwisserschaft der serbischen Regierung war berechtigt[22]. Es war auch längst bekannt, daß die großserbische, anti-österreichische Agitation von der serbischen und von der russischen

---

21 Dazu die ausgezeichnete Darstellung von Bruno Brehm „Apis und Este", 1931, 1. Bd. seiner Trilogie über den Untergang des Habsburger Reiches.

22 „Der von den Serben unter Mitwirkung der Regierung und der ‚Schwarzen Hand' begangene Mord in Serajewo war in Belgrad mit Unterstützung russischer Militärstrategen ausgeheckt worden." Graf Cartagena, Erinnerungen, S. 91. – Der ehemalige Unterrichtsminister in der Regierung Pašić, Ljuba Jovanović, berichtete 1924, Ministerpräsident Pašić habe wenige Wochen vor dem Attentat gesagt, daß ein Mordanschlag auf den österreichischen Thronfolger vorbereitet werde. S. Jovanović: The murder of Sarajevo, Belgrad 1924 passim. – M. Edith Durham: The Serajevo Crime, London 1925, S. 44ff. – In „La Fédération Balcanique" schreibt Nicola Nenadović, 1924, König Alexander, der russische Gesandte Hartwig, der russische Militärattaché Artamanow und Ministerpräsident Pašić seien in den Attentatsplan eingeweiht gewesen. S. a. Arthur Ponsonby: Absichtliche Lügen in Kriegszeiten, Seeheim 1967, S. 55ff. – Auch die Freimaurer hatten die Hand im Spiele: von den zehn Verschwörern waren fünf Freimaurer. Nach Aussage eines der Verschwörer hatten die Freimaurer bereits 1912 den Thronfolger zum Tode verurteilt. S. dazu Wladimir Dedijer: Die Zeitbombe. Serajewo 1914, Wien 1967, S. 681, 700, 828ff. – König Alexander ließ „Apis" am 26. April 1917 hinrichten. Laut einer Aussage von Stojadinović habe Clemenceau die Hinrichtung gefordert. Dedijer, a. a. O., S. 738. Das wirft ein bezeichnendes Licht auf die Rolle der Freimaurerei! – Über die Rolle des russischen Militärattachés Artamanow s. a.: Hans Übersberger: Das entscheidende Aktenstück zur Kriegsschuldfrage, in: „Auswärtige Politik", Heft 7, 1943 (Juli); ders.: Rußland und Serbien, München 1958; ferner: Georg Franz-Willing: Erzherzog Franz Ferdinand und die Pläne zur Reform der Habsburger Monarchie, Brünn-München 1943, S. 82; 115.

Regierung, wie der oben zitierte Brief des russischen Außenministers beweist, nicht nur geduldet, sondern gefördert wurde. Die serbische Regierung war mindestens indirekt mitverantwortlich für die Ermordung des österreichischen Thronfolger-Paares. Wien war daher begreiflicherweise entschlossen, energisch gegen Serbien vorzugehen und wurde darin von der deutschen Regierung unterstützt. Auch der Vatikan erwartete entsprechende Maßnahmen gegen die panslawistischen Umtriebe, die in Verbindung mit der griechisch-orthodoxen Kirche auch der katholischen Kirche in Südosteuropa schadeten[23].

Der Ausbruch des Ersten Weltkrieges Kriegszielsetzungen und Kräfteverhältnis

Die Entscheidung für den großen Krieg fiel jedoch weder in Belgrad noch Wien: sie fiel in Petersburg durch den Beschluß des russischen Kronrates vom 25. Juli 1914, die Teilmobilmachung an der Grenze gegen Österreich-Ungarn durchzuführen[24]. Eine solche war in Sibirien schon Monate vorher erfolgt, denn bereits in den ersten Julitagen bewegten sich sibirische Truppenverbände auf die österreichisch-galizische Grenze zu, vier Wochen vor Beginn des Krieges[25]. Sie waren bei dem langsamen und schwerfälligen Transportapparat mindestens seit April 1914 unterwegs. Tatsächlich befanden sich in Petersburg akkreditierte skandinavische Diplomaten bereits im Monat April im Besitz von Nachrichten über umfangreiche Transporte

---

[23] Georg Franz-Willing: Die Bayerische Vatikangesandtschaft, München 1965, S. 124f., 131.

[24] Hölzle, Selbstentmachtung, S. 297ff.

[25] MM eines Augenzeugen.

von Truppen tief aus dem Inneren Sibiriens nach der Westgrenze Rußlands[26]. Diese Ereignisse deckten sich mit dem Neujahrsartikel der verbreitetsten russischen Militärzeitung, die an Neujahr 1914 schrieb[27]:

„Uns allen ist sehr wohl bekannt, daß wir uns auf einen Krieg an der Westfront, vornehmlich gegen die Deutschen (Österreich-Ungarn und Deutschland) vorbereiten. Deshalb müssen wir allen unseren Truppenbewegungen die Annahme zugrundelegen, daß wir gegen die Deutschen Krieg führen; z. B. muß immer die eine der manövrierenden Parteien die „Deutsche" heißen. Nicht nur die Truppe, das ganze russische Volk muß an den Gedanken gewöhnt werden, daß wir uns zum Vernichtungskampf gegen die Deutschen rüsten und daß die deutschen Staaten zerschlagen werden müssen, auch wenn wir dabei hunderttausende von Menschen verlieren."

Haupttreiber zum Krieg waren die Panslawisten, die auf die russische Regierung und die führenden Militärs maßgeblichen Einfluß ausübten. Kriegsminister Suchomlinow erklärte dem spanischen Botschafter Graf Cartagena, Rußland könne Serbien nicht im Stiche lassen, der Krieg sei unvermeidlich[28]. Der friedliebende Zar war zu schwach, um sich gegen den Druck der panslawistischen Kriegspartei durchzusetzen[29]. Serbien er-

---

[26] Graf Cartagena, Erinnerungen, S. 91f.

[27] Russische Militärzeitung „Rasejedschik" Neujahr 1914. Zit. nach: „Der Weltkrieg 1914–1918. Bearb. i. Reichsarchiv. Die militärischen Operationen zu Lande, 2. Bd.: Die Befreiung Ostpreußens, Berlin 1925, S. 17.

[28] Graf Cartagena, a. a. O., S. 79f.

[29] Der Zar telegraphierte am 29. Juli 1914 an Kaiser Wilhelm II.: „Ich sehe voraus, daß ich sehr bald dem auf mich ausgeübten Druck erliegen und gezwungen sein werde, äußerste Maßnahmen zu ergreifen, die zum Kriege führen werden." Zit. nach: Die deutschen Dokumente zum Kriegsausbruch. Im Auftrag des Auswärtigen Amtes herausgegeben. 5. Bd. (Weißbuch Nr. 332.), S. 87.

Als der Zar in der Nacht vom 29./30. Juli befahl, die allgemeine Mobilmachung rückgängig zu machen, leisteten der Kriegsminister und der Generalstabschef dem Befehl nicht Folge, sondern stimmten mit Hilfe Sasonows den Zaren um, und die Mobilmachung wurde fortgesetzt. Ebda, S. 87.

Reichskanzler Fürst Otto von Bismarck

Der Berliner Kongreß wurde am 13. Juni 1878 von Reichskanzler Otto von Bismarck eröffnet

Der britische Staatsmann Benjamin Disraeli, später Earl of Beaconsfield

Alexander Petrowitsch Iswolski, russischer Außenminister

hielt daher nach Empfang des österreichischen Ultimatums vom 23. Juli von Petersburg die Zusicherung militärischer Hilfe im Kriegsfall. Der oben erwähnte Entschluß des Kronrates vom 25. Juli ergänzte die diplomatische Unterstützung mit der Zusage der militärischen. Dieser Entschluß beruhte auf der Absprache mit dem in Petersburg in diesen Tagen zu Besuch weilenden französischen Staatspräsidenten Poincaré und seinen Mitarbeitern[30]. Der österreichisch-serbische Streitfall weitete sich durch die russische Handlungsweise zu einem binneneuropäischen Konflikt der Großmächte aus. Da der gemeinsame Entschluß der russischen und französischen Regierung zur Unterstützung Serbiens am 24. Juli dem britischen Botschafter in Petersburg bereits mitgeteilt worden war, konnte trotz der Berliner Bemühungen, Österreich zur Mäßigung anzuhalten, der europäische Krieg kaum mehr aufgehalten werden. England allein wäre dazu vielleicht in der Lage gewesen. Aber die Londoner Regierung war durch die Entente Cordiale (1904) und die Französisch-Britische Vereinbarung vom 22. November 1912 (Briefwechsel Grey-Cambon) zu sehr an Frankreich gebunden, als daß sie noch Entscheidungsfreiheit gehabt hätte. Besprechungen zwischen den britischen und französischen Generalstäben hatten schon seit 1906 stattgefunden, ebenso beider Westmächte mit dem belgischen Generalstab. Dazu kam die bindende Zusage des britischen Außenministers Grey an Frankreich in seinem Briefwechsel mit dem französischen Botschafter Cambon 1912[31] – ohne Wissen des Parlaments! –, die französisch-britische Marinekonvention[32] und schließlich, unmittelbar vor Kriegsausbruch, die britisch-russische Marinekonvention mit dem Ziel russischer Truppenlandungen in Pommern unter Mitwirkung der britischen Flotte[33]. England

---

30 Hölzle, Selbstentmachtung, S. 306ff., 317ff.

31 Ploetz, Konferenzen und Verträge, Teil II, 3. Bd., 1492–1914, S. 440;

32 Ebda, S. 438.

33 Erwin Hölzle: Der Geheimnisverrat und der Kriegsausbruch 1914, Göttingen 1973, passim; ders.: Selbstentmachtung, S. 241ff.

war zwar nicht durch ein unmittelbares Bündnis gebunden, aber seine politischen und militärischen Vereinbarungen mit Frankreich, Rußland und Belgien waren doch so weit, von langer Hand vorbereitet, gediehen, daß es nicht mehr neutral bleiben konnte. Dessen war man sich in Paris und Petersburg bewußt. Der russische Außenminister Sasonow konnte in dem erwähnten Kronrat daher darauf hinweisen, daß auch England hinter Rußland stehe[34].

Die russische Generalmobilmachung am 30. Juli 1914, die die Antwort auf die österreichische Kriegserklärung an Serbien vom 28. 7. war, machte alle Friedensbemühungen zuschanden und hintertrieb die Lokalisierung des österreichisch-serbischen Konflikts. Schon 1892 hatte der französische General Boisdeffre bei den Verhandlungen über die französisch-russische Militärkonvention dem Zaren Alexander III. erklärt, daß die Mobilmachung der Kriegserklärung gleichkomme[35]. Der russischen Mobilmachung folgte am 1. August die französische, wenige Stunden später am gleichen Tage die deutsche. Die Kriegserklärungen Deutschlands an Rußland und Frankreich waren lediglich formaljuristische Folgerungen aus den militärischen Tatsachen.

England bildete das Zünglein an der Waage. Doch stand der Entschluß zum Kriegseintritt gegen Deutschland schon vor dem deutschen Einmarsch in Belgien fest[36]. Die Londoner Regierung

---

34 Hölzle, Selbstentmachtung, S. 317f.

35 Deutsche Dokumente z. Kriegsausbruch, 5. Bd., S. 89, Zit. aus Französ. Gelbbuch über Franz.-Russische Allianz Nr. 71.

36 Hölzle, Selbstentmachtung, S. 357ff. – Hermann Oncken: Greys Kampf um den Eintritt Englands in den Weltkrieg, in: Nation und Geschichte, Berlin 1935. – Reichskanzler Bethmann-Hollweg erklärte am 2. Dezember 1914 im Reichstag zur „Kriegsschuldfrage“: „Die Verantwortung an diesem größten aller Kriege liegt für uns klar. Die äußere Verantwortung tragen diejenigen Männer in Rußland, die die allgemeine Mobilmachung der russischen Armeen betrieben und durchgesetzt haben. Die innere Verantwortung liegt bei der großbritannischen Regierung. Das Londoner Kabinett konnte

schob sehr geschickt den schwarzen Peter für ihre Kriegserklärung an Deutschland der deutschen Regierung zu, indem sie den Einmarsch in Belgien zum Anlaß nahm. Er „war aber nicht einmal der Grund für unseren Eintritt in den Krieg", sondern vielmehr die Tatsache, daß England durch eine Ehrenverpflichtung an Frankreich gebunden" war[37].

Die Einflußlosigkeit der politischen Leitung des Reiches auf die militärische, die sich starr an den Schlieffenplan gebunden hatte, war auch in diesem schicksalhaften Augenblick Ausdruck ihrer Schwäche und Unfähigkeit. Ein weiteres Zeichen für die fehlende Kriegsvorbereitung der Zweibundmächte war die mangelnde Zusammenarbeit der Generalstäbe, obwohl das Bündnis seit 1879 bestanden hatte. Der Gedanke des österreichischen Generalstabschefs Conrad, die beiden Mittelmächte sollten ihre Kräfte gegen Rußland, als den gemeinsamen Gegner, konzentrieren, und Deutschland sollte sich im Westen defensiv verhalten, bis im Osten die Entscheidung gefallen sei, hätte bei seiner Verwirklichung dem Krieg einen anderen Verlauf gegeben. Er war aber in Berlin auf keine Gegenliebe gestoßen, und die politische Leitung hatte trotz ihrer Bemühungen um eine Annäherung an England es nicht vermocht, beim Generalstab ein Eingehen auf den österreichischen Vorschlag zu erwirken, und den Schlieffenplan zugunsten einer gemeinsamen Strategie aufzugeben. Der Kaiser forderte am

---

den Krieg unmöglich machen, wenn es unzweideutig in Petersburg erklärte, England sei nicht gewillt, aus dem österreichisch-serbischen Konflikt einen kontinentalen Krieg der Großmächte herauswachsen zu lassen. Eine solche Sprache hätte Frankreich gezwungen, Rußland energisch von allen kriegerischen Maßnahmen abzuhalten. Dann aber gelang unsere Vermittlungsaktion zwischen Wien und Petersburg, und es gab keinen Krieg. England hat das nicht getan. England kannte die kriegslüsternen Treibereien einer zum Teil nicht verantwortlichen, aber mächtigen Gruppe um den Zaren. Es sah, wie das Rad ins Rollen kam, aber es fiel ihm nicht in die Speichen." Zit. nach: Die deutschen Dokumente, 5. Bd., S. 117.

[37] Ponsonby, a. a. O., S. 63ff.

1. August von Generalstabschef Moltke „das Abdrehen des verwässerten Schlieffen-Aufmarsches mit dem Schwerpunkt gegen Rußland“. Moltke erklärte dies für unmöglich. Der Kaiser erwiderte bitter: „Ihr Onkel hätte mir diese Antwort nicht gegeben“[38]. Der Conrad'sche Plan hätte den Einmarsch in Belgien erspart und den Angriff auf Frankreich. Trotzdem hätte dadurch der Krieg mit England auf die Dauer nicht vermieden werden können, da England an Frankreich und Rußland gebunden und stärkstens an der Niederwerfung Deutschlands interessiert war. Die britische Flotte wurde bereits am 27. Juli 1914 mobilisiert, also vor der ersten Mobilmachung der Festlandsmächte[39]! Der Erste Lord der Admiralität, Winston Churchill, hatte bei einer Besprechung mit Vertretern der Cunard-Company am 19. 2. 1913 darauf hingewiesen, daß es mit Deutschland im September 1914 einen Krieg geben werde. Er sprach daher gegenüber der Cunard-Linie den Wunsch aus, die „Lusitania“, die „Mauretania“, die „Ivernia“ und die „Aquitania“ umzurüsten, um sie als Hilfskreuzer einsetzen zu können. Am 16. März 1914 teilte er dem Unterhaus mit, daß vierzig Handelsschiffe bewaffnet seien[40]. Tatsächlich führte dann die „Lusitania“ mit einer Ausnahme auf allen ihren Fahrten seit Kriegsbeginn Munition an Bord. Den deutschen Handelsrivalen auszuschalten und das Gleichgewicht der Kräfte auf dem Festland zu erhalten bzw. wiederherzustellen waren Englands Beweggründe für seinen Krieg gegen Deutschland[41]. Der britische Außenminister vertrat rückschauend den Standpunkt,

---

[38] Geyr von Schweppenburg: Der Kriegsausbruch 1914 und der deutsche Generalstab, in „Wehrwissenschaftliche Rundschau“, 1963, S. 150–163.

[39] Hölzle, Selbstentmachtung, S. 324.

[40] Colin Simpson, Die Lusitania, Frankfurt 1973, S. 31 ff.

[41] „La vraie cause de la haine des Anglais contre l'Allemagne est la jalousie inspirée par le developement extraordinaire de la marine marchande du commerce et de l'industrie de l'Allemagne“, schrieb der belgische Gesandte in Berlin, Baron Greindl am 18. Februar 1914 nach Brüssel. Zit. nach: Hermann Stegemann, Geschichte des Krieges, Bd. I, 1917, S. 341.

England wäre „isoliert, diskreditiert und gehaßt“ worden, wäre es nicht zu Frankreich gestanden und „gegen den Überfall auf Belgien eingeschritten“[42]! Er sah in einem großen europäischen Krieg „eine Katastrophe von nie dagewesenem Umfang und glaubte, diese Vorstellung müßte allen Großmächten so klar sein, daß sie am Rande des Abgrundes Halt rufen und zurückweichen würden“[43]. Grey selbst hat nicht „Halt!“ gerufen, sondern durch seine zweideutige Haltung und die vielseitigen geheimen Vereinbarungen mit Frankreich, Rußland und Belgien selbst entscheidend zur Katastrophe beigetragen. Dabei stand das deutsch-englische Abkommen über die Bagdadbahn unmittelbar vor der Unterzeichnung. Am 30. Juli 1914 sandte die deutsche Regierung die Ermächtigung zur Unterzeichnung an ihren Botschafter in London. Der Ausbruch des Krieges verhinderte sie. Grey war auch trotz weitestgehender Zugeständnisse deutscherseits nicht bereit, die britische Neutralität zuzusichern, auch dann nicht, wenn Deutschland die Neutralität Belgiens sowie die Integrität Frankreichs und seiner Kolonien gewährleistet hätte. „Ihm kam es lediglich darauf an, die belgische Frage als einen festen, jeder Erörterung entrückten, an keine Bedingung geknüpften Punkt hinzustellen an dem er den Hebel ansetzen konnte, um England mit starkem, moralischem Schwung in den Krieg zu wuchten und Deutschland in die Knie zu drücken“[44]. In Wirklichkeit war der Krieg gegen Deutschland schon vor dem deutschen Einmarsch in Belgien beschlossene Sache, wie Lord Kitchener wenige Tage später

---

[42] Edward Grey: 25 Jahre Politik 1892–1916. Memoiren, München 1926, Bd. II, S. 13, 17.

[43] Stegemann, a. a. O., S. 58, Gespräch Grey-Fürst Lichnowsky am 1. 8. 1914.

[44] Stegemann, a. a. O., S. 58. – Stegemann bringt ebda, S. 341 f. als Zeugnis für den Handelsneid als entscheidender Triebfeder für Englands Krieg gegen Deutschland ein Urteil des Supreme Court of Judicature. Royal Court of Justice v. 21. 12. 1915. Dort wird expressis verbis ausgedrückt, das Ziel des Krieges sei die „Zerstörung der kommerziellen Blüte des feindlichen Landes“. S.-Dok.-Anhang Nr. 3.

gegenüber Sir Sidney Lee offen zugegeben hatte[45]. Nicht zu Unrecht wurde auch der Verdacht geäußert, England benütze den binneneuropäischen Krieg, um zwei Feinde auf einen Schlag zu erledigen: nämlich Deutschland und Rußland, indem beide sich zerfleischten[46]. Die gleiche Absicht verfolgte England 1939, doch wurde sie von Stalin durchschaut[47].

Die entscheidende Triebkraft für den Ausbruch des Ersten Weltkrieges war zweifelsohne der leidenschaftliche Nationalismus, der alle europäischen Völker mehr oder weniger ergriffen hatte; er ist der Altersbrand Europas. Das kam am deutlichsten bei der panslawistischen und großserbischen Bewegung zur Geltung. Im Sinne der „Irredenta“ trug er auch wesentlich zum Abfall Italiens vom Dreibund bei. Auch bei Rumänien, das 1916 vom Dreibund abfiel und zur Feindseite übertrat, wirkte dieser Nationalismus als Triebfeder: es ging um den Anschluß der im benachbarten Ungarn lebenden starken rumänischen Volksgruppe im Banat und in Siebenbürgen. Das türkische Reich trat im Oktober 1914 auf Seite der Mittelmächte in den Krieg ein, in Abwehr der russischen Bedrohung. Rußland hatte die freie Durchfahrt für seine Kriegsschiffe durch die Meerengen und die Entlassung der deutschen militärischen Berater gefordert. Für die Haltung Englands und auch Frankreichs war es bezeichnend, daß sie in einem Geheimvertrag den Russen Konstantinopel und die Dardanellen zusprachen. Damit gab England einen der wichtigsten Grundsätze seiner Weltpolitik preis, um dessentwillen es 1853–1856 den Krieg gegen Rußland geführt hatte, nur um Deutschland niederzuwerfen. Es war ein Zeichen des Niedergangs der britischen Weltmacht[48]. Von den Balkanstaaten trat Bulgarien 1915 auf die Seite der Mittel-

---

45 Alfred Lückenhaus, Von draußen gesehen, Düsseldorf 1955, S. 34.

46 Tirpitz, a. a. O., S. 142ff., 151; General Fürst Awaloff-Bermondt: Im Kampf gegen den Bolschewismus, Erinnerungen, Hamburg 1925, S. 8.

47 Gustav Hilger: Wir und der Kreml, Berlin 1955, S. 275.

48 Paul M. Kennedy: The Rise and Fall of British Naval Mastery, London 1976, S. 205ff., 239ff.

mächte, um Makedonien wiederzugewinnen. Es war wichtig als Landbrücke Deutschlands nach Kleinasien. Die Ententemächte setzten sich in einem Geheimabkommen mit dem griechischen Ministerpräsidenten Venizelos über Griechenlands Neutralität hinweg, um in Saloniki zu landen und Serbien zu helfen. Mit Ausnahme der drei skandinavischen Staaten, Hollands, der Schweiz, Spaniens und Portugals wurden im Laufe von zwei Jahren alle europäischen Völker in den Krieg verwikkelt.

Der Krieg war vom ersten Tage an ein nackter Existenzkampf für Deutschland und Österreich-Ungarn gegen eine erdrückende Übermacht. So äußerte sich schon während des Krieges der Schweizer Historiker Stegemann[49]: „Vorgestern noch ein lockerer Staatenbund, dessen einzelne Glieder sich selbst genügten, gestern noch ein auf Festlandspolitik zugeschnittener Bundesstaat, war das Deutsche Reich über Nacht zu einer Weltmacht geworden, die auf Gleichberechtigung im Rate der alten Weltherren England, Rußland und Frankreich Anspruch machte, aber kein Gehör finden konnte, weil die Welt bereits verteilt war. Aus dem Kriege um Weltgeltung wurde in dem Augenblick ein Kampf um Sein oder Nichtsein, da England sein volles Gewicht in die Waagschale warf, ein Gewicht, von dessen Größe und Schwere sich der Deutsche nicht zureichende Rechenschaft gegeben hatte. England führte die Welt gegen Deutschland in den Kampf, nachdem es sich entschieden hatte, die neue kontinentale Vormacht zu erdrükken, die ihm die Vorherrschaft streitig zu machen drohte. Als Englands Schwertträger erschienen alle anderen, obwohl jeder für sich und seine eigenen Ideale und eigenen Interessen und Machtansprüchen gehorchend zu Felde zog. Das ist ein Triumph britischer Staatskunst." „In Wirklichkeit ist dieser Krieg für Deutschland der bitterste Verteidigungskrieg im Kampf um staatliche Existenz, um Selbstbestimmungsrecht und Freiheit geworden, den je ein großes Volk geführt hat."

---

[49] Stegemann, a. a. O., S. 69f.

Ähnlich urteilt der schwedische Geschichtsforscher und Geopolitiker Rudolf Kjellén[50]:

Er zog einen Vergleich der beiden „Versionen über den Ursprung des Krieges“. Die Entente-Behauptung gehe dahin, Deutschland anzulasten, es habe durch Österreich den Streit vom Zaune gebrochen, „um auf dem Wege der rohesten Eroberung die Hegemonie in Europa und der Welt zu erringen“. Dagegen sei die Entente zur Verteidigung gezwungen worden. Die Mittelmächte bezeichneten die Entente als eine „Verschwörung“, um die bestehenden Verhältnisse zu Gunsten Frankreichs (Elsaß), Rußlands (Dardanellen) und Englands (Mesopotamien und Welthandel) umzustürzen; es galt unmittelbar der Integrität Österreich-Ungarns und der Türkei ...“ Deshalb mußte sich Deutschland verteidigen. „Das sind“. so fuhr Kjellén fort, „zwei durchaus unvereinbare und einander ausschließende Lesarten der Weltgeschichte. Es ist nicht der Mühe wert, viel Worte über die Tatsachen in diesem Streit zu verlieren. Keiner konnte bisher auch nur mit einem Schimmer von Wahrheit ein einziges positives deutsches Kriegsziel weder in Frankreich, noch in Rußland noch sonstwo in Europa vor dem Kriege nennen, während alle Welt weiß, daß Frankreich es auf das Elsaß in Deutschland abgesehen hatte. Ebensowenig konnte jemand bei Österreich-Ungarn oder der Türkei die Spur eines Kriegszieles auf dem Boden einer anderen Macht entdekken, während jedermann weiß, daß Rußland Ostgalizien in Österreich, Konstantinopel und Armenien in der Türkei und Italien seine österreichische ‚Irredenta‘ begehrte. Man wird auch in alle Ewigkeit die Antwort auf die Frage schuldig bleiben, warum Deutschland im Burenkrieg Englands Partei ergriff, wenn es England wirklich stürzen wollte, warum es nicht 1905 während Rußlands Niederlage und Revolution die Gele-

---

[50] Rudolf Kjellén: „Was den Frieden verhinderte“ in: Nya Dagligt Allehanda“ am 29. 12. 1916. Deutsche Übersetzung in: „Münchner Neueste Nachrichten“ vom 9. und 10. 1. 1917. Zit. nach „Der Völkerkrieg. Eine Chronik der Ereignisse seit dem 1. 7. 1914, Stuttgart, Heft 212, S. 54–57.

genheit wahrnahm, falls es in der Tat Rußland stürzen wollte. Tatsächlich ist es der Gipfel der Sinnlosigkeit, daß Deutschland, wenn es den Krieg wollte, damit so lange gewartet haben sollte, bis die feindliche Welt Zeit gefunden hatte, so stark und einig zu werden, wie sie nur konnte. Wenn England Deutschland als Kriegsziel die Herrschaft über die Welt vorwirft, so muß man sich daran erinnern, daß dieses Deutschland wenig mehr als 2 Prozent der Welt und höchstens 6 Prozent der Menschheit besitzt. Wer aber ist der Ankläger selbst? Derselbe, der schon nahezu 25 Prozent von Welt und Menschheit mit Beschlag belegt hat. Alles in allem vertritt die Entente die halbe Erde, während der Gegner bei einem geringen Bruchteil stehen bleiben muß.

Das Interessanteste hieran ist die vollkommene Sinnlosigkeit der Theorie der Entente. Sie widerspricht aller Vernunft und den klaren Tatsachen. Ihr objektiver Wahrheitswert kann nicht anders als minimal genannt werden. Wie aber ist es mit ihrem subjektiven, praktischen Lebenswert bestellt? Jetzt kommen wir zum Kern der Sache.

Hierbei ist zunächst klar, daß die Entente-Version nötig für das gute Gewissen der Entente ist, falls die Entente wirklich selbst das Ziel verfolgte, den status quo in Europa zu stören. Die Einkreisung Deutschlands wird dann aus einer aggressiven Drohung zu einer Handlung der Selbstverteidigung. Es ist ganz klar, daß diese Einkreisungspolitik für die eigenen Völker der Entente gerade in diesem Lichte erscheint. Die friedliebenden Massen haben das Gerede von dem ‚neuen Napoleon' vollkommen gläubig hingenommen. Daß es eine objektive Sinnlosigkeit und Unwahrheit war, was bedeutet das? Für den Glauben und das Mißtrauen der Völker ist nichts unmöglich. Credo quia absurdum. Wenn man sich aber einmal in dieser Feststellung festgebissen hatte, dann war es ja ganz deutlich ein Dienst für den Frieden und die Menschheit, wenn man Deutschlands Bewegungsfreiheit einschränkte, und fielen einem selbst dann einige positive Früchte zu (Elsaß, die Dardanellen), so war das ja nichts anderes als ein gerechter Lohn für die Verteidiger des

Friedens und der Menschheit ..." – Dieser ausgewogenen Feststellung zweier neutraler Historiker aus der Zeit des Ersten Weltkrieges sei noch das harte und treffende Urteil Lenins hinzugefügt[51]:

„Wir wissen, daß Jahrzehnte drei Räuber (die Bourgeoisie und die Regierungen Englands, Rußlands und Frankreichs) sich zur Plünderung Deutschlands rüsteten."

Während es bei den Mittelmächten vor dem Kriege und bei Kriegsausbruch kein Kriegsziel gab außer dem der nackten Selbstbehauptung, steht es, wie gerade der Schwede Kjellén mit Recht hervorhob, bei den Dreiverbandsmächten grundlegend anders. Die Kriegsziele, die die drei Mächte Jahrzehnte vor dem Krieg einzeln verfolgten, flossen zu Beginn des Krieges in ihrem Sonderfriedensabkommen zu einer Einheit zusammen. „Das Sonderfriedensabkommen der drei Ententemächte England, Frankreich und Rußland vom 5. September 1914 ist die entscheidende Kriegsallianz, die das Schicksal des Friedens im Ersten Weltkrieg bis zum letzten Kriegsjahr besiegelte[52]. Für Frankreich stand es seit dem verlorenen Krieg von 1870 fest, daß die Wiedergewinnung seiner europäischen Vormachtstellung und die Elsaß-Lothringens das oberste Ziel seiner Außenpolitik und damit auch sein Kriegsziel war. Das Hauptziel Frankreichs sei, so erklärte der französische Außenminister Delcassé, und darin seien sich alle drei verbündeten Mächte völlig einig, „die Zerstörung des Deutschen Reiches und die mögliche Schwächung der militärischen und politischen Macht Preußens"[53]. Der britische Außenminister Grey ließ den Russen versichern, daß er ihrem Plan eines direkten Marsches auf Berlin zustimme[54]. England gab auch seine Zustimmung zu der

---

51 J. W. Lenin: Über Krieg, Armee und Militärwissenschaft. Eine Auswahl aus Lenins Schriften in zwei Bänden, Berlin, Verlag d. Min. f. nationale Verteidigung, 1958, Bd. I, S. 455.

52 Hölzle, Selbstentmachtung, S. 399.

53 Ebda, S. 452.

54 Ebda, S. 453.

russischen Forderung nach Konstantinopel und der Meerengen. London hoffte seine Ziele durch die Entmachtung Deutschlands und den Raub seiner Flotte zu erreichen. Bei der Zertrümmerung des ottomanischen Reiches strebte England „die Überlassung der neutralen Zone in Persien als englische Einflußsphäre zum besseren Schutz Indiens“ an, ferner Mesopotamien[55]. Welche Absichten Rußland mit dem Krieg gegen die Mittelmächte verfolgte, darüber gibt der Teilungsplan des russischen Außenministers Sasonow vom 14. September 1914 Aufschluß, den er den Botschaftern Frankreichs und Großbritanniens unterbreitete[56]; folgende Punkte seien u. a. hervorgehoben:

„1. Das Hauptziel der drei Alliiierten muß die Vernichtung der deutschen Macht sowie der Bestrebungen Deutschlands nach der militärischen und politischen Herrschaft sein.

3. Rußland annektiert den Unterlauf des Njemen und den östlichen Teil Galiziens. Es annektiert für das polnische Königreich Ostposen, Schlesien und den westlichen Teil Galiziens.

4. Frankreich erhält Elsaß-Lothringen zurück, hierzu kommen Teile der preußischen Rheinlande und der Pfalz nach seinem Ermessen.

5. Belgien erhält eine bedeutende Vergrößerung.“

Bemerkenswert ist auch eine in Frankreich schon im Jahre 1915 verbreitete Europakarte mit der Oder-Neiße-Linie als Ostgrenze des besiegten und geteilten Deutschland gegen ein von Rußland beherrschtes Polen. Standen für Frankreich, Rußland und England die konkreten Kriegsziele schon lange *vor* Kriegsausbruch fest, so ergab sich für Deutschland eine Kriegszielsetzung erst *im* Kriege als Folge militärischer Eroberungen. Die militärischen Erfolge im Anfang des Krieges führten zu Überlegungen über Kriegsziele, wie sie in der Denkschrift vom 9. September 1914, die der Reichskanzler von Legationsrat

---

[55] Ebda, S. 458f.; Ploetz, a. a. O., S. 593f.

[56] Ploetz, Konferenzen u. Verträge, Teil II, Bd. 4, S. 592f.

Kurt Riezler zusammenstellen ließ, zum Ausdruck kamen[57]. Aber auch dann gab es maßgebliche Stimmen zum Maßhalten und zum Verzicht. So telegraphierte General Erich von Falkenhayn, Moltkes Nachfolger als Generalstabsschef, im Sommer 1915 während des Vormarsches in Polen und Galizien an den Reichskanzler, jetzt sei seiner Ansicht nach der gegebene Zeitpunkt, auch unter Verzicht auf jeden Landerwerb mit den Russen Frieden zu schließen. Falkenhayn wußte freilich nichts von der vertraglichen Bindung der Dreiverbandsmächte, keine Sonderabmachungen einzeln mit deren Gegnern zu treffen[58]. Auch Großadmiral Tirpitz riet zu raschem Friedensschluß mit Rußland, weil er mit Recht in England den Hauptgegner sah[59].

Das gewaltige Bevölkerungswachstum und die ungeheuere Energieentfaltung der Großmächte in wirtschaftlicher und kolonialer Hinsicht hatten im Zeitalter des Imperialismus zu einem steigenden Wettrüsten geführt. Die allgemeine Wehrpflicht brachte es mit sich, daß der Friedensstand der Heere in die Hunderttausende ging, bei Rußland in die Millionen. Die Zahl der ausgebildeten Reserven ließ den Kriegsstand der Heere ins Millionenfache anschwellen. So standen bei Ausbruch des Krieges dreieinhalb Millionen Soldaten des Dreiverbandes (einschließlich Belgien und Serbien) knapp zwei Millionen der beiden Mittelmächte gegenüber. Frankreich mit vierzig Millionen Einwohnern hatte 1913 die dreijährige Dienstzeit eingeführt und verfügte dadurch über eine Friedenspräsenz von 882 000 Mann, rund 100 000 Mann mehr als das Deutsche Reich mit 68 Millionen Einwohnern und einer Friedenspräsenz von 761 000 Mann. Die deutsche politische Führung, unfähig, die Einkreisung zu verhindern, hatte militärisch nicht die notwendigen Folgerungen aus der politischen Lage gezogen. Sie

---

[57] Hölzle, a. a. O., S. 73; 396ff.

[58] Oberst von Penz: Gedenkartikel zum Tode Falkenhayns in: „Mitt. f. d. Angehörigen d. ehemaligen Kgl. Preuß. 4. GardeRgt. z. Fuß, Nr. 4 v. 22. 5. 1922.

[59] Tirpitz, a. a. O., S. 142ff, 270ff.

hatte es versäumt, die Wehrkraft des Volkes voll auszuschöpfen. So kam es, daß von den wehrfähigen Männern Deutschlands nur die Hälfte friedensmäßig durch die Wehrpflicht erfaßt und ausgebildet worden war[60]. Darin zeigte sich nicht nur ein Versagen der Führung, sondern auch die Tatsache, daß das Reich für einen Angriffskrieg mit dem angeblichen Ziele der Weltherrschaft überhaupt nicht vorbereitet war. Deutschland war sogar für den Verteidigungskrieg schlecht vorbereitet. Im Osten aber stand der russische Koloß mit 2300000 Mann bei Ausbruch des Krieges unter Waffen, mehr als die beiden Mittelmächte zusammen ins Feld stellen konnten. Allein dem zahlenmäßigen Kräfteverhältnis nach war die Lage der Mittelmächte verzweifelt. Das Kräfteverhältnis zwischen den in den Kriegsstrudel im Jahre 1914 hineingerissenen Großmächten sah bei Kriegsbeginn wie folgt aus[61]:

1. *Dreiverband*

Britisches Weltreich:
33.4 Millionen qkm und 438 Millionen Bewohner;
Rußland:
22.3 Millionen qkm und 180 Millionen Bewohner;
Frankreich mit Kolonien:
8.5 Millionen qkm und 88 Millionen Bewohner

Zum Dreiverband kamen noch als Verbündete im Jahre 1914:

Japan: 673000 qkm und 73 Millionen Bewohner.

Ebenso gehörten bei Kriegsausbruch die beiden Kleinstaaten Serbien und Belgien als Verbündete zum Dreiverband.

Im Mai 1915 trat Italien auf seiten der Alliierten ebenfalls in den Krieg gegen die Mittelmächte ein: mit Kolonien: 1.9 Millionen qkm und 37 Mill. Bewohner

---

60 Gerhard L. Binz: Die stärkeren Bataillone, in: „Wehrwissenschaftliche Rundschau", 1959, S. 1–46.

61 Rudolf Kjellén: Die Großmächte der Gegenwart, 17. Auflage, Leipzig 1917.

Im Jahre 1916 fiel auch Rumänien von den Mittelmächten ab und kämpfte auf seiten der Alliierten.

Die Vereinigten Staaten von Nordamerika beteiligten sich ab 1917 aktiv auf seiten der Alliierten am Krieg gegen Deutschland: 9.7 Millionen qkm und 108 Millionen Bewohner.

2. *Zweibund*

Deutschland (mit Schutzgebieten):
3.2 Millionen qkm und 81 Millionen Bewohner;
Österreich-Ungarn:
675 000 qkm und 53.7 Millionen Bewohner.
Das ottomanische Reich trat im Oktober 1914 auf seiten der Mittelmächte in den Krieg ein:
Bulgarien schloß sich 1915 den Mittelmächten an.

Bei Kriegsausbruch betrugen die Kriegsstärken der Heere[62]:

Mittelmächte:

Deutschland:	3.8 Millionen Mann
Österreich-Ungarn:	2.3 Millionen Mann
Zusammen:	6.1 Millionen

Dreiverband:

Frankreich:	3.8 Millionen
Rußland:	4.5 Millionen
England:	1.0 Millionen
Zusammen:	9.3 Millionen
Dazu:	
Serbien:	300 000
Belgien:	300 000
Insgesamt:	9.9 Millionen

[62] Max Schwarte: Geschichte des Weltkrieges, Berlin 1932, S. 39–41.

Der Dreiverband konnte also zusammen mit Belgien und Serbien rund zehn Millionen Mann aufbringen.

Noch größer war die Überlegenheit des Dreiverbandes zur See; die Kriegsflotten hatten folgende Stärken:

England (Britisches Weltreich):	2200310 t
Frankreich:	614530 t
Rußland:	256000 t
Zusammen:	3070840 t
dazu kam 1915 noch die italienische Flotte.	286700 t

Mittelmächte

Deutschland:	979820 t
Österreich-Ungarn:	236880 t
Zusammen:	1216700 t

Aber nicht nur militärisch war Deutschland für einen Krieg solchen Ausmaßes nicht vorbereitet, sondern darüber hinaus auch wirtschaftlich nicht. Gerade das aber sollte sich verhängnisvoll auswirken, denn die britische Hungerblockade trug mehr zur deutschen Niederlage bei als die unmittelbare Waffenwirkung der Alliierten. Als der damalige Oberstleutnant im Generalstab, Wilhelm Gröner, später Nachfolger Ludendorffs, im Februar 1913 den Vorschlag machte, die argentinische Getreideernte eines Jahres aufzukaufen, „um Deutschland eine Lebensmittelversorgung für eine zweijährige Kriegsdauer zu sichern", wurde dieser Vorschlag abgelehnt, weil Reichstag und Bundesrat sich über die Verteilung der Kosten nicht einigen konnten[63]. Der Reichskanzler fand von sich aus nicht das entscheidende Wort.

---

[63] Dorothea Geyer-Gröner: General Gröner. Soldat und Staatsmann, Frankfurt 1955, S. 35. – Nach den Unveröffentlichten Erinnerungen des Generals Friedrich von Boetticher lehnte Reichskanzler Bethmann Gröners Vorschlag noch im Juli 1914 mit der Begründung ab, ohne Genehmigung des Reichstags könne er keine Ausgaben von vier Millionen Mark machen!

„Vernichtung" und Diktatfriede waren die Kriegsziele des Dreiverbandes. Was war die Triebfeder zu dieser für Europa und seine Staatenwelt selbstmörderischen Einstellung? Der Nationalismus war sicher die entscheidende kriegstreibende Kraft bei den Völkern Ost- und Mitteleuropas mit ihren nationalstaatlichen Bestrebungen nach westeuropäischem Vorbild. Jeder Kenner der Gemengelage der Nationalitäten im ostmitteleuropäischen Raum wußte jedoch, daß die Verwirklichung des nationalstaatlichen Grundsatzes nach dem Muster Frankreichs oder Englands in diesem Raum unmöglich war und daß jeder Versuch in dieser Richtung zur Katastrophe führen mußte. Deshalb hatte schon 1848 der tschechische Geschichtsschreiber Palacky erklärt, man müßte Österreich erfinden, wenn es nicht bestünde, damit die kleinen Nationalitäten unter einem Dach leben könnten und gegen die russische Bedrohung geschützt seien. Das Habsburgische Vielvölkerreich hatte das jahrhundertelange Zusammenleben von zwölf Nationen und Nationalitäten ermöglicht. Das ist die größte staatliche Leistung des deutschen Volkes in der neuzeitlichen Geschichte. Rußland aber mit seiner maßlosen Ländergier und dem zum Plan- und Neoslawismus gesteigerten russischen Nationalismus machte sich die nationalistischen Bestrebungen der West- und Südslawen zunutze, um seine Herrschaft schließlich über ganz Mitteleuropa auszudehnen. Aber auch für die Kriegszielsetzung Frankreichs und Englands war der Nationalismus maßgebend in ihrem Kampf gegen Deutschland, bei Frankreich diktiert von den chauvinistischen Bestrebungen, das Ergebnis des verlorenen Krieges von 1870 rückgängig zu machen, bei England bestimmt von der Leitlinie der britischen Außenpolitik, dem Gleichgewicht der Kräfte und der Tendenz, den gefährlichsten Handelsrivalen auszuschalten. Diesen Bestrebungen lagen biologisch-darwinistische Rassenkampf-Ideen zugrunde. Der Erste Weltkrieg war daher als nationale Macht- und Kraftprobe ausgebrochen. Der nationale Machtkampf wandelte sich nach dreijährigem, blutigen Ringen, als in Rußland der militärische Zusammenbruch den gesellschaftlichen Umsturz in zwei Phasen auslöste, zu einem sozialen: nach dem kurzen Zwischenspiel einer halbjährigen bürgerlichen Herrschaft folgte die Machtergreifung der Bolschewisten in der Oktoberrevolution. Die gesellschaftliche Entwicklung drehte sich in Rußland weiter zur „Diktatur des Proletariats", der angeblichen Herrschaft des vierten Standes, der Arbeiterklasse, in Wirklichkeit aber zur Diktatur des fünften Standes, des intellektuellen Proletariats, im Endergebnis zur Diktatur eines Mannes, W. J. Lenins. Er entwickelte auf der Grundlage einer von ihm geschaffenen, aus dem „wissenschaftlichen Sozialismus" von Marx und Engels abgeleiteten Ideologie, dem Marxismus-Leninismus, ein neues Herrschaftssystem. Das Kennzeichen dieser Ideologie ist die materialistische Weltanschauung, der dialektische Materialismus. Auf dieser weltanschaulichen Ebene soll nach Lenin und Stalin der russische Messianismus seine Erfüllung finden durch Aufrichtung der allslawischen Weltherrschaft mit Moskau als Regierungszentrum.

Kriegsentscheidung durch Amerika „Waffenstillstand" und „Friedensverträge"

Der Zusammenbruch des zaristischen Rußland unter den Schlägen der deutschen Armee schien 1917 die Waage des Kriegsglücks zugunsten der beiden deutschen Mittelmächte ausschlagen zu lassen. Als die beiden Westmächte sahen, daß sie aus eigener Kraft die deutsche Festung Mitteleuropa nicht erobern konnten, zogen sie die USA in den Krieg. Deutschland hatte sich so stark erwiesen, daß es sich mit Erfolg gegen Frankreich, Rußland und das Britische Weltreich hatte behaupten und den östlichen Hauptgegner Rußland in die Knie zwingen können. Die Vereinigten Staaten von Nordamerika hatten seit

1914 in steigendem Maße die Entente mit Kriegsmaterial beliefert und riesige Rüstungsgewinne erzielt. Infolge der hohen und stets steigenden Verschuldung der Westmächte an die Vereinigten Staaten war deren Eingreifen unvermeidlich, wollten sie nicht den Verlust des den Westmächten geliehenen Kapitals riskieren. Bis 1917 hatten England und Frankreich mehr als zwei Milliarden Dollar Bankanleihen in den USA aufgenommen[64], der jährliche Handel zwischen den Westmächten und den USA war von 824 Millionen Dollar im Jahre 1914 auf mehr als 3.2 Milliarden Dollar im Jahre 1916 angewachsen. Präsident Wilsons intimer Berater, Oberst House, hatte daher schon im Februar 1916 den Kriegseintritt der USA befürwortet[65]. Auch bestand seit 1911 ein Geheimabkommen zwischen den USA und England, mit der bindenden Zusage amerikanischer Hilfeleistung an England im Kriegsfalle als Gegenleistung für die Ausklammerung britischer Hilfeleistung an Japan im Falle eines amerikanisch-japanischen Krieges[66]. „Als die Vereinigten Staaten 1917 in den Ersten Weltkrieg eintraten, fühlten sie sich von keiner der kriegführenden Mächte unmittelbar bedroht. Die Nachfrage nach Lebensmitteln und Rohstoffen sowie die steigenden Weltpreise hatten den großen und kleinen Produzenten Amerikas so große Gewinne gebracht, daß Präsident Wilson ein zweites Mal gewählt worden war, gerade weil er von allen Kandidaten derjenige zu sein schien, von dem man die Neutralität des Landes am ehesten erwarten durfte. Im Jahre 1917 bestand bereits die Gefahr, daß die westlichen Alli-

---

[64] Arnold A. Offner: The Origins of the Second World War. American Foreign Policy and World Politics 1917–1941, New York 1975, S. 8.

[65] Offner, a. a. O., S. 8. – Als die Nachricht von der Versenkung der „Lusitania" – 7. Mai 1915 – eintraf, erklärte Oberst House, in der Abendgesellschaft der amerikanischen Botschaft in London gerade zu Gast, „die Vereinigten Staaten würden noch innerhalb eines Monats in den Krieg eintreten." Simpson, a. a. O., S. 198 f. „. . ., die Morgan-Gruppe könne und wolle nicht neutral bleiben und werde alles in ihrer Macht Stehende tun, um den Alliierten zu helfen". Simpson, a. a. O., S. 61.

[66] Schreiben der Kriegswiss. Abt. – Marinearchiv – MI PG III v. 19. 1. 1942.

ierten nicht in der Lage sein könnten, ihre Verpflichtungen gegenüber dem amerikanischen Schatzamt einzuhalten, wenn sie nicht einen baldigen Sieg erangen; außerdem spielte die Befürchtung, Japan könne sich die Sorgen der Alliierten in Europa zunutze machen und zur beherrschenden Macht im Pazifik werden, bei den Überlegungen der Amerikaner stets eine Rolle. Aber die größte Gefahr war, daß die Alte Welt durch eine Verlängerung des Krieges so verarmen würde, daß sie nicht mehr laufend Öl, Kupfer, Baumwolle und Weizen aus Amerika" kaufen könne"[67].

Die antideutsche Stimmung in den USA wurde von England seit Kriegsbeginn systematisch angeheizt. England hatte sich das Monopol der Nachrichtenübermittlung über den europäischen Kriegsschauplatz in Amerika gesichert, indem es die deutschen Überseekabel hatte durchschneiden lassen. Die von dem britischen Presselord Northcliffe durchgeführte antideutsche Greuelpropaganda war im Ausland um so wirksamer, als die deutsche Regierung dieser Art psychologischer Kriegführung hilflos gegenüberstand; Deutschland war im Zustand einer belagerten Festung.

Hinzu kam der wirksame Einfluß der Juden in New York und Washington. Solange die beiden Mittelmächte gegen das zarische Rußland kämpften, hatten sie einigermaßen die Sympathien des Weltjudentums für sich[68]. Als aber in Rußland die Autokratie zusammenbrach, unterstützten die Juden die britischen Bemühungen um einen Kriegseintritt der USA auf seiten der Entente gegen das britische Versprechen durch die Balfour-Erklärung vom 2. November 1917 den Juden eine nationale Heimstätte in Palästina zu schaffen. Diese amtliche Erklärung

---

67 Basil Collier: Siege, die keine waren. Von Versailles bis Suez (1918–1956), München 1964, S. 349. – Englische Originalausgabe: Barren Victories, London 1964. – Collier war im Zweiten Weltkrieg britischer Nachrichtenoffizier und stellvertretender Chef einer amerikanisch-britischen Stabsabteilung im Hauptquartier Eisenhowers.

68 Nahum Goldmann, Das jüdische Paradox, Köln 1978, S. 33.

der britischen Regierung war an den Londoner Rothschild gerichtet[69]. Einflußreiche jüdische Berater des Präsidenten Wilson, die die zionistische Bewegung unterstützten, waren Louis Brandeis, Felix Frankfurter und Bernard Baruch. Baruch, eine der mächtigsten jüdischen Persönlichkeiten in den USA, inoffizieller Präsidentenberater von Wilson bis Kennedy, verfocht schon bei Kriegsausbruch 1914 den Gedanken, Amerikas gewaltige Wirtschaftskraft für die Entente einzusetzen. 1917 übernahm er die Organisation und Leitung der amerikanischen Kriegsindustrie[70].

Nachdem der letzte deutsche Versuch, durch die große Frühjahrsoffensive 1918 eine militärische Entscheidung zu erzwingen, gescheitert und das deutsche Westheer zum Rückzug gezwungen war, mußte Deutschland um Waffenstillstandsverhandlungen nachsuchen. Der amerikanische Präsident wurde um Vermittlung gebeten mit Berufung auf die von ihm verkündeten vierzehn Punkte, die einen Frieden ohne Sieg ermöglichen sollten. Das Schicksal Europas wird daher aufgrund der britisch-französischen Entschlossenheit, Deutschland auch um den Preis des Verlustes eigener Unabhängigkeit zu vernichten, seit 1917 von Nordamerika bestimmt. Die USA aber hatten ihre Mittlerrolle durch ihre aktive Einmischung in den Krieg bereits verspielt, weil sie nicht mehr Mittler, sondern selbst Kriegspartei geworden waren. Die Rolle des arbiter mundi, die sich Präsident Wilson, sicher in wohlwollender Absicht, anmaßte, war daher von vornherein zum Scheitern verurteilt. Die letzte kaiserliche Reichsregierung unter Reichskanzler Prinz Max von Baden wandte sich, unglücklicherweise dem Druck der Obersten Heeresleitung sich beugend, am 3. Oktober 1918 an den amerikanischen Präsidenten um Waffenstillstand und führte gleichzeitig eine Verfassungsänderung durch mit der Einführung der parlamentarischen Monarchie, um damit gün-

---

69 Über die Forderungen der zionistischen Bewegung, s. b. Felix Frankfurter Reminisces, New York 1960, S. 154ff., 178ff.

70 Bernard Baruch, The Public Years, New York, 1960, S. 17ff., 49ff.

stigere Voraussetzungen für die Verhandlungen zu schaffen. Die Antwortnoten des Präsidenten aber zeigten deutlich, besonders die dritte vom 23. Oktober 1918, daß er keinen Waffenstillstand vermitteln wollte, sondern die Beseitigung der Monarchie und die Kapitulation verlangte[71]. Damit löste Wilson in Deutschland die Revolution aus, den Bürgerkrieg und die drohende Machtergreifung der Bolschewisten unter Führung Moskaus. Die Alliierten erkannten zwar die vierzehn Punkte mit einigen Einschränkungen an, schoben sie dann aber rücksichtslos beiseite und brachen damit den Vorvertrag. So wurde das deutsche Volk durch den von den Alliierten gebrochenen Vorvertrag zur Waffenstreckung, zum Sturz der Monarchie und zur Einführung der republikanischen Staatsform veranlaßt. Die Tatsache des gebrochenen Vorvertrages kann in ihrer rechtlichen Bedeutung kaum überschätzt werden, denn sie besagt, daß „Waffenstillstand" – laut Marschall Foch war es eine reine Kapitulation[72] – wie „Friedensvertrag" der rechtlichen Grundlage entbehren. Alle späteren Anschuldigungen der Sieger gegen deutsche Regierungen, den „Friedensvertrag" nicht eingehalten, sondern gebrochen zu haben, fallen daher aufgrund des Bruchs des Vorvertrages auf die Sieger selbst zurück. Deutschland war infolge der militärischen Kapitulation auf Gnade und Ungnade den Siegern preisgegeben. Die im „Waffenstillstand" festgelegte Fortsetzung der Hungerblokkade bis zum Inkrafttreten eines Friedensvertrages sowie die Zurückhaltung der gefangenen deutschen Soldaten ließen das Schlimmste befürchten. Die „Friedens"bedingungen wurden von den Siegermächten allein festgelegt, ohne Hinzuziehen deutscher Vertreter. Dadurch brachen die Sieger mit der jahrhundertelangen völkerrechtlichen Gewohnheit des Aushandelns und Festlegens der Bedingungen zwischen Siegern und

---

71 André Tardieu: La Paix, Paris 1921, S. 65f.

72 L'armistice équivaut à une capitulation, à une capitulation integrale", sagte Marschall Foch zur amerikanischen Delegation am 11. 3. 1919. Zit. n. Tardieu, a. a. O., S. 83f., Anm. 1.

Besiegten. Sie schoben auch das europäische, in die vorchristliche Antike zurückreichende Völkerrecht dadurch beiseite, daß sie die Begriffe „Kriegsschuld", „Kriegsverbrecher" und „Kollektivschuld" einführten und im Versailler „Vertrag" verankerten. Die Annahme des „Friedensvertrages" wurde der deutschen Regierung mit der Drohung abgepreßt, die Sieger würden bei Nichtannahme des Ultimatums nach Innerdeutschland einmarschieren. Die Alliierten legten bezeichnenderweise das Datum der Unterzeichnung auf den 28. Juni 1919 fest, den Tag der Ermordung des österreichischen Thronfolgerpaares im Jahre 1914! Sie machten ihren „Friedensvertrag" damit zu einem Bekenntnis zum Fürstenmord, jenem Fürstenmord, der den Anlaß zum Weltkrieg gegeben hatte, ein makabres Vorzeichen für die Folgen dieses „Friedensvertrages"!

Der berüchtigte Kriegsschuldartikel Paragraph 231 des Versailler Diktats lautet:

„Die alliierten und assoziierten Regierungen erklären und Deutschland erkennt an, daß Deutschland und seine Verbündeten als Urheber für alle Verluste und Schäden verantwortlich sind, die die alliierten und assoziierten Regierungen und ihre Staatsangehörigen infolge des Krieges, der ihnen durch den Angriff Deutschlands und seiner Verbündeten aufgezwungen wurde, erlitten haben."

Dieser Artikel hatte schwerwiegende innen- und außenpolitische Folgen, deren Nachwirkungen auch heute noch spürbar sind. Die große Mehrheit der Weimarer Nationalversammlung lehnte empört die Bedingungen des „Vertrages" im allgemeinen, den sogenannten Schuldparagraphen im besonderen ab. Der damalige Reichsaußenminister Graf Brockdorff-Rantzau protestierte in Versailles mannhaft gegen die Anlastung der alleinigen Kriegsschuld und riet der Regierung, die Bedingungen abzulehnen. „Wir kennen die Wucht des Hasses", so führte er vor den alliierten Vertretern aus, „die uns hier entgegentritt, und wir haben die leidenschaftliche Forderung gehört, daß die Sieger uns zugleich als Überwundene zahlen lassen und als Schuldige bestrafen wollen. Es wird von uns verlangt, daß wir uns als die allein Schuldigen bekennen: ein solches Bekenntnis wäre in meinem Munde eine Lüge ..."

In der Nationalversammlung traten aus klassenkämpferischen Gründen nur die Unabhängigen Sozialdemokraten für die Annahme der Bedingungen ein. Unter dem verhängnisvollen Einfluß des Zentrumsabgeordneten Mathias Erzberger beugte sich aber schließlich auch die Mehrheit dem alliierten Ultimatum, wegen des angedrohten Einmarsches der feindlichen Truppen nach Innerdeutschland im Falle einer Ablehnung des Diktats. Zum Kriegsschuldparagraphen erklärte die deutsche Regierung in Beantwortung des Ultimatums vom 16. Juni am 23. Juni 1919:

„Die Regierung der deutschen Republik hat aus der letzten Mitteilung der alliierten und assoziierten Regierung mit Erschütterung gesehen, daß sie entschlossen sind, von Deutschland auch die Annahme derjenigen Friedensbedingungen zu erzwingen, die, ohne eine materielle Bedeutung zu besitzen, den Zweck verfolgen, dem deutschen Volk die Ehre zu nehmen. Durch einen Gewaltakt wird die Ehre des deutschen Volkes nicht berührt. Sie nach außen zu verteidigen, fehlt dem deutschen Volke nach den entsetzlichen Leiden der letzten vier Jahre jedes Mittel. Der übermächtigen Gewalt weichend und ohne damit ihre Auffassung über die unerhörte Ungerechtigkeit der Friedensbedingungen aufzugeben, erklärt deshalb die Regierung der deutschen Republik, daß sie bereit ist, die von den alliierten und assoziierten Regierungen festgelegten Friedensbedingungen anzunehmen und zu unterzeichnen."

Diese Erklärung enthält zwei Irrtümer: erstens die falsche Ansicht, daß der Schuldparagraph „ohne jede materielle Bedeutung" sei. Vielmehr war es jedoch so, daß auf diesen Paragraphen die maßlosen Wiedergutmachungsforderungen abgestützt wurden. Der zweimalige Zusammenbruch der deutschen Wirtschaft durch die Inflationskatastrophe 1923 und die Deflationskatastrophe 1931/32 war die Folge der Reparationspolitik. Der zweite, noch schwerwiegendere Irrtum war die Bereitschaft zur Annahme der Bedingungen unter Gewaltandrohung.

Unterzeichnet wurde das Diktat von zwei Vertretern der maßgebenden Weimarer Koalitionsparteien: dem Sozialdemokraten Hermann Müller-Franken und dem Zentrumsabgeordneten Dr. Johannes Bell.

Außenminister Graf Brockdorff-Rantzau trat am 20. Juli 1919 aus Protest zurück. Aber auch Walter Rathenau hatte den dringenden Rat erteilt, diese Bedingungen nicht anzunehmen, selbst um den Preis eines Einmarsches der Alliierten. Der Kriegsschuldparagraph führte zur Ausstoßung Deutschlands aus der Völkergemeinschaft bis zur Aufnahme in den Völkerbund 1925. Innenpolitisch hatte er eine Radikalisierung zur Folge und förderte in kaum überschätzbarem Maße einen radikalen Nationalismus. Der langjährige sozialdemokratische Ministerpräsident von Preußen, Otto Braun, beurteilte das Versailler Diktat mit den Worten: „Tatsächlich wurde im Mai 1919 in Versailles die Axt an die Wurzel der Weimarer Republik und die Giftsaat des neuen Nationalismus in den deutschen Boden gelegt. Sie ... brachte die Weimarer Republik zum Erliegen[73]."

Die wesentlichsten Bestimmungen des Versailler Diktats waren:

Die Kolonien wurden dem Reich genommen, zunächst unter Völkerbundsverwaltung gestellt und dann unter Frankreich, England und Japan aufgeteilt.

Gebietsabtretungen vom Reichsgebiet:	an Frankreich: Elsaß-Lothringen, Saargebiet bis 1935 unter Völkerbundsverwaltung
	an Belgien: Moresnet und Eupen-Malmedy
	an Polen: Westpreußen, Posen und Oberschlesien
	unter Völkerbundsverwaltung: Danzig

[73] Otto Braun: Von Weimar bis Hitler, Hamburg 1949, S. 24f.

an Litauen: Memelland (zunächst unter „Obhut der Alliierten, ab 1923 zu Litauen)
an Tschechoslowakei: Hultschiner Ländchen
an Dänemark: Nordschleswig

Das Deutsche Reich verlor gebietsmäßig an seinen Grenzen 73485 qkm Land mit 7325000 Einwohnern. Es umfaßte 1914 540787 qkm mit 67892000 Einwohnern, 1921 467302 qkm und 59360000 E.

Deutschland verlor von seiner Jahresförderung an Bodenschätzen: 75% Zinkerz, 74,8% Eisenerz, 28,7% Steinkohle, 7,7% Bleierz, 4% Kali; Von seiner landwirtschaftlichen Erzeugung (Jahresernte): 19,7% Kartoffeln, 18,2% Roggen, 17,2% Gerste, 12,6% Weizen, 9,6% Hafer.

Besetzt blieben auf vorläufig fünfzehn Jahre das Saargebiet und das linke Rheinufer mit den Brückenköpfen Köln, Mainz, Koblenz.

Die Besatzungskosten hatte das Reich zu tragen: sie beliefen sich bis zum Ende der Besatzungszeit auf 3640 Millionen Goldmark.

Links des Rheins und auf einem 50 km breiten Streifen rechts des Rheins durfte das Reich keine Truppen und keine Befestigungen haben.

Deutschland mußte ferner vollständig abrüsten: Abschaffung der Wehrpflicht, langdienendes Söldnerheer mit 100000 Mann, Beschränkung der Marine auf 6 Linienschiffe, 6 kleine Kreuzer, 12 Zerstörer, 12 Torpedoboote, Personal auf 500 Offiziere und 15000 Mann. Luftstreitkräfte wurden völlig verboten. Überwachung der deutschen Abrüstung durch eine Internationale Militärkontrollkommission bis 1927.

Internationalisierung der deutschen Flüsse und des Kaiser Wilhelm-Kanals, Kiel offener Hafen. Auslieferung der deutschen Kabel.

Strafbestimmungen: Auslieferung des Kaisers und einer Anzahl weiterer führender Persönlichkeiten als „Kriegsverbrecher". (Holland verweigerte jedoch die Auslieferung des Kaisers.)

Wirtschaftliche Bestimmungen: Auslieferung der deutschen Handelsflotte. Die Kriegsflotte hatte schon aufgrund der „Waffenstillstandsbedingungen" ausgeliefert werden müssen. Kohlenlieferungen: Jährlich vierzig Millionen Tonnen an Frankreich, Belgien, Italien und Luxemburg für zehn Jahre.

Lieferungen von Farbstoffen, Maschinen, Fabrikeinrichtungen, Werkzeugen, Material für den Wiederaufbau der zerstörten Gebiete in Belgien und Nordfrankreich, ferner an Frankreich und Belgien: 140000 Milchkühe, 4000 Stiere, 40000 Färsen, 700 Zuchthengste, 40000 Stuten und Stutenfüllen 1200 Schafböcke, 30000 Schafe, 10000 Ziegen, 15000 Mutterschweine, Konfiksation des deutschen Eigentums, auch des privaten, sowie der deutschen Rechte im Ausland. Meistbegünstigung für die alliierten Staaten ohne Gegenseitigkeit. Beschränkung der deutschen Eisenbahnhoheit. Auslieferung der 1870 erbeuteten französischen Fahnen und verschiedener Kulturgüter. Verbot des Anschlusses von Deutsch-Österreich an das Deutsche Reich.

Die mit der Alleinschuld begründeten wirtschaftlichen und finanziellen Bedingungen des Versailler Diktats wurden zur schwersten Belastung, weil sie unerfüllbar waren. Der Streit zwischen den Siegern, ob das Reich die Kriegsschäden oder alle Kriegskosten zu zahlen habe, wurde infolge der unerbittlichen Haltung Frankreichs und Englands für die Kriegskosten entschieden. Die Amerikaner konnten ihren Standpunkt, daß nur die Kriegsschäden zu bezahlen seien, nicht durchsetzen[74]. Der Finanzberater Wilsons, Bernard Baruch, war sich darüber im klaren, daß das besiegte und erschöpfte Deutschland niemals in der Lage sein würde, die Kriegskosten zu ersetzen. Seine nüchterne Rechnung, daß Deutschland nach dem verlorenen Krieg, dem Verlust wichtiger wirtschaftlicher Grenzgebiete, der Kolo-

---

[74] Bernard Baruch: The Making of the Reparation and Economic Sections of the Treaty, New York 1920, S. 20ff., S. 323ff.

nien, der Handels- und Kriegsflotte und sämtlicher Auslandsguthaben höchstens etwa fünfzig Milliarden Goldmark würde zahlen können, erwies sich im wesentlichen als richtig[75]. Der britische Finanzsachverständige John M. Keynes, als Stellvertreter des Schatzkanzlers Mitglied des obersten Wirtschaftsrates in Versailles, trat von dieser Stellung am 7. Juni 1919 aus Protest zurück, als ihm klar wurde, daß eine Änderung der unerfüllbaren wirtschaftlichen und finanziellen Forderungen im Entwurf des „Friedensvertrages“ nicht zu erreichen war. „Durch die Forderung des Unmöglichen“, schrieb er im Vorwort zur französischen Ausgabe seines Buches „The economic consequences of the war“, Erstausgabe 1919, „würden die Sieger zum Schluß alles verlieren“. „Sie übersahen durch übertriebene Konzentration auf politische Gegenstände und auf das Erreichen einer illusionären Sicherheit die wirtschaftliche Einheit Europas.“ England und die USA sollten, so forderte Keynes, die Schulden ihrer Alliierten überhaupt streichen. Sie hätten kein Recht, diese Schulden im Licht kommerzieller Anlagen zu betrachten. Auch sollte man für den gedemütigten Feind Verständnis aufbringen unter dem höheren Gesichtspunkt einer Wiedergenesung ganz Europas. Clemenceau, mit dem bezeichnenden Beinamen „der Tiger“, setzte sich jedoch mit seinen unerbittlichen Forderungen durch. Die Sieger auferlegten Deutschland eine Bürde, die weit über die Möglichkeiten des Reiches, sie abzutragen, hinausging. Sie taten das, obwohl sie sich der Unmöglichkeit der Erfüllung ihrer Forderungen bewußt waren. Keynes richtete einen leidenschaftlichen Appell an die französische Intelligenz über den Kopf der französischen Regierung hinweg. „Wie in England, so auch in Frankreich haben die besseren Geister beiseitegestanden und weder den Vertragstext gelesen noch ihn verstanden. Laßt sie nun Kraft

---

[75] Baruch, The Public Years, S. 93ff.; S. 102: In the meetings of the Reparations Commission as in so many other sessions of the Peace Conference, the passions of men overrode their reason.

gewinnen, das Unheil abzuwenden, das sonst droht![76]" Diese Stimmen der Vernunft aus dem Munde der ersten Finanzfachleute Englands und Amerikas verhallten ungehört im Orkan des Hasses und der Rachsucht. Der britische Premierminister Lloyd George führte 1919 den Wahlkampf mit Schlagworten wie: „Hängt den Kaiser und laßt die Deutschen zahlen!" oder: „Quetscht die Deutschen aus, bis die Kerne quietschen!". In Frankreich war das Sprichwort verbreitet: „Le boche payera tout!". „Der Boche wird alles bezahlen!" Präsident Wilson hatte es laut Baruch abgelehnt, „sich auf Maßnahmen einzulassen, die klar und deutlich nicht mit den Vorstellungen übereinstimmten, zu denen wir den Feind bewußt überredet hatten und an denen wir nun anständigerweise nichts ändern dürften, nur weil wir die Macht dazu haben[77]." Doch konnte sich der amerikanische Präsident gegenüber England und Frankreich nicht durchsetzen. Die Wiedergutmachungsforderungen wurden daher auf der Friedenskonferenz nicht mit einer bestimmten Summe angegeben, sondern von Fall zu Fall immer wieder neu bestimmt. Auf diese Weise sicherte sich Frankreich die Möglichkeit zu ständigen Erpressungen und Besetzungen weiterer deutscher Städte an Rhein und Ruhr in den frühen zwanziger Jahren.

Die deutschen Zahlungen wurden 1920 auf 269 Milliarden Goldmark, 1921 auf 132 Milliarden Goldmark festgesetzt. Der Dawesplan gab (1924) keine endgültige Summe an, sondern nur jährlich sich steigernde Ratenzahlungen, der 1930 in Kraft gesetzte Youngplan bestimmte eine Gesamtsumme von 131 Milliarden Goldmark, zahlbar in 59 Jahresraten bis 1988!

Die Vereinigten Staaten schlossen einen eigenen Friedensvertrag mit Deutschland zu Berlin 1921, in dem sie sich alle Rechte und Vorteile des Versailler Diktats sicherten. Präsident Wilson

---

[76] Keynes, a. a. O., Vorwort zur französischen Ausgabe vom März 1920. Zit. nach der Neuauflage von 1971.

[77] Baruch, The Public Years, S. 97.

hatte sein Hauptziel, die Gründung des Völkerbundes erreicht, aber die USA traten ihm nicht bei. So wurde der Völkerbund ein Werkzeug der Siegermächte England und Frankreich zur Durchführung des Versailler Diktats und zur Aufrechterhaltung des durch dieses Diktat und die anderen Pariser Vorortsverträge geschaffenen status quo von 1919.

Die zweite deutsche Mittelmacht, Österreich-Ungarn, verfiel der Auflösung. Sie wurde von den Siegern aufgeteilt: aus dem Vielvölkerreich wurden vier Nationalitätenstaaten gebildet, aufgrund des Nationalitätenprinzips. Serbien wurde vergrößert zu Jugoslawien mit wesentlichen Teilen der ehemaligen Donaumonarchie, nämlich: Kroatien, Slowenien, Dalmatien und weiterer Teile des ehemaligen Königreichs Ungarn. Im ganzen faßte Jugoslawien die Südslawen zusammen, ohne die großen Gegensätze zwischen den griechisch-orthodoxen Serben als dem herrschenden Staatsvolk, und den römisch-katholischen Kroaten überbrücken zu können. Rumänien wurde ebenfalls auf Kosten Ungarns stark vergrößert. Ein reines Retortenerzeugnis der Siegerwillkür war die Tschecho-Slowakei, ein „Staat“, den es bis dahin in der europäischen Geschichte nie gegeben hatte. Sie dankte ihre Entstehung wesentlich dem von keiner Kenntnis mitteleuropäischer Verhältnisse belasteten amerikanischen Präsidenten, der in seiner Ahnungslosigkeit auf die falschen Angaben von Masaryk und Benesch hereingefallen war. Die Tschechen als herrschende „Staatsnation“ regierten ein Nationalitätengebilde, in dem sie selbst in Minderheit waren. Die Tschecho-Slowakei umfaßte zur Zeit ihrer Entstehung (1919) 140485 qkm mit 13,5 Millionen Einwohnern. Davon waren nur 44% Tschechen, denen sechs andere Volksgruppen und Minderheiten gegenüberstanden, die mit einer tschechischen Herrschaft überhaupt nicht einverstanden waren, am allerwenigsten die Slowaken. Diese hatten aufgrund des Pittsburger Vertrags nur unter der Bedingung der Staatsbildung zugestimmt, daß ihnen volle Autonomie gewährt würde, ein Versprechen, das von den Tschechen nie eingehalten wurde. Den 44% Tschechen standen gegenüber: 23% Deutsche, 22% Slowaken, 5% Madjaren, 3,8% Ukrainer, 1,3% Juden, 0,6% Polen. Die Deutschen, mit rund 3,5 Millionen die stärkste Volksgruppe, wurden gegen ihren kundgetanen Willen der Vereinigung mit Deutschland mit Gewalt gezwungen, sich der tschechischen Herrschaft zu beugen. Der schon im Krieg von den Mittelmächten aus dem eroberten Russisch-Polen gebildete polnische Staat wurde von den Alliierten beträchtlich vergrößert auf Kosten Österreich-Ungarns und Deutschlands: von der zerschlagenen Donaumonarchie kam Galizien und Krakau zu Polen, Deutschland wurde Westpreußen, Posen und Oberschlesien geraubt, gegen den Mehrheitswillen der Bevölkerung, die deutsche Stadt Danzig vom Reich getrennt. Mit der Aufteilung des Habsburgerreiches und der Balkanisierung seines Herrschaftsbereichs wurde der südöstliche Ordnungspfeiler Mitteleuropas zerstört.

Nach dieser Aufteilung blieben als Rumpfstaaten das kleine „Deutsch-Österreich", bestehend im wesentlichen aus Wien, Oberösterreich, Salzburg und den deutschen Alpenländern Tirol, Vorarlberg, Steiermark und Kärnten – das Burgenland wurde erst 1920 zu Österreich geschlagen – und der Rest des ehemaligen Königreiches Ungarn. Sie wurden als „Besiegte" behandelt bzw. ebenso mißhandelt wie Deutschland. Die vorläufige Nationalversammlung Deutsch-Österreichs, die außer den Alpenländern, Wien, Salzburg und Oberösterreich auch die Sudetendeutschen Gebiete umfaßte, hatte schon am 30. Oktober 1918 die deutsche Reichsregierung um Wahrnehmung ihrer Interessen gebeten. Die Nationalversammlung in Wien beschloß am 12. November 1918 einstimmig: „Deutsch-Österreich ist ein Teil der deutschen Republik." Die Weimarer Nationalversammlung bestimmte ihrerseits in der Reichsverfassung vom 11. August 1919: „... Deutschösterreich erhält nach einem Anschluß an das Deutsche Reich das Recht der Teilnahme am Reichsrat mit der seiner Bevölkerung entsprechenden Stimmenzahl. Bis dahin haben die Vertreter Deutschösterreichs beratende Stimme ..." Über diese einmütige Kundgebung des deutschen Volkes zur Selbstbestimmung schritt die

Willkür der Sieger hinweg; das Selbstbestimmungsrecht galt nicht für die Kolonialvölker, nicht für die Besiegten, sondern nur für die Sieger. Die Sudetendeutschen wurden der tschechischen Herrschaft unterworfen, bei friedlichen Demonstrationen der Sudetendeutschen im März 1919 schoß die tschechische Miliz mit Maschinengewehren in die Demonstration und tötete 54 deutsche Zivilpersonen. Das rein deutsche Südtirol wurde ebenfalls gegen den Willen der Bevölkerung unter italienische Herrschaft gezwungen. Die Untersteiermark ging an Jugoslawien verloren. Das restliche Deutsch-Österreich erhielt mit dem „Vertrag" von St. Germain eine ähnlich harte „Friedensordnung" wie das Reich mit dem Versailler Diktat[78]. Nicht weniger grausam wurde auch Ungarn behandelt: es verlor durch den „Friedensvertrag" von Trianon 71,4% seines Gebiets und 61,8% seiner Bevölkerung.

Bulgarien erhielt im Vergleich mit den genannten „Verträgen" einen relativ glimpflichen Friedensvertrag zu Neuilly.

Das Osmanische Reich wurde von den beiden Westmächten aufgeteilt. England nahm sich Mesopotamien (Irak), Palästina, dazu die Schutzherrschaft über Arabien. Frankreich erhielt Syrien und Kilikien, Italien ein kleines Interessengebiet gegenüber Rhodos. Der restlichen Türkei wurde der harte Friede von Sèvres auferlegt, der aber von den Türken nicht anerkannt wurde. Der türkische Nationalistenführer Mustafa Kemal nützte die Streitigkeiten zwischen England und Frankreich wegen der Verteilung ihrer Interessensphären im Nahen und Mittleren Osten aus und besiegte die von den Briten unterstützten Griechen, die ein großgriechisches Reich mit Einschluß kleinasiatischer Gebiete errichten wollten. Mustafa Kemal ließ nach seinem Sieg von der türkischen Nationalversammlung den Sultan absetzen (1. 11. 1922) und machte aus der Türkei eine laizistische Republik. Der dann geschlossene Friede von Lausanne zwischen der Türkei einerseits, Großbritannien, Frankreich,

[78] Taras Borodajkewicz: Saint Germain. Diktat gegen Selbstbestimmung. Wien 1969, passim.

Italien, Japan, Griechenland, Rumänien, Jugoslawien andererseits war für die Türkei wesentlich vorteilhafter als der von Sèvres. Die griechische Bevölkerung wurde aus dem kleinasiatischen Herrschaftsbereich der Türkei ausgewiesen. Es erfolgte ein Bevölkerungsaustausch: etwa 1,5 Millionen Griechen strömten besitzlos nach Griechenland, 600000 Türken und Bulgaren und andere Minderheiten mußten ihre Heimat verlassen und in die Türkei umsiedeln. Die Griechen mußten die von ihnen seit Jahrtausenden besiedelten Gebiete an der kleinasiatischen Küste verlassen, darunter so alte griechische Kulturzentren wie Smyrna – jetzt Izmir –. Diese Tragödie war ein Vorspiel für die großen Massenaustreibungen nach dem Zweiten Weltkrieg.

Das Ergebnis des Ersten Weltkrieges läßt sich wie folgt zusammenfassen: Die monarchisch-sakrale Staatsordnung, im wesentlichen getragen von Adel, Beamtenschaft und Offizierkorps in den Kaiserreichen Rußland, Deutsches Reich, Habsburgisches Reich und Ottomanisches Reich war zusammengebrochen[79]. Das Ottomanische Reich und das Habsburgische Vielvölkerreich wurden von der Landkarte gelöscht. Der Sieg gehörte der republikanischen Staatsform und der parlamentarisch-demokratischen Regierungsform westlicher Prägung mit dem kapitalistischen Bürgertum als maßgeblicher Schicht. In Rußland übernahm nach dem kurzen bürgerlichen Zwischenspiel 1917 die bolschewistische Partei die Alleinherrschaft. In ihr waren als tragende Schicht radikale Intellektuelle, vornehmlich Juden, organisiert. An die Stelle der übernationalen, universalen, auf Staat und Kirche gestützten Ordnung trat die Mehrheitsherrschaft der Parteien, Parlamente und Massenmedien mit den Hintergrundkräften mächtiger Finanzgruppen und der Freimaurerlogen. In den Nationalitätenstaaten übernahm die über die einfache Mehrheit verfügende Nationalität

[79] Nur in Deutschland und in der westlichen Reichshälfte der Habsburger Monarchie spielte auch das Bürgertum eine wesentliche staatstragende Rolle.

Sir Edmund Grey, brit. Außenminister 1905/16

Die Friedensmacher von Versailles: Lloyd George, Orlando, Clemenceau und Woodrow Wilson (von links nach rechts)

Georges Clemenceau

Außenminister Ulrich Graf Brockdorff-Rantzau

die Herrschaft über die anderen Nationalitäten und Minderheitsgruppen. Die Kolonialreiche der Briten und Franzosen erfuhren durch die Zerschlagung und Aufteilung des Ottomanischen Reiches und den Raub der deutschen Kolonien ihre größte Ausdehnung.

Der Sieg der Westmächte durch amerikanische Hilfe brachte den absoluten Höhepunkt der Weltherrschaft der Angelsachsen, aufgeteilt zwischen dem Britischen Weltreich und seiner Tochtermacht, den Vereinigten Staaten von Nordamerika. England hatte seinen gefährlichsten Handelsrivalen, Deutschland, ausgeschaltet durch Wegnahme der deutschen Handels- und Kriegsflotte, den Raub der deutschen Auslandsguthaben einschließlich der privaten und die Aufteilung der deutschen Kolonien mit Frankreich und Japan, wobei England sich den Löwenanteil sicherte. Frankreich hatte mit Hilfe der angelsächsischen Weltmächte das Ergebnis des verlorenen Krieges von 1870 rückgängig gemacht: es erhielt wieder die beiden alten deutschen Provinzen Elsaß-Lothringen und seine Vormachtstellung auf dem Kontinent, aber nicht, wie schon hervorgehoben, durch eigene Kraft. Dadurch entstand in Europa ein falsches Kräfteverhältnis, denn die Amerikaner zogen sich, soweit das noch möglich war, vorübergehend aus Europa zurück. Frankreich baute zur dauernden Niederhaltung Deutschlands an der durch das Versailler Friedensdiktat aufgerissenen Ostgrenze des Deutschen Reiches ein Bündnissystem mit den neu geschaffenen westslawischen Staaten Polen und Tschecho-Slowakei auf; in dieses Bündnissystem wurden auch Rumänien und Jugoslawien mit einbezogen. Es erzwang das Verbot des Anschlusses Deutsch-Österreichs an das Deutsche Reich, gegen das Selbstbestimmungsrecht der Völker, das nach französischem Machtwillen nur für die Sieger, nicht für die Besiegten galt.

Die Vasallenstaaten Frankreichs in Ostmittel- und Südosteuropa waren teils neu geschaffen, teils mit den Trümmern des zerschlagenen Habsburgischen Vielvölkerreiches vergrößert worden: Polen entstand aus Russisch- und Österreichisch-Polen mit dem vom Deutschen Reich abgetrennten „Polnischen Korridor“ (Westpreußen, Posen, Ostoberschlesien); die Tschecho-Slowakei ist hervorgegangen aus der Donaumonarchie (Böhmen und Mähren sowie Österreichisch-Schlesien aus der westlichen Reichshälfte, die Slowakei und Karpatho-Ukraine aus der östlichen ungarischen Reichshälfte des Habsburger Reiches). Rumänien wurde mit Teilen der Donaumonarchie vergrößert, Serbien ebenfalls. Diese Nationalitätenstaaten, in denen eine Mehrheitsnationalität über viele andere Minderheiten herrschte, wurden von Frankreich in der „Kleinen Entente“ und später dem „Balkanbund“ organisiert zur Niederhaltung Deutschlands und der beiden Rumpfstaaten Österreich und Ungarn.

Die mitteleuropäische Ordnung, seit Jahrhunderten auf den beiden deutschen Großmächten Österreich und Preußen – seit 1871 Preußisch-kleindeutsches Reich – beruhend, wurde mit der Aufteilung des habsburgischen Vielvölkerreiches zerschlagen, das Deutsche Reich auf die Stufe eines zweitrangigen Staates herabgedrückt. Man hat Präsident Wilson daher mit Recht den „Zertrümmerer Mitteleuropas“ genannt[80].

Frankreich bemühte sich in den ersten fünf Nachkriegsjahren, sein Ziel, die Auflösung des Deutschen Reiches noch zu erreichen, mit wirtschaftlichen und politischen Mitteln und schließlich mit militärischer Gewalt durch die Besetzung des Ruhrgebietes, der wirtschaftlichen Herzkammer des Reiches. Die Bismarcksche Staatsschöpfung überstand jedoch, wenn auch schwer angeschlagen, den zehnjährigen Ansturm seiner Feinde (1914–1924). Der Überfall auf das Ruhrgebiet war ein offener Bruch des Versailler „Vertrages“, der auch von Großbritannien und Italien als solcher betrachtet und mißbilligt wurde. Damit hatte die französische Machtpolitik nach dem Kriege ihren Höhepunkt überschritten. Den Preis für dieses mit amerikanischer Hilfe von den beiden Westmächten erzwun-

---

[80] Collier; a. a. O., S. 367. Renate Riemeck: Mitteleuropa Freiburg/Br. 1965, S. 147f.

gene Kriegsergebnis mußte ganz Europa bezahlen: Die führende Weltmacht war nun nicht mehr das Britische Weltreich, sondern die Vereinigten Staaten von Nordamerika. Sie hatten den Krieg entschieden und waren vom Schuldnerland vor 1914 nun zur größten Gläubigermacht der Welt aufgestiegen. Diese Stellung hatte England damit an die USA verloren, denn England selbst war jetzt Schuldnerland gegenüber den Vereinigten Staaten. Damit war die Grundlage der britischen Weltherrschaft zerstört. Außerdem verlor England auch seine Monopolstellung als erste Seemacht: es mußte auf der Konferenz von Washington 1922 den USA Flottengleichheit zugestehen. Die Amerikaner versuchten mit unzulänglichen Mitteln und auf stümperhafte Weise in der Nachkriegszeit, Deutschland wieder auf die Beine zu helfen[81], die Siegermächte und auch Sowjetrußland in Schranken zu halten und in Europa unter der Ägide des Dollars ein annäherndes Gleichgewicht wiederherzustellen[82]. Die Herrschaft der weißen Rasse über die farbigen Völker war unheilbar erschüttert, nicht zuletzt auch dadurch, daß die führenden Kolonialmächte England und Frankreich farbige Truppen in großer Zahl gegen Deutschland eingesetzt und die beiden großen ostasiatischen Völker, Japaner und Chinesen in den Krieg gegen das Deutsche Reich gezwungen hatten. Japan war durch sein Bündnis mit England von 1902 dazu verpflichtet, China wurde von den USA und England zum Kriegseintritt genötigt. „Der Weltkrieg 1914/18 war, von Asien aus gesehen," wie der Inder Panikkar feststellt, „ein Bürgerkrieg innerhalb der europäischen Völkergemeinschaft", „Die Überzeugung von Europas Überlegenheit war nicht mehr vorhanden, nicht einmal in der Phantasie[83]." Seit 1918 befand sich Europa

---

[81] Werner Link: Die Beziehungen zwischen der Weimarer Republik und den USA, München 1978, S. 62ff., 76ff.; Klaus Schwabe: Die USA, Deutschland und der Ausgang des Ersten Weltkrieges, München 1978, S. 11ff.

[82] Offner, a. a. O., S. 44.

[83] K. M. Panikkar: Asien und die Herrschaft des Westens, 1498–1945, Zürich 1955, S. 233ff., 241.

in Übersee auf dem Rückzug. England und Frankreich verloren mit den von ihnen diktierten Pariser Vorortsverträgen den Frieden. Immer tragen die Sieger die Hauptverantwortung für die nach dem Krieg zu schaffende Neuordnung. Nach einem totalen Sieg tragen sie dafür die totale Verantwortung. Amerika als kriegsentscheidende Macht ist für die Kriegsfolgen ebenso verantwortlich wie England und Frankreich.

Der Bruch des Vorvertrags durch die Alliierten, die Verweigerung des Selbstbestimmungsrechts und der Gleichberechtigung für das deutsche Volk durch die Diktate von Versailles und St. Germain, die Grenzziehung im Osten mit der Lostrennung Ostpreußens vom Reich durch den „Polnischen Korridor" und die Schaffung der „Freien Stadt Danzig", der Kriegsschuldparagraph mit seinen wirtschaftlichen und finanziellen Folgen sind die eigentlichen Ursachen des Zweiten Weltkrieges. Der Friedensschluß von 1919 war daher, wie der Engländer Collier feststellte, „der erste Schritt auf dem Wege zu dem neuen europäischen Krieg von 1939"[84]. „So wurde die Saat der Ereignisse, die die westliche Welt in eine neue Katastrophe im Jahre 1939 stürzte,", schrieb der amerikanische Diplomat und Historiker George D. Kennan, „in ihrer Gesamtheit schon in den Jahren 1918–1919 von den Alliierten gesät. Was wir von nun an in den Beziehungen zwischen Rußland, Deutschland und dem Westen beobachten, folgt einer Logik, die so unerbittlich ist wie die einer griechischen Tragödie[85]." Und Lenin urteilte bei dem Vergleich des Diktates von Versailles mit dem Friedensschluß von Brest-Litowsk zwischen Deutschland und Rußland: „Der Friede von Brest-Litowsk, von dem monarchistischen Deutschland diktiert und dann der weitaus bestialischere und niederträchtigere Friede von Versailles, von ‚demo-

---

[84] Collier, a. a. O., S. 79.

[85] George F. Kennan: Sowjetische Außenpolitik unter Lenin und Stalin, Stuttgart 1961, S. 223f.; Bolko Freiherr von Richthofen: Kriegsschuld 1939–1941, Vaterstetten 1975, S. 33.

kratischen' Republiken, von Amerika und Frankreich sowie vom ‚freien' England diktiert ...[86]" Darüber hinaus ließ er sich noch mehrfach in den schärfsten Ausdrücken darüber aus: der Versailler Friede beweise, „daß wir nicht Vertreter der Kultur und Zivilisation vor uns haben, sondern in der Gestalt Englands und Frankreichs zwar demokratische Staaten, die jedoch von imperialistischen Räubern regiert werden[87]." „Als Deutschland besiegt war," schreibt er an anderer Stelle, „da schrie der Völkerbund, der Bund der Nationen, die gegen Deutschland gekämpft hatten, das sei ein Befreiungskrieg, ein demokratischer Krieg gewesen. Deutschland wurde ein Frieden aufgezwungen, aber das war ein Frieden von Wucherern und Würgern, ein Frieden von Schlächtern, denn Deutschland und Österreich wurden ausgeplündert und zerstückelt. Man nahm ihm alle Existenzmittel, ließ die Kinder hungern und des Hungers sterben. Das ist ein ungeheuerlicher Raubfrieden. Was also ist der Versailler Vertrag? Ein ungeheuerlicher Raubfrieden, der Millionen und aber Millionen Menschen, darunter die zivilisiertesten, zu Sklaven macht. Das ist kein Frieden, das sind vielmehr Bedingungen, die einem wehrlosen Opfer von Räubern mit dem Messer in der Hand diktiert worden sind[88]." Der italienische Ministerpräsident Francesco Nitti, der für die Siegermacht Italien das Versailler Diktat unterzeichnete, hatte den Mut, als einer der ersten Politiker der Siegermächte in Wort und Schrift öffentlich gegen das Diktat aufzutreten. Im November 1921 veröffentlichte er das Buch „Das friedlose Europa", das Jahr darauf „Der Niedergang Europas". Beide Werke wurden in einer „Volksausgabe" zusammengefaßt unter dem Titel „Europa am Abgrund"[89]. Nitti selbst schrieb in der Vorrede zu

---

[86] W. J. Lenin: Über Krieg, Armee und Militärwissenschaft. Eine Auswahl aus Lenins Werken in zwei Bänden, 1. Bd. Berlin (Ost) 1958, Verlag des Ministeriums für nationale Verteidigung, S. 569.

[87] Lenin, a. a. O., S. 600.

[88] Ebda, S. 774.

[89] Francesco Nitti: Europa am Abgrund, Frankfurt 1923, S. 3ff. – S. a. Dok. Anhang Nr. 4.

dieser Volksausgabe wörtlich: „Von dem Augenblick an, da ich als Ministerpräsident Italiens den Vertrag von Versailles unterschreiben mußte, habe ich mich dank der Ententekonferenzen, an denen ich teilnahm, davon überzeugt, daß man nicht den Frieden wollte, sondern nur darauf ausging, Deutschland zu erwürgen und zu zerstückeln; und was die Sieger hierbei bestimmte, war nicht nur der Haß und die Rachsucht, sondern vor allem auch die Furcht, Deutschland stärker als je wieder auferstehen und kraft seiner machtvollen Arbeitsfähigkeit seinen Platz auf dem Weltmarkt zurückerobern zu sehen ... Aber die Friedensverträge, im Hasse geboren, sind fast ausschließlich nach Frankreichs Willen ausgestaltet worden, und dieser Wille war nur eines: Deutschland demütigen, es erwürgen und zerstückeln. Die Reparationspolitik ist der verabscheuenswürdigste Betrug, den die moderne Geschichte verzeichnet. Ganz Europa ist balkanisiert worden und droht nunmehr in der künstlich geschaffenen Zerrüttung unterzugehen ..."

Der Papstgeschichtsschreiber und österreichische Gesandte beim Heiligen Stuhl, Ludwig Freiherr von Pastor, berichtet, die Kurie sei ursprünglich bereit gewesen, an den Friedensverträgen mitzuarbeiten, wurde aber nicht eingeladen. „Jetzt schätzen wir uns glücklich", sagte Kardinalstaatssekretär Gasparri zu Pastor im März 1920, „nicht eingeladen und an diesem Werke, das nicht einen, sondern zehn Kriege zur Folge haben wird, nicht beteiligt gewesen zu sein." Gasparri „betonte zum Schluß die Verwerflichkeit des Gewaltfriedens, des ersten Friedensschlusses in der Geschichte, von dem der Name Gottes völlig ausgeschlossen gewesen sei[90]." Einer der besten Kenner des Versailler „Vertrages", Rechtsanwalt Friedrich Grimm, sagte im Jahre 1932 warnend zu Adolf Hitler[91]: „Versailles ist mit einem Gefängnis zu vergleichen, einer Zwingburg, die auf vielen Säulen ruht und so raffiniert zusammengefügt ist, daß

[90] Ludwig Freiherr von Pastor: Tagebücher, Heidelberg 1950, Eintr. v. 12. März 1920, S. 681.

[91] Friedrich Grimm: Mit offenem Visier, Leoni 1961, S. 120.

das ganze Gebäude zusammenstürzen kann und Deutschland unter sich begräbt, wenn man eine Säule davon zerbricht. Man muß die Säulen einzeln zerbrechen und dabei so vorsichtig verfahren, daß es nicht zu einer neuen Katastrophe kommt. Die Schöpfer von Versailles haben rings um Deutschland Grenzprobleme geschaffen, so daß an der Aufrechterhaltung des status quo eine Vielzahl von Interessenten beteiligt ist und bei der Anrührung jedes Problems Deutschland als der Störenfried erscheint ...“

Die Zwischenkriegszeit 1919–1939

Die innenpolitische Entwicklung

Aus dem zusammengebrochenen Kaiserreich war die Weimarer Republik mit der parlamentarisch-demokratischen Regierungsform hervorgegangen; Träger der Staatsgewalt waren die Parteien. Bald sollte sich Bismarcks Prophezeiung erfüllen, daß die Parteien Deutschland zugrunderichten würden. Das ereignete sich umso eher, als die Siegermächte dem neuen, nach ihrem Vorbild geschaffenen Staatsgebilde mit dem Versailler Diktat weitgehend die Lebensgrundlagen entzogen. Deutschland war durch Kapitulation und „Friedensvertrag" zu einem Staat zweiter Klasse erniedrigt. Es hatte einen wesentlichen Teil seiner Hoheitsrechte eingebüßt: die Gebietshoheit war großenteils eingeschränkt, ebenso die Verkehrshoheit, die Wehr- und Finanzhoheit waren ihm völlig genommen. Das deutsche Volk hatte sich von der Feindpropaganda mit dem Versprechen eines Friedens ohne Annexionen und Kontributionen auf der Grundlage der Vierzehn Punkte Wilsons gutgläubig verleiten lassen, die Waffen zu strecken, die Monarchie zu stürzen und eine Republik auf der Grundlage der parlamentarischen Demokratie zu errichten, alles den Siegern zu Gefallen, in der törichten Hoffnung, dadurch einen annehmbaren Frieden zu erhalten. Das Gegenteil war eingetreten. Die Siegermächte benützten die von ihnen einseitig festgelegten „Friedens"bedingungen dazu, den militärisch beendeten Krieg politisch, wirtschaftlich, finanziell und moralisch festzusetzen und erniedrigten Deutschland zu einer Ausbeutungskolonie. Auch Deutsch-Österreich wurde nicht besser behandelt als das Deutsche Reich. Die von den Siegern geschaffene „Friedensordnung" richtete sich wie der Krieg gegen das Wachstum des deutschen Volkes. Sinn und Zweck der Pariser Vorortsverträge war es daher, das deutsche Volk in dauernder Ohnmacht niederzuhalten. Der Völkerbund wurde von den Siegermächten dazu mißbraucht, den 1919 geschaffenen Zustand durch buchstabengetreue Erfüllung der „Vertrags"bedingungen zu verewigen. Die Weimarer Republik hatte den zum Reichsgesetz erhobenen Versailler „Vertrag" zu erfüllen. Vom Inkrafttreten des Versailler Diktats im Januar 1920 an brach infolge dieser Erfüllungspolitik die deutsche Wirtschaft innerhalb von zwölf Jahren zweimal zusammen: 1923 durch die Inflations-, 1931/32 durch die Deflationskatastrophe. Eine Massenverelendung von bisher nicht gekannten Ausmaßen und in deren Gefolge eine Radikalisierung breitester Volksschichten waren die zwangsläufige Folge. Klassenspaltung, parteiliche Zersplitterung und weltanschauliche Zerklüftung führten schließlich zu einer unüberbrückbar scheinenden Polarisierung der inneren Gegensätze. Vor allem ging die politisch aktive Jugend zu den radikalen Flügelparteien: zu Kommunisten und Nationalsozialisten. Nur mit Schulden in Gestalt kurzfristiger Anleihen konnte der Staat seinen Reparationsverpflichtungen für wenige Jahre gerecht werden; dann kam der große Finanzkrach im Herbst 1929, der in Bälde Deutschland zahlungsunfähig machte. Die innere Schwäche und die äußere Ohnmacht nützten Deutschlands östliche Nachbarn zu weiterem Gebietsraub. Obwohl die Abstimmung in Oberschlesien zugunsten Deutschlands ausfiel, durften die Polen das Gebiet aufgrund der Entscheidung der Westmächte an sich reißen. Ebenso raubte Litauen das Memelland im Jahre 1923, als das Reich infolge des französisch-belgischen Ruhrüberfalls, der Inflationskatastrophe und innerer Aufstände sich am Rand der Auflösung befand. Der ständige Kleinkrieg gegen das deutsche Volkstum an der Ostgrenze ging ununterbrochen weiter: die Polen enteigneten und vertrieben im Laufe der Jahre hunderttausende von Deutschen aus ihren angestammten Sitzen in Westpreußen, Posen, Oberschlesien, die Tschechen unterdrückten die Sudetendeutschen. Eine heftige nationalistische Reaktion war die zwangsläufige Folge dieser Siegerpolitik. Sie sammelte sich um die Wende von den zwanziger zu den dreißiger Jahren in der Hitlerbewegung. Die Parteien hatten zu dieser Zeit bereits abgewirtschaftet, die letzte parlamentarische Regierung unter dem sozialdemokratischen Reichskanzler Hermann Müller-Franken mußte im Frühjahr 1930 zurücktreten; mit ihr fand das parlamentarische System ein unrühmliches

Ende. Das autoritäre Regime begann unter Heinrich Brüning, der das traurige Erbe der oben genannten Regierung im März 1930 antrat. Er regierte zwei Jahre mit Notverordnungen, gestützt auf das Vertrauen des Reichspräsidenten und die Duldung der Mehrheitsparteien im Reichstag. Schon in der ersten Phase der kurzlebigen Existenz der Weimarer Republik hatte der damalige interimistische Reichspräsident Friedrich Ebert – er war nicht verfassungsmäßig vom Volk gewählt, sondern von der Weimarer Nationalversammlung; dann wurde seine Amtszeit vom Reichstag verlängert! – den Artikel 48 der Weimarer Verfassung 84mal anwenden müssen. Jetzt, in der letzten Lebensphase des Weimarer Staates, konnte ebenfalls nur mehr mit dem Ausnahmeparagraphen (§ 48) regiert werden. Im Jahre 1931 wurde das Reich zahlungsunfähig, der Reichspräsident mußte den amerikanischen Präsidenten Hoover um ein Zahlungsmoratorium bitten. Um die Jahreswende 1932/33 stellten auch die Westmächte und die anderen an die USA verschuldeten Staaten ihre Zahlungen ein. Die Präsidenten Hoover und sein Nachfolger Roosevelt wünschten begreiflicherweise die Fortsetzung der Kriegsschuldenverhandlungen[1]. Im Jahre 1932 brach in Deutschland die parlamentarische Demokratie endgültig zusammen; in den Reichstagswahlen im Juli 1932 errangen die beiden antiparlamentarischen Flügelparteien, die Nationalsozialisten und die Kommunisten, die Mehrheit. Nach dem Sturze Brünings im Frühjahr 1932 folgten zwei kurzlebige Kabinette unter Papen und Schleicher. Am 30. Januar 1933 ernannte der Reichspräsident den Führer der stärksten Partei, Adolf Hitler, zum Reichskanzler. Damit begann die nationalsozialistische Revolution auf dem verfassungsmäßigen Wege von oben. Im gleichen Jahre erfolgte auch in Deutsch-Österreich der Übergang zum autoritären Regierungssystem unter Bundeskanzler Dollfuß. Schließlich mündeten die autoritären Regierungssysteme beider deutscher Staaten in die Diktatur Hitlers

---

[1] Offner, a. a. O., S. 69.

ein. In beiden Staaten entstanden gleichzeitig ab 1933 Konzentrationslager. Hitler fand beim Aufbau des nationalsozialistischen Führerstaates keinen Widerstand vor. Die Parteien, seine Gegner, hatten bereits vor seinem Regierungsantritt, als eigentliche Träger der Staatsgewalt, der Macht entsagt, seit der Regierung Brüning. Jetzt, nach Hitlers Regierungsübernahme, lösten sie sich in der ersten Jahreshälfte 1933 selbst auf. Auch die Gewerkschaften fügten sich widerstandslos der Auflösung, und die „Eiserne Front", die paramilitärisch organisierte Linke der Weimarer Systemparteien, verschwand lautlos von der Bühne. Die Kommunistische Partei wurde verboten, in der zweiten Jahreshälfte hatte Deutschland bereits eine Einparteienregierung der NSDAP.

Die nationale Regierung stand beim Regierungsantritt im Januar 1933 vor dem alles beherrschenden Problem einer zusammengebrochenen Wirtschaft, mit einer Arbeitslosenzahl von rund sechs Millionen. Mit ihren Familienangehörigen lebten etwa zwanzig Millionen Menschen, ein Drittel der Einwohnerzahl des Weimarer Staates, von der öffentlichen Hand. Die Ankurbelung der Wirtschaft, die Beschaffung von Arbeit und Brot war die entscheidende Aufgabe der Regierung. Nicht nur das parlamentarische System war zusammengebrochen; auch die liberalistische Wirtschaft, wie sie vor dem Krieg bestanden und nach dem Krieg die Siegermächte, allen voran Amerika, vergeblich wieder in Gang zu setzen versucht hatten, war erledigt. Die Wirtschaft konnte nur mit staatlichen Hilfsmaßnahmen wieder in Gang gesetzt werden, nachdem das westliche liberal-kapitalistische System versagt hatte. Deutschland fand unter der neuen Regierung den Mittelweg zwischen dem individualistischen System des kapitalistischen Westens und dem kollektivistischen System des kommunistischen Ostens. Privateigentum und Privatinitiative der Unternehmer blieben gewährleistet unter staatlicher Aufsicht. Tatsächlich gelang es der Regierung, binnen vier Jahren mit Maßnahmen der produktiven Steuersenkung, durch Straßen- und Wohnungsbau, durch Ehestandsdarlehen und durch den freiwilligen Arbeitsdienst, der

1935 zur allgemeinen Dienstpflicht gemacht wurde, die Wirtschaft wieder in Gang zu setzen, dem deutschen Arbeiter Beschäftigung und Brot zu geben, die Landwirtschaft aufzurichten, das Geschäftsleben und den Handel zum Blühen zu bringen. Die im Jahre 1935 anlaufende Wiederaufrüstung förderte die Wirtschaftsbelebung. Noch größer aber als der wirtschaftliche und finanzielle Erfolg war der soziale: das eigentliche innenpolitische Ziel der nationalsozialistischen Bewegung, die Überwindung der Klassenspaltung und die Herstellung einer Volksgemeinschaft im nationalen und sozialen Sinne glückte in wenigen Jahren. Der Marxismus war damit auch durch diese Entwicklung in Deutschland widerlegt. An Stelle der Spaltung in Bourgeoisie und Proletariat trat in den Fabriken die Betriebsgemeinschaft von Arbeitgebern und Arbeitnehmern; Treuhänder der Arbeit sorgten für gerechten Interessenausgleich zwischen beiden. Es war ein echter sozialer Fortschritt; auf ihm beruht auch das sogenannte „Wirtschaftswunder“ der Nachkriegszeit. Die Überwindung der Klassenspaltung, die soziale Einigung der Nation war Hitlers bedeutendste Leistung. Er hat den Kapitalismus und den Marxismus besiegt, das war eine geschichtliche Tat. Die großen und staunenswerten Erfolge der Regierung auf den genannten Gebieten verschufen Hitler eine beispiellose Volkstümlichkeit.

Im Ausland fand diese Leistung Bewunderung, erzeugte aber auch Neid und Furcht. Der gleichzeitig mit Hitler an die Regierung gelangte amerikanische Präsident Roosevelt stand vor den gleichen Problemen und versuchte ebenfalls mit staatlichen Hilfsmaßnahmen, dem „New Deal“, die Wirtschaft in Gang zu setzen und die Massen-Arbeitslosigkeit zu bekämpfen. Er scheiterte jedoch nach anfänglichen Erfolgen im gleichen Zeitraum, in dem Hitler sein Ziel erreichte. Die schwerwiegende Folge dieses innenpolitischen Mißerfolges war, daß Roosevelt die inneren Schwierigkeiten nun nach außen zu ventilieren suchte; ab Ende 1937 ging er zu seiner interventionistischen Außenpolitik über, die in den Zweiten Weltkrieg mündete. Roosevelt unterlag mit seinem Reformprogramm dem Widerstand des Kapitals, der Industrie und der Banken. Er selbst mußte zugeben, daß ein Drittel der Bevölkerung der USA, des reichsten Landes der Welt, schlecht gekleidet, schlecht ernährt sei und schlecht wohne. Er hatte das Sozialversicherungssystem eingeführt, aber auch nur in beschränktem Maße, eine Einrichtung, die man in Deutschland seit Bismarck hatte[2]. Der Leiter des „Federal Security Board", Senator Paul V. McNutt äußerte über die sozialen Zustände in den USA im Mai 1941: „Fünfundvierzig Millionen Männer, Frauen und Kinder in den Vereinigten Staaten entbehren die Nahrungsmittel, die, wie wir wissen, für die Erhaltung der Gesundheit am wesentlichsten sind[3]." „Weder der Begriff einer sozialen Verantwortlichkeit noch der einer sozialen Gerechtigkeit gehören zu dem Generalnenner des amerikanischen Lebens. Man könnte sogar eher sagen, daß diese Begriffe der amerikanischen Ideologie grundsätzlich widersprechen", stellte ein kritischer Kenner Amerikas fest[4].

---

[2] S. dazu u. a.: L. L. Matthias: Die Kehrseite der USA, Hamburg 1964, S. 45ff.,Giselher Wirsing: Der maßlose Kontinent. Jena 1943, S. 94ff.

[3] Sven Hedin: Amerika im Kampf der Kontinente, Leipzig 1942, S. 192.

[4] Matthias, a. a. O., S. 83.

Außenpolitik und Aufrüstung

Der Leitgedanke der Außenpolitik der Regierung Hitler war derselbe wie der aller Weimarer Regierungen: Revision der Friedensdiktate von Versailles und St. Germain, Herstellung der vollen Gleichberechtigung und damit Verwirklichung auch des Selbstbestimmungsrechtes des deutschen Volkes. Der im März 1920 aus dem Übergangsheer entlassene Gefreite Adolf Hitler aber war als Politiker angetreten nicht nur zum Kampf gegen Versailles sondern auch und ebenso gegen Moskau; in dem letztgenannten Punkte unterschied sich seine Außenpolitik von der des Weimarer Staates. In den ersten Jahren seiner Regierung versuchte er wie seine Vorgänger im Amt als Reichskanzler auf dem Wege der Verhandlungen die Gleichberechtigung Deutschlands auf militärischem Gebiet zu erreichen. Er konnte darauf hinweisen, daß Deutschland auf Anordnung der Siegermächte vollständig abgerüstet war und daß die Siegermächte ihr Versprechen, nach der deutschen Abrüstung selbst abzurüsten, nicht eingehalten hatten. Sowohl seine wiederholten Vorschläge für eine Verwirklichung des Abrüstungsversprechen der Sieger wie für eine rüstungsmäßig gleichberechtigte Stellung Deutschlands mit den anderen Staaten stießen auf taube Ohren; sie scheiterten alle an der intransigenten Haltung Frankreichs[5]. Auch in diesem Falle brachen die Siegermächte ihr gegebenes Wort, wie 1919 mit der Nichteinhaltung der vierzehn Punkte Wilsons. So scheiterte auf der Abrüstungskonferenz 1933 der Vorschlag, den Luftkrieg gegen die Zivilbevölkerung zu ächten, am Widerspruch Englands, zu dessen kolonialen Herrschaftspraktiken die Bombardierung der Zivilbevölkerung in Dörfern und Städten aufständischer Kolonialgebiete gehörte. Der Führer der konservativen Partei, Baldwin, erklärte am 10. November 1932 im Unterhaus: „die einzige

[5] Oswald Hauser: England und das Dritte Reich, 1. Bd. 1933–1936, Stuttgart 1972, S. 68.

Verteidigung ist der Angriff, das heißt also, man muß mehr Frauen und Kinder töten als der Feind, wenn man sich schützen will[6]." Auch der Vorschlag der deutschen Regierung, dem Reich eine Vermehrung der Reichswehr auf 300 000 Mann zu gewähren, wurde abgelehnt. Dieser Vorschlag war schon 1919 gemacht worden.

In der Außenpolitik bediente sich Hitler nun neuer Methoden: er ging von der an den Völkerbund gebundenen Politik ab und schlug den Weg zweiseitiger Abkommen ein. Ein erster Erfolg war der Abschluß des Reichskonkordates im Sommer 1933. Er wurde zwar bald und immer wieder getrübt durch verschiedene kirchenfeindliche Maßnahmen der Partei bzw. einzelner weltanschaulich radikaler Funktionäre. Das Konkordat blieb aber doch bis zum Ende des Dritten Reiches die Rechtsgrundlage für die Beziehungen zwischen Staat und katholischer Kirche. Im Herbst 1933 (14. 10. 33)schied Deutschland aus dem Völkerbund aus. Es war keine außergewöhnliche Maßnahme, denn schon vor Deutschland waren verschiedene Mitglieder aus dieser für die Durchführung und Aufrechterhaltung der Friedensdiktate geschaffenen Einrichtung wieder ausgeschieden: 1927 Costa Rica, 1928 Brasilien. Bereits im März 1933 verließ auch Japan, das zu den Siegermächten gehörte, den Völkerbund. War es Zufall oder Fügung, daß 1934 Sowjetrußland in den Völkerbund eintrat und somit als gleichberechtigter Partner in die internationale Staatengemeinschaft und das europäische Kräftespiel aufgenommen wurde? 1940 wurde es vom Völkerbund ausgeschlossen wegen des Angriffs auf Finnland. In der zweiten Hälfte der dreißiger Jahre schieden noch weitere Staaten aus dem Völkerbund aus: 1937 Italien, gegen das vergeblich wirtschaftliche Sanktionen wegen seines Krieges gegen Abessinien verhängt worden waren, 1938 Chile, 1939 Peru u. a.. Neu aufgenommen wurde in dieser Zeit nur Ägypten.

---

[6] Helmut Sündermann: Hier stehe ich. Deutsche Erinnerungen 1914–1945, Leoni 1975, S. 356.

Der schwächste und gefährlichste Punkt der deutschen Außenpolitik in der Zeit der Weimarer Republik war von Anbeginn das gespannte Verhältnis zu Polen, nicht durch die Schuld der Weimarer Regierungen, sondern durch den gegen Deutschland gerichteten größenwahnsinnigen Ehrgeiz der Polen[7]. Ihr Ziel war nicht nur die systematische Austreibung der Deutschen sondern darüber hinaus weitere gebietsmäßige Ausdehnung nach Westen durch den Raub von Ostpreußen, Danzig, Pommern und Schlesien. Die Oder-Neiße-Linie genügte damals den polnischen Chauvinisten nicht einmal mehr; sie sprachen von der Elblinie als Westgrenze. Hitler glückte es, durch den Nichtangriffspakt vom Januar 1934 das deutsch-polnische Verhältnis zu entspannen. Sein Ziel war es, in Polen einen Verbündeten gegen Sowjetrußland zu gewinnen; deshalb nahm er jahrelang die Unterdrückungs- und Austreibungspolitik der Polen gegen die starke deutsche Volksgruppe stillschweigend in Kauf.

Auch auf dem Gebiet des Außenhandels wurden neue Wege beschritten. Deutschlands Zahlungsunfähigkeit infolge Devisenmangels, aber auch der vom Weltjudentum besonders in den USA gleich nach Regierungsantritt Hitlers eingeleitete Boykott hatten ihn weitgehend ins Stocken gebracht. Reichsbankpräsident Schacht meisterte die Schwierigkeiten durch Einführung der Waren-Verrechnungs-Abkommen. Mit der Verwirklichung des Grundsatzes, Ware gegen Ware zu tauschen, verlagerte sich der Schwerpunkt des deutschen Außenhandels mit dem Tausch deutscher Industrieerzeugnisse gegen landwirtschaftliche Produkte und Rohstoffe im Laufe der nächsten Jahre allmählich nach Südosteuropa, das sich als günstiges landwirtschaftliches Ergänzungsgebiet für das industrielle Deutschland erwies. Dadurch wuchs über Handel und Wirtschaft auch der deutsche Einfluß in Südosteuropa; das hatte

---

[7] „Die polnische Regierung war ihrerseits — wie mehrmals zuvor – von ihrem politischen Größenwahn verblendet," schreibt der Schwede Sven Allard in seinem Buch: Stalin und Hitler, Bern 1974, S. 180.

wieder entsprechende Auswirkungen auf die Außenpolitik. Die Dollardiplomatie war gescheitert, Deutschland machte sich wirtschaftlich unabhängig von den USA[8]. Schacht vertrat anläßlich der Weltwirtschaftskonferenz in London 1933 die Ansicht, Deutschlands Lage sei günstig, „denn wir wären so pleite, daß man uns nichts mehr anhaben könne. Man müßte die anderen Nationen dazu auffordern, Vorschläge zu machen, wie Deutschland zu helfen sei, denn wir könnten unseren Devisenschutz immer nur abbauen, wenn die anderen Länder die Möglichkeit geben, Waren zu verkaufen[9]." Die Stimmung in England und in den USA war gerade wegen dieser wirtschaftlichen Verhältnisse deutschfeindlich[10]; dazu trug aber auch die Judenfrage bei. 1934 verschlechterte sich die Stimmung in England gegen Deutschland infolge der Ereignisse des 30. Juni 1934[11].

Nachdem alle Vorschläge der deutschen Regierung zur Abrüstung der Siegermächte und einer Begrenzung der Aufrüstung von den Westmächten abgelehnt worden waren, ging man deutscherseits infolge der bedrohten Lage des Reiches besonders im Osten zur Aufrüstung über. Sie hatte ihre Vorgeschichte in der geheimen Zusammenarbeit zwischen Roter Armee und Reichswehr, die bald nach dem Regierungsantritt Hitlers eingestellt wurde. Für den Wiederaufbau einer deutschen Luftfahrt waren ebenfalls im Ausland (Italien) gewisse Vorbereitungen getroffen worden[12]. Die deutsche Aufrüstung lief erst

---

[8] H. J. Schröder: Das Dritte Reich und die Vereinigten Staaten, S. 107ff., 121f., 137ff., 145.

[9] C. V. Krogmann: Es ging um Deutschlands Zukunft 1932–1939, Leoni 1976, S. 81.

[10] „Im britischen Kabinett selbst ist die überwiegende Mehrheit stark und gereizt hitlerfeindlich." Ber. d. tschechischen Gesandten in London vom 3. 11. 33. Zit. nach Friedrich Berber: Europäische Politik 1933–1938 im Spiegel der Prager Akten, Essen 1942, S. 25, Nr. 14. – Ebda Ber. Nr. 19 v. 19. 2. 34, S. 29f.

[11] Lückenhaus, a. a. O., S. 115; Hauser, a. a. O., S. 73ff.

[12] Mussolini bekundete bereits 1923 sein Interesse an einer geheimen Zusammenarbeit mit der Reichswehr. Auf seinen Wunsch hin entsandte General

im Jahre 1935 allmählich an, nachdem Hitler am 16. März 1935 die Wiedereinführung der allgemeinen Wehrpflicht, die durch das Versailler Diktat verboten worden war, verkündet hatte. Das Heer sollte demnach 36 Divisionen umfassen, die Luftwaffe als selbständiger Wehrmachtteil aufgebaut werden. Verständlich wird die deutsche Wiederaufrüstung nur bei gleichzeitiger sorgfältiger Betrachtung der außenpolitischen Entwicklung und der Rüstungsverhältnisse im Ausland. Bereits im Februar 1934 war die britische Aufrüstung angelaufen, wobei zu berücksichtigen ist, daß England nicht wie Deutschland abgerüstet sondern nur seine Rüstungsausgaben eingeschränkt hatte. Die britische Aufrüstung hatte mit der deutschen ursächlich nichts zu tun. Sie war die Folgerung aus der machtpolitischen Entwicklung im Fernen Osten, wo Japan 1931 den Chinesen die Mandschurei entrissen und 1932 einen Satellitenstaat daraus gemacht hatte. Darauf hatte der britische Reichsgeneralstab die Pläne für die 1934 anlaufende britische Aufrüstung ausgearbeitet – mit Schwerpunkt auf der Luftwaffe. Als potentieller Gegner galt in London damals schon Deutschland[13]. „1919 glaubte ich, Ihr Land stelle die größte Gefahr für das Empire dar," sagte Churchill im Sommer 1934 zum sowjetrussischen Botschafter Maiski, „und war deshalb damals ein Gegner Ihres Landes. Jetzt bin ich der Ansicht, daß Deutschland die größte Gefahr für das Empire ist, darum bin ich jetzt ein Gegner Deutschlands ... Indessen nehme ich an, daß Hitler nicht nur gegen uns, sondern auch im Osten, gegen Sie, zur Expansion rüstet. Warum sollten wir uns im Kampf gegen den ge-

---

von Seeckt im Mai 1924 den damaligen Major Friedrich von Boetticher nach Rom. Er hatte sein erstes Gespräch mit dem italienischen Staatschef am 26. Mai 1924. Boetticher: Unveröffentlichte Erinnerungen.

[13] Simon Newman: March 1939: The British Guarantee to Poland. Oxford 1976 S. 10ff., 217; Geyr von Schweppenburg: Erinnerungen eines Militärattachés, London 1933–1937. Stuttgart 1949, S. 54ff.; Ber. d. tschecho-slowakischen Geschäftsträgers in Paris v. 2. 7. 1934 und v. 13. 7. 1934. Berber, Europäische Politik 1933–1938 im Spiegel der Prager Akten, Nr. 29 und 30, S. 34f.

meinsamen Feind nicht zusammentun? Ich war und bleibe ein Gegner des Kommunismus, aber um der Integrität des Empire willen bin ich zur Zusammenarbeit mit den Sowjets bereit." Ähnlich äußerte sich ein Jahr später der britische Presselord Beaverbrook zu Maiski. Er erwarb sich später im Kriegskabinett Churchills solche Verdienste um die britisch-russische Zusammenarbeit, daß er mit einem der höchsten sowjetischen Orden ausgezeichnet wurde[14]. Zehn Tage vor der Verkündigung der Wiedereinführung der allgemeinen Wehrpflicht hatte Frankreich am 6. März 1935 die Wehrpflicht auf zwei Jahre verlängert, gleichzeitig auch das französisch-belgische Militärabkommen. Auf dem Rüstungsgebiet trieb also ein Keil den anderen; Hitler war nicht der Treibende, sondern der Getriebene. Der Staatssekretär im polnischen Außenministerium, Graf Szembek, vertrat daher im April 1935 gegenüber dem amerikanischen Botschafter Bullitt die Ansicht, „daß wir gegenwärtig viel mehr Zeugen einer aggressiven Außenpolitik gegen Hitler seien als einer aggressiven Handlung von seiten Deutschlands[15]".

Frankreich, England und Italien protestierten durch die Stresa-Erklärung vom 14. April 1935 gegen die Methode der einseitigen Aufkündigung des Versailler Diktates. Es war ein papierener Protest, hinter dem das schlechte Gewissen der Siegermächte stand, denn sie hatten ihr feierliches Versprechen der Abrüstung gebrochen. Einen Monat später leistete London der deutschen Einladung zu Flottenbesprechungen Folge, die im Juni zu dem bekannten Flottenabkommen führten, zum Entsetzen Frankreichs.

Von alarmierender Bedeutung für die deutsche Regierung war aber vor allem der am 2. Mai 1935 zwischen Frankreich

---

[14] J. M. Maiski: Memoiren eines sowjetischen Diplomaten, Berlin 1967, S. 232–235. S. a. W. Churchill: The Second World War, vol. I, London 1948, S. 71ff.; Fritz Hesse: Das Vorspiel zum Kriege, München 1979, S. 23f.

[15] Szembek, Journal 1933–1939, Eintr. v. 11. 4. 35, S. 59f.

und Sowjetrußland abgeschlossene Beistandspakt; ein Nichtangriffsabkommen zwischen beiden Mächten war schon 1929 geschlossen worden. Vierzehn Tage später, am 16. Mai 1935, folgte dem französisch-russischen Militärbündnis auch ein solches zwischen Rußland und der Tschecho-Slowakei, dem Verbündeten Frankreichs[15a]. Mit dieser Paktpolitik Frankreichs und der Tschecho-Slowakei wurde die sowjetrussische Macht ins innereuropäische Kräftespiel gebracht.

Auf dem Wege der Zerreißung der Fesseln des Versailler Diktates war ein nächster wichtiger Schritt das deutsch-britische Flotten-Abkommen vom 18. Juni 1935. Trotz des Protestes der Siegermächte gegen die Wiedereinführung der allgemeinen Wehrpflicht schloß England zwei Monate später mit Deutschland das Abkommen, das die Aufrüstung der deutschen Flotte auf 35% der britischen Flotte begrenzte. Hitler faßte es fälschlicherweise als ersten Schritt zu dem von ihm ersehnten Bündnis mit England auf[16]. Sein von ideologischen Gesichtspunkten bestimmtes außenpolitisches Programm enthielt als Kernpunkt das britisch-deutsche Dauerbündnis zur Aufrechterhaltung der Vorherrschaft der weißen Völker über die Erde. Für die Briten waren aber ganz andere Gesichtspunkte maßgebend. Hitler schien zu übersehen, daß auch nach dem Flottenvertrag der leitende Gesichtspunkt der britischen Politik die „balance of power“ blieb[17]. Der entscheidende Grund war für sie die Ausschaltung einer neuen Rivalität mit Deutschland in der Flottenrüstung. London hatte sich zu diesem Schritt gegen den lebhaften Protest der beiden anderen Stresa-Mächte (Frankreich, Italien) aus nüchterner Berechnung entschlossen. Die wahre Ursache für diese Maßnahme war die Kündigung des Washingtoner Flottenabkommens durch die Japaner im Oktober 1934. Die britische Regierung befürchtete

---

[15a] S. a. David Irving: Hitlers Weg zum Krieg, München 1979, S. 133f.

[16] Ber. d. tschechischen Gesandten in London vom 15. 11. 34 über die deutschfeindliche Stimmung in England. Zit. n. Berber, a. a. O., S. 38f., Nr. 35.

[17] Lückenhaus, a. a. O., S. 115.

nun ein neues Wettrüsten zur See, dem sie sich trotz der schlechten finanziellen Lage nicht entziehen konnte. Um eine zusätzliche finanzielle Belastung durch ein weiteres Wettrüsten mit Deutschland zu vermeiden, unternahm London diesen überraschenden Schritt[18]. Bereits im Oktober des gleichen Jahres sprach die britische Regierung die Einladung zu einer neuen Flottenkonferenz der Washingtoner Signatarmächte aus, die im Dezember 1935 begann. Japan verließ die Konferenz bereits im Januar 1936 und ging seine eigenen Wege. Ein neues Abkommen wurde nur zwischen den USA und England geschlossen[19].

Noch im Herbst des gleichen Jahres bahnte sich infolge des Ausbruchs des italienisch-abessinischen Krieges eine deutsch-italienische Zusammenarbeit an. Das Vorgehen Italiens gegen Abessinien veranlaßte die beiden Westmächte, durch den Völkerbund wirtschaftliche Sanktionen gegen Italien verhängen zu lassen, denen sich Deutschland nicht anschloß. England sah durch die italienische Mittelmeerpolitik den Weg nach Indien bedroht, neben der japanischen Ausdehnungspolitik eine weitere Belastung der weltweiten Interessen des Britischen Weltreiches. Hitler nützte die durch den italo-abessinischen Krieg hervorgerufene internationale Spannung geschickt aus: am 7./8. März 1936 ließ er die demilitarisierte Rheinlandzone besetzen. Militärisch war es eine rein symbolische Handlung, denn es wurden nur wenige Einheiten in das demilitarisierte Gebiet verlegt, lediglich, um die Wiederherstellung der deutschen Wehr- und Gebietshoheit in diesem Teil Deutschlands der Welt zu verkünden. Er begründete den Schritt mit der Ratifikation des französisch-russischen Beistandspaktes, der einen Bruch des Locarno-Paktes darstelle, so daß Deutschland daran nun nicht mehr gebunden sei. An dessen Stelle legte er gleichzeitig einen umfassenden Friedensplan vor, in dem er unter der Voraussetzung der vollen Gleichberechtigung aller in Frage kom-

---

[18] Newman, a. a. O., S. 14f.; Kennedy a. a. O., S. 267ff.; Hauser, a. a. O., S. 120f.

[19] Offner, a. a. O., S. 144.

menden Nationen auch die Rückkehr Deutschlands in den Völkerbund zusagte. Der Plan wurde von den Westmächten abgelehnt. Der von der französischen Regierung ernsthaft erwogene Gedanke einer militärischen Intervention scheiterte am Widerspruch Englands[20], das aber fieberhaft gegen Deutschland aufrüstete[21]. „Die Hauptsache, auf der die britische Politik fußt," schrieb der englische Journalist Glasgow in seinem Memorandum für die tschecho-slowakische Gesandtschaft in London vom 21. Juli 1936[22], „ist der Umstand, daß die Regierung die Erreichung einer friedlichen Verständigung mit der deutschen Regierung für unmöglich hält." Großbritannien tarne seine Aufrüstung mit seinen Verpflichtungen gegenüber dem Völkerbund. „Dieses Argument ist unaufrichtig und eine bloße Vorspiegelung. Tatsächliches Ziel dieser Politik ist Deutschland ... Hauptziel der britischen Regierung ist es daher, Zeit um jeden Preis zu gewinnen ... Es ist wichtig, daß sich Prag, Moskau und Paris klarmachen, daß das so bezeichnend in der Öffentlichkeit bekundete Bemühen der britischen Regierung, zu einer Verständigung mit Deutschland zu kommen, eine bloße Vortäuschung ist, um Zeit und die Rüstungsmittel zu gewinnen, die Großbritannien ein öffentliches Auftreten gegen Deutschland ermöglichen ..." Indessen glaubten Hitler und Ribbentrop zu dieser Zeit noch unerschütterlich an eine Verständigung mit England, während „dort bereits mit der Einlagerung großer Getreidevorräte für den Fall eines neuen Blockadekrieges begonnen wurde[23]", und der britische Generalstab ab Ende 1936 mit vollen Segeln in das französische Fahrwasser einschwenkte[24]. Auch der Thronverzicht König Eduards VIII hing mit dessen deutschfreundlicher Einstellung im Gegensatz zur

---

20 Hauser, a. a. O., S. 143ff., 257; Hesse, a. a. O., S. 42ff.; 61ff.;

21 Berber: a. a. O., S. 58f., Nr. 61: Aus dem Ber. d. tschecho-slowakischen Gesandten in Brüssel v. 26. 3. 1936.

22 Ebda, S. 65, Nr. 70.

23 Lückenhaus, a. a. O., S. 123.

24 Geyr von Schweppenburg, a. a. O., S. 106.

Regierung und zur konservativen Oberschicht zusammen; er hätte für Berlin ein Alarmzeichen sein müssen[24a].

Zum Kampf gegen den Weltkommunismus schlossen Deutschland und Japan am 25. November 1936 den Antikominternpakt.

Die deutsch-italienischen Beziehungen fanden schließlich ihren ersten schriftlichen Niederschlag einer Zusammenarbeit in der Übereinkunft vom 25. 10. 1935 anläßlich des Besuches des italienischen Außenministers Graf Ciano in Berlin. Deutschland anerkannte die Annexion Abessiniens durch Italien, die gemeinsame Anerkennung der Regierung Franco wurde gleich zu Beginn des spanischen Bürgerkrieges beschlossen, die wirtschaftlichen Interessen in Südosteuropa abgegrenzt. Mussolini nannte am 1. November 1936 die Verbindung Berlin-Rom eine „Achse". 1937 konnte Hitler den Versailler „Vertrag" für ungültig erklären. Er war tatsächlich in den meisten Bestimmungen außer Kraft gesetzt bis auf die heiklen Grenzprobleme. Die Reichsregierung suchte diese schwierigen und für den Frieden gefährlichsten Fragen dadurch zu entschärfen, daß sie bezüglich der Westgrenze, wie schon im Locarno-Pakt geschehen, die feierliche Verzichterklärung auf Elsaß-Lothringen wiederholte, ähnlich auch gegenüber Belgien und Dänemark die bestehenden Grenzen als endgültig anerkannte. Hinsichtlich Südtirol vertrat Hitler die Ansicht, daß man deutscherseits auf dieses Gebiet verzichten müsse, um das sich vorbereitende Bündnis mit Italien nicht zu gefährden. Die schwierigste Grenzfrage, den polnischen Korridor und die „Freie Stadt Danzig" hatte er auf geschickte Weise durch das Abkommen mit Polen vom Januar 1934 entschärft, eine beachtliche diplomatische Leistung angesichts der Tatsache, daß alle Weimarer Regierungen mit Polen auf gespanntem Fuße standen. Die Bedrohung der Ostgrenze, insbesondere des durch den Korridor abgetrennten Ostpreußen blieb aber infolge des polnischen Chauvinismus bestehen und verschärfte sich trotz aller Zurückhaltung von

---

[24a] Hesse, a. a. O., S. 42ff.

seiten Berlins durch die fortgesetzte polnische Unterdrückungs- und Austreibungspolitik gegenüber der deutschen Minderheit.

Ein Höhepunkt in der Außenpolitik des Jahres 1937 war der Besuch des italienischen Staatschefs Mussolini in Deutschland. Er vertiefte die Beziehungen zwischen dem Reich und Italien.

In diesem Jahr 1937 vollzog sich, wie aus verschiedenen Anzeichen der aufmerksame Beobachter entnehmen konnte, für die Öffentlichkeit aber noch nicht sichtbar und hintergründig, der innere Umschwung in der weltpolitischen Entwicklung. Der Antrieb ging nicht von Deutschland, sondern von Japan und den Vereinigten Staaten von Nordamerika aus. Im Juli 1937 begann der offene Krieg Japans gegen China mit dem Ziel, das Riesenreich zu unterwerfen. Das japanische Vorgehen zu Beginn der dreißiger Jahre hatte damals schon als weltpolitische Reaktion die Wiederaufrüstung des Britischen Weltreiches ausgelöst; jetzt erfolgte 1937 angesichts des japanischen Angriffs in China eine scharfe Reaktion Washingtons. Präsident Roosevelt hielt am 5. Oktober 1937 seine berüchtigte Quarantänerede gegen Angreifer, gegen totalitäre Staaten. In der Geschichtsschreibung gibt es Bestrebungen, nicht mit Unrecht, den Beginn des Zweiten Weltkrieges auf den Sommer 1937 zu datieren. Von diesem Zeitpunkt an betrieb die Regierung Roosevelt eine betont interventionistische Außenpolitik, nachdem sie mit ihrem innenpolitischen Reformprogramm gescheitert war[25]. Um das Problem der Wirtschaftskrise und der Massen-Arbeitslosigkeit zu lösen, sah Roosevelt von nun an in einem großen Krieg die einzige Möglichkeit. Nach Auffassung der Kapitalisten, insbesondere der amerikanischen, ist der Krieg ein dreifaches Geschäft: die Rüstung zum Krieg, die Weiterrüstung im Krieg und die Kriegszerstörungen sowie der Wiederaufbau nach dem Krieg. Im Jahre 1937 verzögerte Roosevelt aus politi-

[25] Hamilton Fish: FDR. The other side of the coin. How we were tricked into World War II, New York 1976, S. 15ff., 45ff.; Giselher Wirsing: Der maßlose Kontinent Jena 1943, S. 206ff.; Hans Dieckhoff: Zur Vorgeschichte des Rooseveltkrieges, Berlin 1943, S. 11ff., 33ff.; Hesse, a. a. O., S. 54.

schen und wirtschaftlichen Gründen die Abrüstungsgespräche in Genf[26]. War die Quarantänerede des Präsidenten unmittelbar durch den japanischen Angriff gegen China ausgelöst, so zielte sie doch auch auf die autoritären Staaten in Europa, unter dem wachsenden Einfluß der Emigranten, besonders der Juden. Der Besuch Mussolinis im September in Deutschland mag mit eine Rolle gespielt haben.

Bereits im Frühjahr 1937 war das deutsch-amerikanische Verhältnis nach dem Eindruck eines Auslandskorrespondenten so gespannt, daß ein offener Konflikt unvermeidlich zu sein schien. In Presse, Rundfunk und öffentlichen Versammlungen wurde in steigendem Maße eine heftige und beißende Kritik am nationalsozialistischen Deutschland und an Reichskanzler Hitler geübt. Ein regelrechter Propagandakrieg war im Gange, „der sich schon damals durch völlige Hemmungslosigkeit in der Wahl der Mittel auszeichnete[27]“. Auch die Katastrophe des deutschen Luftschiffes in Lakehurst war indirekt auf die verschlechterten Beziehungen zurückzuführen: der einzige Minister deutscher Abstammung in der Roosevelt-Administration, Innenminister Ickes, hatte als heftiger Gegner des nationalsozialistischen Regimes die Lieferung des feuersicheren Heliums an Deutschland verhindert. Der Verdacht, daß das Unglück durch einen Sabotageakt erfolgte, konnte nicht ausgeräumt werden. Immerhin konnte der neue deutsche Botschafter in Washington von einer Unterredung mit Roosevelt im Mai berichten, in deren Verlauf der Präsident den Wunsch geäußert hatte, eines Tages „mit diesem außerordentlichen Manne zusammenzutreffen“. (Roosevelt meinte Hitler)[28]. Im Sommer

---

26 Roosevelt weigerte sich auch in diesem Jahr (1937) in der Abrüstung etwas zu unternehmen, „solange die von Mussolini und Hitler aufgeworfenen politischen Fragen wie auch das wirtschaftliche Regime der Autarkie nicht geregelt seien“. Ber. d. tschechischen Gesandten in Paris v. 5. 6. 1937 Berber, a. a. O., S. 75 f., Nr. 79.

27 Lückenhaus, a. a. O., S. 132 f., 139, 141, 144 f.; Dieckhoff, a. a. O., S. 33 ff.

28 Lückenhaus, a. a. O., S. 141: Dieckhoff zu Lückenhaus. Benjamin Colby: ‚Twas a famous victory, New Rochelle, 1974, S. 19. Demnach wollte sich

1937 richtete die amerikanische Regierung noch eine Einladung an die deutsche Regierung zur Teilnahme an der New Yorker Weltausstellung. Der Umschwung in der Haltung des Präsidenten Roosevelt vollzog sich zwischen Mai und Oktober 1937. Dazwischen lagen der japanische Angriff auf China im Juli, der Besuch Mussolinis in Deutschland im September und die Europareise Bernard Baruchs. Baruch kehrte von dieser Reise mit dem Eindruck zurück, daß die Entwicklung auf einen baldigen Krieg hinweise und drängte Roosevelt zur Aufrüstung[28a]. Auch Winston Churchill, Baruchs enger Freund[28b], hatte 1937 bei verschiedenen Anlässen erklärt, Deutschland werde zu stark, man müsse es wieder niederschlagen[29]. Churchill hatte die Grundsätze der britischen Europapolitik, zu denen er sich bekannte, im März 1936 vor dem Conservative Members Committee on Foreign Affairs wie folgt formuliert[30]: „Vierhundert Jahre lang widersetzte sich die Außenpolitik Englands der stärksten, angriffslustigsten beherrschenden Festlandsmacht und verhinderte vor allem, daß die Niederlande in die Hände einer solchen Macht fielen". Im Kampf gegen Philipp II. von Spanien, gegen Ludwig XIV. und Napoleon, gegen Kaiser Wilhelm II. von Deutschland wäre es leicht gewesen, sich mit der stärkeren Macht zusammenzutun und die Früchte

---

Roosevelt mit Hitler und Mussolini auf hoher See treffen. Der Versuch scheiterte aus nicht bekannten Gründen. S. a. Arthur Krock: Memoirs, New York 1968, S. 183f.

[28a] Baruch, The Public Years, S. 245ff., 253ff.

[28b] Churchill, a. a. O., I, 193f.

[29] Joachim von Ribbentrop: Zwischen London und Moskau, Leoni 1954, S. 97: Churchill zu Ribbentrop: „Wenn Deutschland zu stark wird, wird es wieder zerschlagen werden." Burckhardt, a. a. O., S. 70: „Churchill sagte mir, Deutschland werde wieder zu stark, den Deutschen imponiere nur die Kraft." – In das Jahr 1937 fällt auch Churchills bewundernde Äußerung über Hitler: „Wenn unser Land geschlagen würde, könnte ich nur wünschen, wir möchten einen ebenso unbeugsamen Vorkämpfer finden, der uns unseren Mut wiedergäbe und uns auf den Platz zurückführte, der uns unter den Nationen gebührt."

[30] Churchill, a. a. O., I, 162ff.

der Eroberung zu teilen. England ging jedoch den schwierigeren Weg, schloß sich mit den schwächeren Mächten zusammen, besiegte und machte den militärischen Tyrannen des Festlands zunichte, wer immer er war, welche Nation auch immer er anführte. Das heutige Deutschland habe kein anderes Ziel als ein germanisiertes Europa unter Nazi-Herrschaft. „Deshalb scheint es mir, daß die alten Bedingungen sich wieder präsentieren und daß unsere nationale Rettung davon abhängt, daß wir alle Kräfte Europas sammeln, um zu verhindern und wenn nötig, deutsche Herrschaft zunichte zu machen ..." Im November 1937 zogen die britischen Stabschefs den Schluß, daß „wir nicht die Zeit vorhersehen können, wenn unsere Verteidigungskräfte stark genug sind, unser Gebiet, unseren Handel und unsere lebenswichtigen Interessen gegen Deutschland, Italien und Japan gleichzeitig zu schützen. Vom Standpunkt der Reichsverteidigung können wir deshalb die Bedeutung jeder politischen oder internationalen Aktion nicht übertreiben, die unternommen werden kann, um die Zahl unserer möglichen Feinde zu verringern und die Hilfe großer Verbündeter zu gewinnen[31]". Hierin liegt die Begründung für die „Appeasement"-Politik Chamberlains[32], und nur aus dem Hintergrund dieser weltpolitischen Betrachtungen und Ereignisse und im Zusammenhang mit ihnen wird erst verständlich, was Hitler in seiner Ansprache am 5. November 1937 den Oberbefehlshabern der Wehrmacht und dem Außenminister sagte[33]. Kernpunkt der Ausfüh-

---

31 Newman, a. a. O., S. 70; Ian Colvin: The Chamberlain Cabinet, New York 1971, S. 64.

32 S. dazu a. Memorandum des englischen Journalisten Glasgow für die tschecho-slowakische Gesandtschaft in London vom 19. Januar 1937, Berber, a. a. O., S. 71ff., Nr. 74. Glasgow schreibt u. a.: „Es ist die das britische Kabinett beherrschende Idee, daß in der Aufrüstung der Armee, der Flotte und der Luftwaffe keine Pause eintreten dürfe und daß der einzig mögliche Feind Deutschland sei."

33 Gedächtnisniederschrift des Obersten Hoßbach vom 10. 11. 1937. Daß es sich dabei um kein „Protokoll" handelt, hat Hoßbach selbst nachdrücklich festgestellt. Friedrich Hoßbach: Zwischen Wehrmacht und Hitler, Wolfenbüttel 1949, S. 207ff., 217ff. S. Dok.-Anhang, Nr. 5.

rungen Hitlers war, daß bei einem drohenden Kriege vor allem die Flankenbedrohung des Reiches von Österreich und der Tschecho-Slowakei her zu beseitigen sei. Göring äußerte sich dazu in Nürnberg 1946[33a]. „Der von Hoßbach aufgezeichnete Vortrag vom 5. November 1937 hatte offenbar den Zweck gehabt, den Generälen etwas Dampf unter die Hosen zu machen, da sie noch allzusehr im engen Denken des 100000 Mann Heeres befangen waren. Sie kannten ja nur die Verteidigung, hinhaltenden Widerstand, Einhaltung der Rüstungsbestimmungen des Versailler Vertrages und Abwarten, was der Völkerbund bei einem Angriff eines Nachbarn machen würde. Also daraus kann man nichts herleiten."

Was Hitler bei der Hoßbachbesprechung zur Sprache brachte, war im wesentlichen auch Gesprächsstoff zwischen ihm und Lord Halifax, damals Präsident des Staatsrats, der zu Besuch in Deutschland weilte. Die Unterredung zwischen Hitler und Halifax fand am 19. November 1937 statt. Halifax brachte von sich aus das Gespräch auf die Fehler, die im Versailler „Vertrag" gemacht worden waren und nannte namentlich, Danzig, Österreich und die Tschecho-Slowakei. Diesbezüglich müßten, wie Halifax sagte, Änderungen getroffen werden, jedoch dürften sie nur auf friedlichem Wege erfolgen[34]. Während Halifax als Außenminister ab 1938 dann zum entschlossenen Verfechter eines Krieges gegen Deutschland wurde, hielt Hitler aufgrund des erwähnten persönlichen Gedankenaustausches eine gewisse Sympathie für Halifax aufrecht. Er äußerte gegenüber Burckhardt am 11. August 1939: „Ich habe große Sympathie für einen anderen Mann, Lord Halifax. Man hat mir viel Böses über ihn gesagt, aber mein erster Eindruck bleibt bestehen, ich glaube, daß er ein Mann wäre, der die Dinge in einem großen Maßstab sieht und der eine friedliche

---

[33a] Werner Broß: Gespräche mit Hermann Göring, Flensburg 1950, S. 188.

[34] A. J. P. Taylor, Ursprünge des Zweiten Weltkrieges, Gütersloh 1962, S. 182, 197; Hermann Raschhofer: Völkerbund und Münchner Abkommen, München 1976, S. 134; Barnett, a. a. O., S. 467ff.

Lösung wünscht. Ich hoffe, ihn eines Tages wiederzusehen[35]." Hitler hatte offensichtlich die Haltung und Äußerungen des damaligen Lordsiegelbewahrers Halifax ihm gegenüber falsch verstanden und mißdeutet. Er glaubte, England würde ihm freie Hand im Osten gewähren[36]. In Wahrheit kam es den Briten nur auf Zeitgewinn für ihre Aufrüstung an. Das wurde von den tschechischen Gesandten in Paris, Warschau und London immer wieder betont, ebenso vom tschecho-slowakischen Außenminister[37]. Als der deutsche Militärattaché in London, Geyr von Schweppenburg Ende 1937 sich verabschiedete, fragte er den Bürochef des Empiregeneralstabs „Warum die politische Feindschaft?" Dieser erwiderte: „Weil Deutschland die Lebenslinien des Britischen Reiches bedroht." Geyr bezog diese Antwort speziell auf die deutsche Spanienpolitik. Der britische Generalstab war nach seiner Kenntnis bereits seit Ende 1936 „mit vollen Segeln in das französische Fahrwasser eingeschwenkt", die britische Luftrüstung hielt Geyr Mitte 1937 für „die fortgeschrittenste und zwar im Gegensatz zur Ansicht des Luftattachés". In seinem Schlußbericht Ende 1937 urteilte der Militärattaché: „Es ist vielleicht möglich, bis Ende 1938, d. h. bis zur Beendigung eines wesentlichen Teiles der englischen Luft- und Seerüstung, noch Erfolge zu buchen, die dem britischen Interesse zuwiderlaufen, ohne daß es zum Krieg zu kommen braucht[38]."

Von den führenden Persönlichkeiten des Britischen Weltreichs zeigte der südafrikanische Premierminister James Barry M. Hertzog am meisten Verständnis für Deutschland. Er sah

---

35 Burckhardt, a. a. O., S. 346.

36 Liddell Hart: Geschichte des Zweiten Weltkrieges, 2 Bde., Düsseldorf 1972, I, S. 21.

37 Berber, a. a. O., S. 81 f., Nr. 88, Aus der Aufzeichnung über den Vortrag des Außenministers Krofta v. 25. 11. 37; Nr. 89 Aus dem Ber. des tschechoslowakischen Gesandten in Paris v. 2. 12. 37; Nr. 90 Aus d. Ber. d. tschechoslowakischen Gesandten in Warschau v. 10. 12. 37.

38 Geyr von Schweppenburg, Erinnerungen, S. 106, 123, 165 f.

im Deutschen Reich das europäische Bollwerk gegen das bolschewistische Rußland. Das war ein Leitgedanke seiner Außenpolitik. Als er einmal mit Oberst Creswell die kommunistische Bedrohung erörterte, faßte Creswell seine Ansicht in der Überlegung zusammen, ob Rußland gegenüber Europa nicht die gleiche Rolle spiele wie Makedonien gegenüber Griechenland. Premierminister Hertzog bemerkte zu Pirow, Creswell habe recht, wenn es Hitler nicht gelinge, Rußland aufzuhalten. Hertzog trat daher auch energisch für eine gründliche und baldige Revision des Versailler Diktates ein. Auf der britischen Reichskonferenz anläßlich des Krönungstages am 21. Mai 1937 hielt Premierminister Hertzog eine Ansprache; er beanstandete das Unrecht, das an Deutschland verübt wurde und das wieder gutgemacht werden müßte. „Wenn es keine grundsätzliche Änderung in der Mentalität der nationalen Führer Europas gibt, erklärte er wörtlich, „dann wird der nächste europäische Krieg ein Kind des Versailler Vertrages und seines feindseligen Geistes sein; das ist bereits mehr als klar." Das Friedensziel des Völkerbundes wurde durch den Versailler Vertrag vergiftet. „Der Vertrag von Versailles wurde aufrechterhalten, aber die Seele des Völkerbundes durch ihn tödlich vergiftet. Der Geist von Versailles ist der Geist der Zeit vor 1914 und durch den Sieg, den er über den Völkerbund errungen hat, wurde Europa noch einmal auf den Weg von 1914 zurückgeführt, auf die Straße der Bündnisse mit dem Blick auf den Krieg."

General Hertzogs wiederholt geäußerte Ansichten über die fatalen Folgen des Versailler Diktats fanden bei der britischen Presse und den Politikern wenig Anklang, mit wenigen Ausnahmen von einigen gemäßigten Politikern, wie Lord Lothian[38a].

[38a] Oswald Pirow: James Barry M. Hertzog, Cape Town, London 1958, S. 221, 223 ff.

Die Schaffung Großdeutschlands und die Kriegstreiberei der angelsächsischen Weltmächte

Die Revision des Friedensdiktates von St. Germain vollzog sich überraschenderweise im Jahre 1938, noch bevor die Grenzprobleme gegenüber Polen und Litauen, die das Versailler Diktat geschaffen hatte, gelöst waren. Das Selbstbestimmungsrecht des deutschen Volkes konnte zwanzig Jahre nach dem Beschluß der Wiener und der Weimarer Nationalversammlung auf friedliche Weise gelöst werden, die Deutschen der cisleithanischen Hälfte des ehemaligen Habsburger Vielvölkerreiches konnten ins Reich heimkehren. Während der Anschluß Deutsch-Österreichs sich in Gestalt eines „Blumenkrieges" vollzog und die Bevölkerung in grenzenloser Begeisterung für den Anschluß nahezu einhellig stimmte, führte die Lösung der sudetendeutschen Frage an den Rand eines europäischen Krieges. Die Westmächte hatten den österreichischen Anschluß anscheinend mit stillschweigendem Verzicht auf irgendeine Einmischung hingenommen. Die deutsch-bewußte Haltung der überwältigenden Mehrheit der Bevölkerung und das schlechte Gewissen der Siegermächte[39], die 1919 mit Gewalt den Anschluß verhindert hatten, lähmten ihren Willen, mit einem neuen Gewaltakt die Selbstbestimmung zu verhindern. Trotzdem aber vollzog sich in London ein eindeutiger Umschwung gegenüber dem neuen Deutschland. Der Anschluß hatte das Kräftegleichgewicht in Mitteleuropa zerstört, im Hinblick auf ganz Europa erheblich verändert. Damit war der geheiligte Grundsatz der britischen Festlandspolitik – das Gleichgewicht der Kräfte – außer Kraft gesetzt. Die britische Regierung war

---

[39] Hermann Raschhofer: Völkerbund und Münchner Abkommen, München 1976, S. 134. – Die Märzkrise in Österreich wurde vom österreichischen Bundeskanzler Schuschnigg provoziert, nicht von Hitler, stellte der britische Historiker Taylor fest; a. a. O., S. 197.

entschlossen, das nicht hinzunehmen, nur war sie im Augenblick nicht in der Lage, manu militari einzugreifen, weil ihre seit 1934 laufende Wiederaufrüstung noch nicht so weit gediehen war[40]. Frankreich, von inneren Krisen geschüttelt, wagte allein nichts zu unternehmen, so wenig wie bei dem Einmarsch der deutschen Truppen in die demilitarisierte Zone; es überließ mehr und mehr die Führung der Festlandspolitik und der Behauptung der in den Friedensdiktaten von 1919 festgesetzten „Ordnung" in Europa dem britischen Verbündeten. In London war man sich bewußt, „daß der Krieg nahezu unausbleiblich" sei[41]. Bereits in diesem Jahre wurde in England der grundsätzliche Entschluß zum Kriege gegen Deutschland gefaßt. Zar Boris von Bulgarien, der 1938 einen vierwöchigen Aufenthalt in England verbracht hatte, kam mit dieser Erkenntnis zurück und teilte sie auch Hitler mit[42]. Gerüchte von einem bald bevorstehenden Krieg gegen Deutschland nahmen in der westlichen, besonders angelsächsischen Welt seit Frühjahr 1938 an Lautstärke zu; es wurde von der Presse offensichtlich eine Kriegsstimmung in Europa und Übersee systematisch erzeugt und gepflegt[43]. Der südafrikanische Verteidigungsminister Oswald Pirow kam anläßlich seiner Europareise im Oktober und November 1938 zu der Überzeugung, daß 1939 in Mitteleuropa der Krieg ausbrechen werde und zwar *nicht* durch einen deutschen Angriff auf Frankreich oder England. Er teilte seine Beobachtungsergebnisse dem südafrikanischen Premierminister General Hertzog mit, ebenso General Smuts. Premierminister Hertzog war entschlossen, im Falle eines europäischen Krieges Südafrikas Neutralität zu wahren, während General Smuts für

---

40 Newman, a. a. O., S. 218: „... it has always been the traditional policy of his Majesty's Government to prevent one power attaining a predominant position on the Continent". Memorandum by Halifax, 24. 5. 1938.

41 Ber. d. tschechischen Gesandten in London v. 16. 3. 38; Berber, a. a. O., S. 100, Nr. 113.

42 Lutz Graf Schwerin von Krosigk, Memoiren, Stuttgart 1977, S. 231.

43 S. b. Pirow: a. a. O., S. 226 ff., ferner MM eines Kanadiers im Mai 1938 an Verfasser.

die Einheitsfront des Commonwealth und die Einmischung an Englands Seite in den Krieg eintrat[44].

Der Anschluß Deutschösterreichs brachte das Nationalitätenproblem vor allem im Nachbarstaat Tschecho-Slowakei ins Rollen. Die Tschechen hatten das mit dem Pittsburger Vertrag 1918 gegebene Versprechen der Autonomie für die Slowaken ebensowenig eingehalten wie die allgemeine Auflage der Pariser Konferenz, den anderen Volksgruppen und Minderheiten ihre Rechte zu gewährleisten. So verlangten auch die Sudetendeutschen im Karlsbader Programm vom 24. 4. 1938 die Autonomie. Der britischen Regierung waren diese Folgen des Anschlusses Deutsch-Österreichs klar[45]. Sie entschied sich angesichts ihres Unvermögens, einen gleichzeitigen Krieg gegen Deutschland, Italien und Japan zu führen, bereits im März 1938 für weitere Appeasement-Politik in Abweichung von den Pariser Vorortsverträgen, ein Weg, den sie zum Entsetzen Frankreichs mit dem Flottenabkommen vom Juni 1935 betreten hatte. Der Stand der britischen Aufrüstung zu diesem Zeitpunkt war einer der Hauptfaktoren für diese Entscheidung[46]. Das britische Kabinett übte daher zunehmenden Druck auf die Regierung in Prag aus, den sudetendeutschen Forderungen entgegenzukommen[47]. Gleichzeitig bemühte sie sich, durch eine Verständigung mit Italien eine Entlastung im Mittelmeer herbeizuführen und, wenn möglich, Italien von Deutschland abzuziehen. Die britisch-italienische Vereinbarung vom 16. 4. 1938

---

[44] Pirow, a. a. O., S. 227.

[45] Ber. d. tschechischen Gesandten in London v. 28. 4. 1938: Demnach hielt der britische Kriegsminister Hore-Belisha das Schicksal der Tschecho-Slowakei für besiegelt. Berber, a. a. O., S. 108, Nr. 123; Churchill a. a. O. I, 202ff., 218ff.

[46] Hauser, a. a. O., S. 257; Ber. d. tschechischen Gesandten in London v. 3. 5. 38, Berber, S. 108, Nr. 124; Newman, a. a. O., S. 19ff; Raschhofer, a. a. O., S. 139ff.

[47] Martin Gilbert & Richard Gott: Der gescheiterte Frieden, Stuttgart 1964, sprechen von einem „Doppelspiel der Engländer, die in der Öffentlichkeit protestierten und privat die Augen zudrückten, ..." S. 97.

diente diesem Zwecke. England anerkannte die italienische Annexion Abessiniens. Rom hielt sich dadurch die Entscheidung über ein Bündnis mit Deutschland offen; daran änderte auch der Besuch Hitlers in Italien im Mai 1938 nichts. Die tschechische Mobilmachung am 21. Mai 1938 aufgrund falscher Gerüchte von deutschen Truppenbewegungen in Richtung auf die tschecho-slowakische Grenze wirkte alarmierend auf Hitler. Der ehemalige Gauleiter von Anhalt-Dessau, Rudolf Jordan, berichtet als Augenzeuge über den Eindruck, den die tschechische Mobilmachung auf Hitler machte, wie folgt[48]:

Hitler hatte sein Erscheinen zum Gautag in Dessau für den 28./29. Mai 1938 zugesagt und kam auch. Er ließ jedoch tags zuvor dem Gauleiter mitteilen, daß er die angekündigte Rede nicht halten werde. Darüber klärte er nach seinem Eintreffen Jordan mit folgenden Worten auf: „Es tut mir leid, daß ich Sie heute so enttäuschen muß. Noch bis gestern Abend wollte ich auf jeden Fall mein Wort halten und hier in Dessau sprechen. Aber die seit Tagen von den Tschechen drohende Gefahr zwingt mir das Gesetz des Handelns auf. Die Tschecho-Slowakei, das heißt richtiger: Herr Benesch, hat seit einer Woche die Mobilmachung gegen uns befohlen. Ich darf und will diesem Kriegshetzer keine Handhabe geben, einen Weltkrieg gegen unseren jungen Staat zu entfesseln. Er wartet nur darauf. Jedes Wort, das ich jetzt spreche, kann von diesem Burschen gefälscht und dazu mißbraucht werden, den gewünschten Funken in das Pulverfaß zu werfen. Sie werden mich also verstehen, wenn ich Ihre Kundgebung hier in Dessau den großen Fragen unterordnen mußte. Diesem Kriegsapostel darf kein auch nur scheinbarer Anlaß gegeben werden.“ Jordan erlebte dann noch

---

[48] Rudolf Jordan: Erlebt und erlitten. Weg eines Gauleiters von München bis Moskau. Leoni 1976, S. 166ff., 170f., 174. Über die nachhaltige Wirkung des 21. 5. 38 auf Hitler sagte Gauleiter Koch zu Burckhardt: „Der Tag aber, an dem er jedes Vertrauen verloren hat, war der 21. Mai 1938“. Dazu schreibt Burckhardt: „Seit jenem Tag leidet er (Hitler) an einer Art ‚moralischer Verstauchung‘, die heute noch schmerzt ...“ Burckhardt, a. a. O., S. 312.

eine weitere unangenehme Überraschung: beim Vorbeimarsch der Parteiformation ließ Hitler unvermittelt die Hitlerjugend, bevor die Marschkolonne zu ihm gelangt war, ausscheren und in Nebenstraßen leiten. Dazu gab er dem Gauleiter folgende Begründung:

„Jordan! Die Weltpresse – die Judenpresse – wirft mir vor, und die halbe Welt glaubt es, ich lasse die Jugend bis auf die Kleinsten, die kaum laufen können, als das Kanonenfutter der Zukunft an mir vorübermarschieren und mustere dabei schon den Kriegseinsatz bis zum letzten Säugling unseres Reiches. Ich will auch dieser Haß- und Hetzpropaganda die Voraussetzung und Veranlassung nehmen. Deshalb habe ich vor einigen Wochen angeordnet, daß die Jugend nicht mehr an mir vorbeimarschieren soll ..." Dieser Befehl Hitlers war Jordan nicht mitgeteilt worden.

Diese Gerüchtemacherei und die tschechische Mobilmachung lösten zwei Anordnungen Hitlers aus: er unterzeichnete die militärische Weisung für den „Fall Grün" (Tschecho-Slowakei) und ordnete den beschleunigten Ausbau des Westwalls an. Die militärischen Maßnahmen sollten bis 1. Oktober getroffen sein," um den politischen Verhandlungen mit der Tschecho-Slowakei Nachdruck zu verleihen", heißt es in der Denkschrift über die Wehrmacht. Der Generalstabschef Beck verfaßte darauf seine bekannte Denkschrift, in der er vor einem neuen Weltkrieg warnte. Sie wurde vom Oberbefehlshaber des Heeres und den Kommandierenden Generalen des Heeres gebilligt. Beck „legte die Denkschrift dann Hitler vor, der mit scharfen Worten die Möglichkeit zurückwies, daß die deutsche auswärtige Politik einen Weltkrieg verursachen könnte." Beck wurde bald darauf von General Halder abgelöst[49]. Hitler war jedenfalls im Juni 1938 gegen eine Aktion in Richtung Tsche-

---

[49] Siegfried Westphal: Der deutsche Generalstab auf der Anklagebank. Mainz 1978, S. 24–87, Denkschrift über das Heer, verfaßt von Brauchitsch, Manstein, Halder, Westphal, Warlimont, hier S. 50f.

cho-Slowakei, solange die Gefahr einer Einmischung der Westmächte bestand[50].

An den Gerüchten über die angeblichen deutschen Truppenbewegungen war kein wahres Wort; der Verdacht, daß die deutschfeindliche Gruppe in England durch diese Intrige absichtlich die Lage verschärfte, um die Ausgleichspolitik Chamberlains zu torpedieren, wurde von einem britischen Historiker geäußert[51]. Schon im Mai vertrat Sir William Strang vom britischen Außenamt die Ansicht, die britische Regierung müsse die Prager Regierung zwingen, das Sudetengebiet abzutreten. Noch entschiedener verfocht Lord Runciman, den die britische Regierung im Einverständnis mit der französischen als Beobachter nach Prag entsandt hatte, in seinen Berichten vom August 1938 über die Nationalitätenverhältnisse in der Tschecho-Slowakei die Notwendigkeit der Abtretung der deutschen Sudetengebiete an das Reich[52]. Chamberlain wolle um jeden Preis Zeit gewinnen, urteilte der tschecho-slowakische Gesandte Masaryk in London, und der Prager Vertreter in Paris, Osusky, vertrat die gleiche Ansicht. Osusky meinte auch, Runciman werde, „wenn er sich überzeugen wird, daß es im Interesse Englands ist, die Tschecho-Slowakei zu opfern", „sie ohne Gewissensbisse opfern[53]". Beide Westmächte legten der Prager Regierung die Vorschläge Runcimans nahe. Als die tschecho-slowakische Regierung zögerte, zwangen Paris und London ihr die Gebietsabtretung am 20. September ultimativ auf[54].

---

50 Liddell Hart, The memoirs, II, S. 151; Taylor, a. a. O., S. 215, 217.

51 Taylor, Die Ursprünge, S. 215, 217; George Bonnet: Vor der Katastrophe, Köln 1951, S. 45f.

52 Taylor, a. a. O., S. 216, 220f.

53 Ber. Masaryks aus London v. 26. 7. 1938, Osusky aus Paris v. 30. 7. und 1. 8. 38, zit. nach Berber, a. a. O., S. 199, Nr. 144, 145, 146.

54 Ber. Osusky aus Paris v. 19. 9. 38, ferner Aufzeichnung d. Außenministers Krofta v. 20. September 1938, zit. nach Berber, a. a. O., S. 127, Nr. 163, S. 128f., Nr. 167; Raschhofer, a. a. O., S. 137ff., 150ff.; Gilbert & Gott, a. a. O., S. 101ff.

Darauf erfolgte die tschechische Erklärung der Abtretungsbereitschaft am 21. September 1938. Der britische Premierminister Chamberlain kam zu Besprechungen mit Hitler am 15. 9. nach Berchtesgaden und am 22. 9. nach Godesberg. Die ultimative Forderung Hitlers auf sofortige Besetzung des ganzen Sudetengebietes, die Ansprüche Polens und Ungarns auf tschecho-slowakisches Gebiet und die tschecho-slowakische Generalmobilmachung vom 23. September führten jedoch zu einer weiteren Verschärfung der Krise[54a]. Durch Vermittlung Mussolinis kam schließlich die Münchner Viermächtekonferenz am 29. September zustande. Hitler hätte eine klare militärische Lösung vorgezogen; die britische Initiative zwang ihn, darauf zu verzichten. Eine wichtige Rolle spielte dabei Polen. Hitler und der polnische Außenminister Beck hatten am 20. September ein gemeinsames Vorgehen vereinbart. Die Polen forderten ebenfalls ultimativ zum gleichen Zeitpunkt wie Hitler (1. 10.!) die Abtretung des Olsa-Gebiets mit Teschen. Der Münchner Viermächte-Konferenz lag als völkerrechtliche und politische Grundlage eine Dreimächte-Einigung zugrunde, nämlich die britisch-französisch-tschecho-slowakische Einigung über die Bereitschaft der Prager Regierung, das Sudetengebiet an Deutschland abzutreten. Die Münchner Konferenz hatte also keine neuen Entscheidungen zu treffen, sondern befaßte sich nur mit den Bedingungen der von den Westmächten der Tschecho-Slowakei auferlegten Verpflichtung, das Sudetengebiet an das Großdeutsche Reich abzutreten. Ihre Aufgabe war, die Modalitäten dieser Abtretung festzulegen. So heißt es in der Präambel: „Deutschland, das Vereinigte Königreich, Frankreich und Italien sind unter Berücksichtigung des Abkommens, das hinsichtlich der Abtretung des sudetendeutschen Gebiets bereits grundsätzlich erzielt wurde, über folgende Bedingungen und Modalitäten dieser Abtretung ... übereingekommen ..." Die Räumung hatte zwischen dem 1. und dem 10. Oktober zu erfolgen. Laut Zusatzabkommen garantierten England und

---

[54a] Irving, a. a. O., S. 273ff.

Frankreich die neuen Grenzen gegen „einen unprovozierten Angriff“. „Sobald die Frage der polnischen und ungarischen Minderheiten in der Tschecho-Slowakei geregelt ist, werden Deutschland und Italien ihrerseits der Tschecho-Slowakei eine Garantie geben.“ Zum 1. Oktober besetzten die Polen das wirtschaftlich wichtige Olsagebiet mit Teschen (865 qkm mit 231800 E.). Im Jahre 1945 wurde dieses Gebiet wieder – gegen polnischen Protest – zur Tschecho-Slowakei geschlagen.

Die ungarischen Gebietsansprüche gegenüber der Tschecho-Slowakei wurden durch den ersten Wiener Schiedsspruch der Außenminister Deutschlands und Italiens vom 29. Oktober 1938 geregelt. Demnach erhielt Ungarn die Städte Lewenz, Lutschenetz, Kaschau, Uzhorod und Munkatsch zugesprochen. Der Versuch Ungarns, damals schon die Karpatho-Ukraine zu annektieren, um die ersehnte gemeinsame Grenze mit Polen herzustellen, scheiterte am energischen Widerspruch der deutschen Regierung[55].

Höhepunkt des dritten Besuches Chamberlain's in Deutschland, anläßlich der Münchner Konferenz, war die gemeinsame deutsch-britische Erklärung, die Hitler und Chamberlain am 30. September 1938 unterzeichneten:

„Wir haben heute eine weitere Besprechung gehabt und sind uns in der Erkenntnis einig, daß die Frage der deutsch-englischen Beziehungen von allererster Bedeutung für beide Länder und für Europa ist.

Wir sehen das gestern Abend unterzeichnete Abkommen und das deutsch-englische Flottenabkommen als symbolisch für den Wunsch beider Völker an, niemals wieder gegeneinander Krieg zu führen.

Wir sind entschlossen, auch andere Fragen, die unsere beiden Länder angehen, nach der Methode der Konsultation zu behandeln und uns weiter zu bemühen, etwaige Ursachen von Mei-

---

[55] Hans J. Beyer: Der Südosten im Spiegel der Wilhelmstraße 1919–1939, in: „Südostdeutsche Heimatblätter“, München 1954, S. 150ff., 161f.

nungsverschiedenheiten aus dem Weg zu räumen, um auf diese Weise zur Sicherung des Friedens Europas beizutragen."

Die Münchner Konferenz war ein geschichtliches Ereignis, war sie doch die zweite Grenzmarke, die die deutsche Vorrangstellung auf dem europäischen Festland kennzeichnete. Die erste war der Berliner Kongreß von 1878 unter Leitung Bismarcks. In diesen zwei Generationen war Deutschland nach dem gewonnenen Krieg gegen Frankreich die europäische Führungsmacht. Darüber hinaus lag die geschichtliche Bedeutung darin, daß die europäischen Großmächte in München zum letzten Male unter sich eine binneneuropäische Angelegenheit regelten, ohne Einmischung einer außereuropäischen Macht.

Es war daher kein Zufall, daß gerade von den USA eine starke Gegenwirkung ausging unter dem Schlagwort „Stop Hitler". Die Konferenz von München wurde von Amerika als Niederlage der demokratischen Westmächte hingestellt[56]. „Ob München recht oder unrecht war, es war eine schändliche, erniedrigende, alarmierende Erfahrung", dieses Urteil eines Amerikaners wurde die Grundlage der Roosevelt'schen Sprachregelung und Interventionspolitik in den kommenden Jahren[57]. Ihm schlossen sich die britischen Gegner der Chamberlain'schen Politik an, Churchill, Duff Cooper, Lord Halifax, Eden, Vansittart usw., jene deutschfeindliche Gruppe, die zum Krieg gegen Deutschland, zur Vernichtung Deutschlands um jeden Preis entschlossen war. Die Appeasement-Politik war nach Auffassung der deutschfeindlichen Kräfte eine Kapitulation vor Hitler, gilt aber auch in der rückschauenden Betrachtung als Symptom des Niedergangs der britischen Weltstellung und als wesentliche Antwort darauf[58]. Kaum weniger verärgert als Washington war Moskau, das entsprechende Folgerungen daraus im Jahre 1939 zog. Von den Völkern Europas wurde das posi-

---

56 Fish, a. a. O., S. 46f.

57 William R. Rock: British Appeasement in the 1930s, London 1977, S. 91.

58 Ebda, S. 87; Kennedy, a. a. O., S. 267ff.; Churchill, a. a. O., I, 234ff.; Hesse, a. a. O., S. 121f.

tive Ergebnis der Münchner Konferenz mit großer Erleichterung aufgenommen, galt doch die Kriegsgefahr gebannt. Chamberlain rechtfertigte seine Politik gegenüber der Opposition damit, daß er Zeit für die Aufrüstung zu gewinnen suchte[59]. Für die britische Politik war seit dem Anschluß die größte Sorge der wachsende politische und wirtschaftliche Einfluß Deutschlands in Südosteuropa. Nach Ansicht des Foreign Office schien er sich nun in einer Weise auszudehnen, wie er seit 1917 nicht mehr bestanden hatte[60]. So sah die britische Regierung nach dem Anschluß eine ihrer Hauptaufgaben darin, ihre wirtschaftliche Stellung in Südosteuropa gegen den wachsenden deutschen Einfluß zu behaupten und zu stärken[61]. Durch die Eingliederung der sudetendeutschen Gebiete nahm der Einfluß im mitteleuropäischen Raum weiter zu. Wirtschaftsverhandlungen zwischen England und Deutschland wurden daher nach dem 30. September 1938 eingeleitet[62]. Gleichzeitig führte London aber auch entsprechende Wirtschaftsverhandlungen mit Rumänien, der Türkei und Griechenland, um dem deutschen Einfluß entgegenzuwirken. Rumänien und Griechenland erhielten nicht-kommerzielle Kredite, wie vorher schon die Türkei[63]. Der Kräftezuwachs Deutschlands war 1938 jedenfalls so bedeutend, daß das Reich jetzt die stärkste Kontinentalmacht war. Diese Tatsache war für die traditionelle britische Festlandspolitik unerträglich, ebenso aber auch für die franzö-

---

[59] Daß Zeitgewinn für die britische und französische Politik in der tschecho-slowakischen Krise entscheidend waren, betonten immer wieder die tschecho-slowakischen Gesandten in Paris und London. So auch Präsident Benesch am 9. 8. 38 an den Pariser Gesandten. Dieser selbst in seinem Ber. v. 20. 8. 38. Ferner Aufzeichnung über Runciman's Besuch bei Benesch am 27. 8. 38. S. Berber, a. a. O., S. 121f., Nr. 149, 150, 151, 152, Churchill, a. a. O., I, S. 252ff.; Hesse, a. a. O., S. 112f.

[60] Newman, a. a. O., S. 34.

[61] Biddle, A. J. Dr.: Poland and the Coming of the Second World War, 1976, S. 223ff., 230ff.

[62] Gilbert & Gott, a. a. O., S. 148ff., 157ff.

[63] Newman, a. a. O., S. 33ff., 53.

sische Politik gegenüber dem deutschen Mitteleuropa. Aber auch die Vereinigten Staaten von Nordamerika sahen ihren Führungsanspruch in Europa gefährdet und das Stalinsche Rußland war ebensowenig bereit, diese Machtverschiebung zugunsten Deutschlands, des entschlossensten Gegners des bolschewistischen Rußland, widerspruchslos hinzunehmen. Die Weichen zum Zweiten Weltkrieg waren durch die Schaffung des Großdeutschen Reiches 1938 gestellt; die Frage war nur noch Ort und Zeitpunkt des Beginns des Krieges.

Im September 1938 standen gemäß dem sowjetrussisch-tschecho-slowakischen Bündnis vom Mai 1935 russische Truppen und Luftstreitkräfte zum Eingreifen bereit. Moskau wartete nur entsprechend dem Protokoll des Vertrages auf das vorherige Eingreifen Frankreichs[64]. In dem russisch-tschechischen Vertrag lag auch der Schlüssel zur weiteren Entwicklung und zur Politik Hitlers nach München[65]. Das Münchner Abkommen war nämlich für den Kreml eine schwere Enttäuschung. Die Hoffnung auf einen Krieg zwischen den kapitalistischen Mächten als Voraussetzung für die weltrevolutionären Ziele des Kreml hatte sich nicht erfüllt. Vielmehr befürchtete Stalin, die Westmächte würden nach der Münchner Einigung Hitler freie Hand im Osten lassen. Damit wäre die kapitalistische Einkreisung Sowjetrußlands vollzogen[66]. Sinngemäß hielt der russische Außenminister Litwinow in Genf vor dem Völker-

---

64 Der entscheidende Satz in dem Protokoll lautet: „Gleichzeitig erkennen die Regierungen an, daß die Verpflichtungen über gegenseitigen Beistand nur insoweit wirksam sein werden, als unter den Voraussetzungen des vorliegenden Vertrages dem Vertragsteil, der das Opfer eines Angriffs geworden ist, seitens Frankreich Beistand geleistet wird." Ploetz, Konferenzen und Verträge, II, 4. Bd., S. 132. Hesse, a. a. O., S. 113.

65 Fierlinger in Moskau drahtete im September 1938 nach Prag: „... entsprechende sowjetische Luftstreitkräfte startbereit, wenn nötig, sofort in die Tschechoslowakei abzufliegen. Sowjetunion hat an Westgrenze dreißig kriegsstarke Divisionen zum augenblicklichen Eingreifen bereit." Zit. n. Rudolf Ströbinger: A-54. Spion mit drei Gesichtern, München 1965, S. 94. Der Verfasser Ströbinger ist Tscheche. Irving, a. a. O., S. 133f.

66 Sven Allard, Stalin und Hitler, Bern 1974, S. 92.

bund „seine berühmte Rede, in der er die westlichen Demokraten beschuldigte, die Tschechoslowakei verraten zu haben. Er behauptete öffentlich, daß es Krieg geben würde[67]". Stalin fürchtete nun eine Einkreisung Sowjetrußlands; das war für ihn die Triebfeder zu dem Versuch, sich Deutschland zu nähern.

Die britische Regierung trieb unter dem Druck der deutschfeindlichen Opposition die Aufrüstung energisch voran und bemühte sich weiterhin, Italien von Deutschland abzuziehen. Der Besuch Chamberlains in Rom Anfang Januar 1939 verlief jedoch unbefriedigend; Mussolini hatte sich nach längerem Schwanken für das Bündnis mit Berlin entschieden. Die heftigen Angriffe der Opposition im Unterhaus auf Chamberlains Münchner Ausgleichspolitik und die Ankündigung des Premierminister am 3. Oktober über ein gesteigertes Tempo der Aufrüstung veranlaßten Hitler zu einer scharfen Reaktion mit der Saarbrückener Rede am 9. Oktober 1938[67a]. Er setzte jedoch die Versöhnungspolitik gegenüber Frankreich fort mit der deutsch-französischen Erklärung vom 6. Dezember 1938, in der beide Staaten sich ihre gegenseitigen Grenzen garantierten und sich zu gegenseitigen Beratungen in entsprechenden Angelegenheiten verpflichteten. Inzwischen wurde aber die antideutsche Stimmung im westlichen Ausland vor allem durch den unheilvollen Judenpogrom vom 9. und 10. November 1938 stark angeheizt. Anlaß zu den Ausschreitungen war die Ermordung eines deutschen Diplomaten in der Pariser deutschen Botschaft am 7. November durch einen jungen Juden. Der Pogrom, dessen Hintergründe nie völlig geklärt wurden, fügte dem deutschen Ansehen im Ausland unheilbaren Schaden zu[68]. Die Behandlung der Juden machte in England und erst recht in Amerika böses Blut und stand einer deutsch-britischen Verständigung im Wege.

---

67 Nahum Goldmann: Das jüdische Paradox, S. 46f.; Maiski, Memoiren, S. 395–504 Kap.: „Chamberlains Verrat".

67a Irving, a. a. O., S. 315

68 Newman, a. a. O., S. 71; Pirow, a. a. O., S. 234.

Hitler war sich anscheinend nicht bewußt, daß die Briten, die Schöpfer des größten Weltreichs, das er so sehr bewunderte, sich als das „Israel der Neuzeit", das „auserwählte Volk der Neuzeit" betrachteten, daß die geistige Grundlage der angelsächsischen Weltherrschaft das Alte Testament, ebenso auch des puritanischen Auserwähltheitsglaubens der Nordamerikaner war. Daher war sein verzweifeltes Bemühen um das Bündnis mit England von vornherein zum Scheitern verurteilt. Obwohl die Juden jederzeit die Möglichkeit hatten, aus Deutschland auszuwandern, war es für sie ein wesentliches Hindernis, daß sie von ihrem Vermögen nur sehr wenig mitnehmen konnten. Das jüdische Vermögen in Deutschland wurde auf etwa eine Milliarde Pfund Sterling geschätzt. Wenn die Hälfte dieser Summe freigegeben würde, würden die britischen und amerikanischen Juden die andere Hälfte aufbringen, erfuhr Pirow in London vom britischen Premierminister. Wenn Deutschland zu diesem Zweck eine internationale Anleihe auflegen würde, wäre England geneigt, die Garantie dafür zu übernehmen, sagte Chamberlain zu ihm[69]. Pirow gewann aus dem Gespräch mit Chamberlain den Eindruck, wenn Hitler in der jüdischen Frage nachgeben würde, so wäre England bereit, ihm in Osteuropa freie Hand zu gewähren. Gerade in diesem Augenblick, da Pirow im Einverständnis mit Chamberlain nach Deutschland reiste, ereignete sich der Judenpogrom vom 9. November. „Führende Juden", so schreibt er, „verlangten überall den Abbruch der diplomatischen Beziehungen zu Deutschland." Lady Reading, die Witwe von Rufus Isaacs, eine glühende Zionistin, kam zu Chamberlain ins Amt und forderte eine Kriegserklärung gegen das Deutsche Reich. Chamberlain sah sich genötigt, den britischen Botschafter in Berlin zur Berichterstattung nach London zu rufen[70]. Pirow besuchte in Berlin zuerst Göring. Er

---

[69] Der von Hitler gebilligte Plan Schachts mit der Absicht, eine internationale Anleihe aufzulegen, scheiterte am Widerstand von Chaim Weizmann. Härtle, Deutsche und Juden, S. 287f.

[70] Pirow, a. a. O., S. 234f.

ließ Göring keinen Zweifel, daß die Südafrika-Regierung Hertzog in einem Kriegsfall in Mitteleuropa neutral bleiben würde, sich aber keine sechs Monate mehr halten könne, wegen des Drucks, der auf sie ausgeübt werde. Göring stimmte dem von Pirow überbrachten Vorschlag der Lösung der Judenfrage begeistert zu und versprach ihm, ihn beim Führer zu unterstützen. Pirow besuchte anschließend Hitler in Berchtesgaden: als er die wohlwollende Haltung der südafrikanischen Regierung bezüglich einer Entschädigung Deutschlands für die verlorenen Kolonien zur Sprache brachte, erklärte Hitler, die koloniale Frage könne weiterhin unberührt bleiben und auf fünf oder sechs Jahre noch aufgeschoben werden. Pirow unterbreitete dann den Vorschlag Chamberlains zur Regelung der Judenfrage und gab die Versicherung, daß man ihm britischerseits freie Hand im Osten geben würde. Hitler fand unter diesen Auspicien Gefallen an dem Vorschlag. „Rund eine Stunde träumte er laut seinen Plänen bezüglich der Baltischen Provinzen.“ Ribbentrop versuchte zweimal, das Gespräch zu unterbrechen, wurde aber von Hitler hinausgewiesen wie ein „office boy“. Pirow schob dann die Schuld daran, daß seine Sendung fehlschlug, auf Ribbentrop, der zu seinem Bedauern mehr Einfluß auf die auswärtige Politik hatte als Göring. Er verglich den Reichsaußenminister mit dem italienischen Graf Ciano und dem britischen Außenminister Eden und schätzte sie gleichermaßen ein[71]. Auf Hitlers Frage, wohin die Emigranten gebracht werden sollten, schlug Pirow das ehemalige Deutsch-Ostafrika vor. Hitler lehnte das ab, war aber mit dem Hinweis auf Madagaskar für die Unterbringung der Juden einverstanden. Seinen Bericht für Chamberlain schloß Pirow mit folgenden Worten: „Wenn Deutschland freie Hand im Osten erhält, dann wird der nächste Krieg zwischen Deutschland und Rußland und nicht zwischen Deutschland und England stattfinden. Die anderen großen Mächte haben dann die Möglichkeit, sich einzumischen, wie sie es im russisch-japanischen Krieg taten zu Beginn des Jahrhun-

---

[71] Ebda, S. 235.

derts, um einen dauerhaften Frieden zu sichern[72]." Der Kernpunkt des Gesprächs waren die deutsch-englischen Beziehungen. Chamberlain war von Pirows Mitteilungen beeindruckt, doch stand er zu sehr unter dem Druck der Juden und anderer, als daß er gewagt hätte, einen neuen Schritt zu Unterhandlungen mit Hitler zu tun. Das Foreign Office war nach Meinung Pirows gegen eine freie Hand für Deutschland im Osten, und hoffte, Mussolini gewinnen zu können[73]. Die maßgeblichen Leute im Foreign Office glaubten nicht, daß Hitler kämpfen würde, weil eine Anzahl Abgesandter von Teilen der Wehrmacht und der Spitze der Zivilverwaltung nach London mit dem Versprechen gekommen waren, daß bei Ausbruch eines Krieges Hitler und seine Paladine liquidiert würden. Diese verräterischen Verhandlungen mit London liefen länger als ein Jahr vor dem Krieg[74].

Für die wachsend feindselige Stimmung im westlichen Ausland spielte neben der Judenfrage auch die Kirchenfeindlichkeit eine bedeutende Rolle, die von verschiedenen maßgeblichen Parteifunktionären zwar nicht systematisch, aber doch immer wieder gezeigt wurde[75]. Darauf wies der französische Vatikan-

---

72 Ebda, S. 239f.

73 Über die heikle innenpolitische Lage des italienischen Staatschefs äußerte sich der südafrikanische Botschafter Dr. Heymans in Rom im Jahre 1938 gegenüber Oswald Pirow: Mussolini könne nur auf ein Drittel der italienischen Bevölkerung vertrauen. „Die Royalisten und Sozialisten hielten sich die Waage. Heymans sagte voraus, der König würde bei jeder Krise Mussolini ablehnen und gemeinsame Sache mit den Sozialisten machen, die alle kommunistische Sympathisanten seien." Ebda, S. 229.

74 Pirow, a. a. O., S. 240.

75 Francois Charles-Roux: Huit ans en Vatican 1932–1940, Paris 1947, S. 97, S. 97 „Bien plus curieux que sa répercussion intérieure, était le retentissement extérieur du litige de l'Etat nazi avec le catholicisme. L'on avait pu croire notre monde moderne blasé d'émotions morales, indifférent aux querelles où la religion est en cause, incapable de réactions à des contingences autres que celles où sont en jeu des intérêts matériels, concrets, politiques. Or c'est tout le contraire qui se faisait observer à l'occasion des affaires d'Allemagne. La plupart des pays ne réagissaient que faiblement, lentement, aux

botschafter Charles-Roux nachdrücklich hin. Halifax vertrat ebenfalls die Ansicht, den Streit mit den Nazis müsse man auf der moralischen Ebene halten, denn sie seien eine Bedrohung der christlichen Zivilisation, wie die Verfolgung der Juden und der christlichen Kirchen zeige[76]. Für Halifax war nur der Gedanke eines „Heiligen Krieges" erträglich. Nach seiner Überzeugung würde der Krieg, wenn Hitler nicht auf diplomatischem Wege zur Einhaltung des Friedens gebracht werden könne, ein „Kreuzzug" sein. Dieser Kreuzzugsgedanke wurde dann zum Leitfaden der interventionistischen Propaganda in den USA[77]. Weiter angeheizt wurde die politische Atmosphäre durch eine mehr oder weniger systematische Gerüchtemacherei. Eines ihrer Zentren scheint das News Department in London unter Leitung von Sir Reginald Leeper gewesen zu sein. Für den Druck, dem die verantwortlichen Politiker ausgesetzt waren, ist es bezeichnend, daß den unsinnigsten und lächerlichsten Gerüchten von ernsthaften Männern in verantwortlicher Stellung Glauben geschenkt wurde, so die Behauptung, Hitler wolle das Britische Weltreich zerstören, oder Hitler beabsichtige einen Angriff auf Holland, auf die Schweiz, auf Belgien,

---

infractions commises par le Reich contre ses engagements internationaux; ils le voyaient presque passivement enterrer les réparations, réarmer, sortir de la Société des Nations en claquant les portes, réoccuper militairement la Rhénanie, absorber l'Autriche, avaler les Sudètes, s'adjuger la Tcheco-Slovaquie. En revanche, dans des pays où la germanophilie n'était pas chose exceptionnelle, comme l'Angleterre, l'Irlande, les Etats-Unis, L'Italie, la Hollande, la Suisse, etc., l'opinion publique était émue et choquée des initiatives prises par les nazis dans le domaine de la foi, de la morale et de la race. L'antisémitisme, l'aryanisme, le racisme, la stérilisation, le néo-paganisme, l'antichristianisme, faisaient plus de tort à l'Allemagne national-socialiste, dans l'opinion publique universelle, que les menaces politiques contenues dans l'hypernationalisme et l'ambition effrénée d'Hitler." – Häufige Hinweise auf Kirchenverfolgung in Deutschland finden sich bei Joseph Davies, dem amerikanischen Botschafter in Moskau, Mission to Moscow, S. 67ff.; Taylor, Ursprünge, S. 197.

[76] Newman, a. a. O., S. 69f.

[77] S. u. a. William Henry Chamberlin: Amerikas Zweiter Kreuzzug. Kriegspolitik und Fehlschlag Roosevelts, Bonn 1952, passim.

Frankreich, Rumänien, oder, er wolle nächstens überraschend London bombardieren[78]. Alle diese Gerüchte wurden im Winter 1938/39 ausgestreut und übten eine vergiftende Wirkung auf das politische Leben, auf die Beziehungen vor allem zwischen Deutschland und England aus. Die schlimmste Folge dieser verantwortungslosen Gerüchtemacherei war, daß die Träger der amtlichen Politik allmählich in eine Panikstimmung versetzt wurden. Nicht mehr nüchterne Überlegung, sondern Angst und Haßgefühle wurden die Triebfeder für schicksalsschwere Entschlüsse.

Schon im April 1935 hatte Graf Szembek im Gespräch mit Debicki festgestellt, „daß alle umgehenden Kriegsgerüchte von der nämlichen Quelle stammen, das heißt aus jüdischen und freimaurerischen Kreisen und von der Zweiten und Dritten Internationale verbreitet würden[79]". Es gab außer London selbst verschiedene „Küchen" für diese giftigen Gerüchte, so in Paris, in der Schweiz vermutlich aus einem marxistischen Emigranten-Zentrum und von Angehörigen des Widerstandes, die diese Gerüchte auf diplomatischer Ebene in Paris und London verbreiteten[80]. Die Briten schienen ihre Fähigkeit verloren zu haben, die Bedeutung dieser Gerüchte richtig einzuschätzen und zu werten, die für ihre Haltung in den kommenden Monaten eine so wichtige Rolle spielen sollten[81]. Inzwischen wurden die Gespräche der britischen und französischen Stäbe auf alle denkbar möglichen Kriegsfälle ausgedehnt und entsprechende Pläne vorbereitet (Jan./Feb. 39)[82]. Gleichzeitig aber liefen die deutsch-britischen Wirtschaftsverhandlungen erfolgreich. Die britische Regierung deutete sie als gutes Omen für die künfti-

---

[78] Newman, a. a. O., S. 61f., 62 Anm. 1.

[79] Szembek, a. a. O., Eintr. v. 4. 4. 35, S. 57f.

[80] S. dazu T. Desmond Williams: Negotiations leading to the Anglo-Polish agreement of 31 March 1939, in: Irish Historical Studies, vol. X, March and September 1956, S. 77f.

[81] Newman, a. a. O., S. 77.

[82] Ebda, S. 78.

gen wirtschaftlichen Beziehungen zu Deutschland. Trotzdem aber vollzog sich in den Wintermonaten ein grundsätzlicher Umschwung in der Meinung der maßgeblichen britischen Politiker hinsichtlich Hitlers Absichten. Schon vor dem März 1939 galt allgemein die Anschauung, daß Hitler feindlich gegen England eingestellt sei; es setzte sich die ebenso lächerliche wie unsinnige Ansicht durch, Hitler wolle das Britische Weltreich zerstören[83]. Nach neuester britischer Feststellung handelte es sich um ein Mißverständnis von Hitlers Ideal und spiegelte die Unfähigkeit der britischen Politiker wider, den Nervenkrieg zu Beginn des Jahres 1939 erfolgreich durchzustehen[84].

Der endgültige Stimmungsumschwung mit der Beendigung der Appeasement-Politik erfolgte durch die Besetzung Böhmens und Mährens am 15. März 1939. Ausgangspunkt für die schicksalsträchtigen Märzereignisse war der Zerfall der restlichen Tschecho-Slowakei durch die Unabhängigkeitserklärung der Slowaken am 14. März. Die Slowaken hatten sich 1919 ebenso wider Willen der tschechischen Herrschaft beugen müssen, wie die Sudetendeutschen. Deren Erfolg im Jahre 1938 verlieh den slowakischen Selbstständigkeitsbestrebungen gleichermaßen Auftrieb wie die Furcht vor polnischen und ungarischen Ansprüchen auf slowakisches Gebiet[85]. Eine deutsche Vormundschaft schien ihnen jedenfalls ein kleineres Übel als eine polnische oder ungarische Herrschaft. „Jeder Beobachter der mitteleuropäischen politischen Szene, der die Dinge vom historischen Standpunkt aus betrachtet, muß zugestehen, daß sich das slowakische Volk während der sechsjährigen Dauer des slowakischen Staates (1939–1945) trotz des unentrinnbaren Einflusses der damaligen deutschen Politik einer Selbständigkeit erfreute wie zu keiner Zeit in den vorausgegangenen

[83] Ebda, S. 85, Notiz von Cadogan vom 26. 2. 1939.

[84] Ebda, S. 221.

[85] Michael Schwartz: Meilensteine auf dem Weg zur slowakischen Unabhängigkeit. III. Über die Autonomie zur Eigenstaatlichkeit, in „Slowakei“, Zeitschrift des Matus Cernak-Instituts, Köln, Jg. XV/XVI, 1977/78, S. 18ff.

tausend Jahren", urteilt ein Slowake, und fährt fort: „Es ist nicht unsere – slowakische – Schande, wenn wir feststellen müssen, daß sogar das Hitler-Deutschland dem slowakischen Volk ein größeres Maß an Freiheit und breitere Möglichkeiten der Selbstentfaltung zugestanden hat, als es seitens der brüderlichen slawischen Völker der Fall war, unter deren Einfluß die Slowaken nach 1945 geraten waren[86]." Hitler hatte noch bis in den März 1939 hinein die slowakische Frage aus der ungarischen Warte gesehen und entschied sich erst nach Gesprächen mit slowakischen Führern für die Unabhängigkeit der Slowakei[87].

Die Besetzung Böhmens und Mährens und die Errichtung des Protektorats waren, wie der Anschluß Österreichs, unvorbereitete und improvisierte Maßnahmen[88]. Hitler schien sie nach der Trennung der Slowakei durch die Unabhängigkeitserklärung vom 14. März von dem tschecho-slowakischen Retortengebilde als vorläufige Lösung des tschechischen Problems vornehmlich aus strategischen Gründen für notwendig gehalten zu haben. Nach wie vor bestand das französisch-tschechisch-russische Bündnis. Die Sorge, die Russen könnten den böhmisch-mährischen Raum als „Flugzeugmutterschiff" und als Aufmarschbasis gegen das Reich benützen[88a], war vermutlich eine entscheidende Triebfeder für den folgenschweren Schritt nach Prag. Eine andere war die Begehrlichkeit Polens und Ungarns auf die zerfallende Tschecho-Slowakei. Der französische Außenminister Bonnet bezeichnete die Haltung Warschaus ge-

---

86 F. Vnuk: Die slowakische Haltung zum Nationalsozialismus, in „Slowakei" Jg. IV, 1966, Nr. 1, S. 3. Irving, a. a. O., S. 289ff.;

87 Beyer, a. a. O., S. 162f.

88 „Im März 1939 ging der Befehl ein, die Tschechoslowakei zu besetzen, nachdem Abmachungen hierüber zwischen Hitler und Präsident Hacha getroffen waren." Denkschrift von Brauchitsch, Manstein, Halder, Warlimont und Westphal, in: Westphal, a. a. O., S. 51. Taylor, a. a. O., S. 261 vertritt ebenfalls die Ansicht, daß der Einmarsch in die Tschechei „das unvorhergesehene Nebenprodukt der Entwicklung in der Slowakei" war. „Hitler handelte eher gegen die Ungarn als gegen die Tschechen".

88a Irving, a. a. O., S. 133f.

genüber Prag als „sehr unfreundlich". „Polen war der Auffassung", meinte Bonnet, „die Tschecho-Slowakei müsse in naher Zukunft verschwinden und es bereitete sich selbst darauf vor, einen Teil des Erbes an sich zu nehmen[89]". Bereits am 14. März 1939 besetzte die Leibstandarte Adolf Hitler den „Mährisch-Ostrauer Zipfel, um die Witkowitzer Stahlwerke vor polnischem Zugriff zu schützen[90]".

Der böhmisch-mährische Raum ist der geographische Mittelpunkt und die strategische Herzgrube Mitteleuropas. Möglicherweise haben geschichtliche Überlegungen noch eine Rolle gespielt: denn Böhmen-Mähren gehörten zum alten deutschen Reich seit Beginn der deutschen Geschichte im zehnten Jahrhundert und dann noch bis 1918 zur Habsburger Monarchie. Auch erfolgte die Eingliederung ins Reich im Rahmen der Revision des Vertrages von St. Germain, in diesem Fall nicht der ethnischen, sondern der territorialen. Den deutschfeindlichen Kräften im Ausland bot diese Maßnahme aber Anlaß für eine wirkungsvolle Propaganda mit der Begründung, Hitler habe den Boden des Selbstbestimmungsrechts verlassen und eine fremde Nationalität dem Reich „unterworfen". Daß die Tschechen seit Gründung ihres Retortenstaates nichts anderes getan hatten, als die anderen Nationalitäten zu unterdrücken, wurde geflissentlich totgeschwiegen. Eine territoriale Revision im mitteleuropäischen Raum wurde auf jeden Fall von den Westmächten und den USA kategorisch abgelehnt. Abwegig ist jedenfalls die Ansicht, es wäre nicht zum Krieg gekommen, wenn Böhmen und Mähren von Deutschland nicht besetzt worden wären. Die Zerstörung des Gleichgewichts durch die gesamtdeutsche Einigung im Jahre 1938 hatte, wie schon festgestellt wurde, den Entschluß zum Krieg gegen das Großdeutsche Reich im gleichen Jahre ausgelöst[91]. Hitler bot nun selbst mit

---

[89] Bonnet, a. a. O., S. 41.

[90] Walter Görlitz: Wilhelm Keitel. Verbrecher oder Offizier? Berlin 1961, S. 201.

[91] Finally there is the staggering fact: that in the single year 1938 Hitler had annexed to the Reich and brought under his absolute rule 6750000 Aus-

dem Schritt nach Prag eine bequeme Handhabe, ihn des Wortbruchs zu zeihen und den Krieg gegen Deutschland vom Zaune zu brechen, den er nicht wollte. Was er als vorbeugende Maßnahme gegen einen Krieg durchgeführt hatte, war zwar strategisch ein Vorteil, umsomehr, als auch die hochwertige tschechische Rüstungsindustrie (Skoda in Pilsen) in deutsche Hände dadurch gefallen war, außenpolitisch aber ein schwerer Fehler, denn er setzte sich formal ins Unrecht und beschleunigte wider Willen den Kriegsausbruch. Die militärische Besetzung der Tschechei war erfolgt mit dem Blick auf eine kommende Auseinandersetzung mit Rußland, ebenso gewiß aber suchte Hitler einem Konflikt mit Polen und den Westmächten aus dem Weg zu gehen. Sein außenpolitischer Leitstern war und blieb ein Dauerbündnis mit dem Britischen Weltreich. Noch am 25. August machte er England ein großzügiges Verhandlungs- und Bündnisangebot und hielt den ganzen Krieg über mit dogmatischer Starrheit an der Utopie eines möglichen Übereinkommens fest.

Die Reaktion der britischen Regierung auf die Errichtung des Protektorats war nicht nur bezeichnend sondern auch maßgebend für die Entwicklung zum Krieg.

Premierminister Chamberlain drückte am 15. März im Unterhaus sein Bedauern über die Besetzung von Böhmen und Mähren aus, und erklärte, die Tschecho-Slowakei habe durch inneren Zerfall aufgehört zu bestehen. Die britische Garantie sei damit hinfällig, der Geist von München durch den deutschen Einmarsch aber verletzt worden. Trotzdem halte er an seiner bisherigen Politik um des großen Endzieles willen fest, wenn er auch über die bisherige Entwicklung enttäuscht sei[92]. Der wahre Grund für die Nichteinlösung des Garantieversprechens war jedoch wie 1938 die britische Unfähigkeit, militärisch einzugreifen.

---

trians and 3500000 Sudetens, a total of over ten millions of subjects, toilers and soldiers. Indeed the dread balance had turned in his favour. Churchill, I, S. 265.

[92] Newman, a. a. O., S. 88ff., 100.

Zwei Tage später hielt Chamberlain in Birmingham eine Rede. Sie bedeutete eine völlige Kehrtwendung im Verhältnis zu seinen Äußerungen vom 15. März. Mit scharfen Worten verurteilte er nun die deutsche Besetzung der Tschechei und verkündete das endgültige Ende der Appeasement-Politik. „War es das Ende eines alten Abenteuers oder der Beginn eines neuen?", fragte er. War es „ein Schritt in Richtung auf einen Versuch, die Welt mit Gewalt zu beherrschen[93]?" Was war die Ursache dieser radikalen Wende in der Haltung des Premierministers innerhalb von zwei Tagen[94]? Abgesehen von der lächerlichen Anschuldigung, Hitler strebe nach der Weltherrschaft, eine Anschuldigung, die aus dem Munde des leitenden Ministers des größten Weltreiches der Geschichte plump und albern klingt, war von entscheidender Bedeutung für den weiteren Gang der Ereignisse der Vorwurf des Wortbruchs Hitlers. Es handelte sich um eine unterschiedliche Auslegung der deutsch-englischen Erklärung vom 30. September 1938. Nun hieß es in dieser Erklärung, die gegenseitige Beratung gelte für Angelegenheiten, die beide Länder berühren. Diesen Satz legte Hitler so aus, daß mitteleuropäische Angelegenheiten die Interessen Englands nicht berührten und handelte nach den natürlichen Standpunkt, daß sie nur Deutschland angingen. In London aber war man nicht gewillt, Deutschland freie Hand in Mitteleuropa zu gewähren, sondern betrachtete den Komplex „Mitteleuropa", so wie die Versailler Siegermächte ihn geschaffen hatten, auch als eine britische Angelegenheit[95]. In diesem Sinne legte man in London die Erklärung vom 30. September 1938

---

93 Ebda, S. 105; Churchill, a. a. O., I, S. 266f.

94 Liddell Hart urteilte über Chamberlain's Kehrtwendung und die Garantieerklärung: „Es ist unmöglich zu sagen, unter welchem Einfluß er diesen Entschluß faßte und ob es der Druck der öffentlichen Meinung war, seine eigene Empörung, sein Ärger darüber, von Hitler hintergangen worden zu sein, oder die Demütigung in den Augen seiner Landsleute, als der Übertölpelte dazustehen." Geschichte des Zweiten Weltkrieges, I, S. 24.

95 Eine Konsultationspflicht bestand selbst nach Ansicht des Unterstaatssekretärs im Foreign Office, Rab Butler nicht. Butler hatte im Unterhaus erklärt,

aus; daher stand die gesamte „Öffentliche Meinung" des Westens hinter der Birminghamer Rede des Premierministers. Hitler wurde als „wortbrüchig" hingestellt, galt nicht mehr glaubwürdig und daher auch nicht mehr verhandlungsfähig. Selbst der als deutschfreundlich geltende Lord Londonderry schrieb am 20. März 1939 an Sven Hedin einen Brief, „in dem er äußerst scharf und konsequent Hitlers Wortbruch verurteilte und für immer mit ihm brach[96]". Eine auf verschiedener Textauslegung beruhende formale Rechtsverletzung wandelte sich so zu einer Zerstörung der moral-politischen Grundlagen der deutsch-britischen Beziehungen. Es war der Gegensatz zwischen dem formalrechtlichen Standpunkt der den status quo verteidigenden Siegermacht und der revisionistischen Dynamik des auf seinem durch Raum und Schicksal bestimmten natürlichen Recht beharrenden Besiegten. Welche britische Regierung hätte, um einen Vergleich zu ziehen, je geduldet, daß eine fremde Macht sich der irischen Frage angenommen, zugunsten des jahrhundertelang von den Briten grausam unterdrückten irischen Volkes sich einzumischen gewagt hätte? Im Falle der Tschecho-Slowakei ging es nicht um Recht oder Unrecht, sondern um Macht und Ansehen des Britischen Weltreichs[97]. Daß das Retortengebilde bereits nach der Angliederung der Sudetengebiete an das Reich nicht mehr lebensfähig war, wußte man in London und Paris genau so wie in Berlin. Was sollte nach der Unabhängigkeitserklärung der Slowakei mit dem von den Tschechen besiedelten Raum (Böhmen-Mähren) anderes

---

„daß Deutschland keineswegs verpflichtet gewesen sei, sich mit Großbritannien über seine Tschechenpolitik zu beraten". Da England den tschechischen Staat nicht garantiert habe, bestünde auch kein unmittelbares Interesse Londons daran. David L. Hoggan, Der erzwungene Krieg, Tübingen 1976, S. 409.

[96] Sven Hedin: Ohne Auftrag in Berlin, Tübingen 1949, S. 38.

[97] Ber. d. tschecho-slow. Gesandten in London v. 13. 9. 38: „Chamberlain ist fest überzeugt, daß wir im Recht sind, und er würde uns gern helfen, wenn das auch im Interesse der britischen Politik liege. Er sagte aber, daß Recht und Wahrheit heute nicht existieren. Heute wird nur eine kolossale Machtpartie gespielt; Berber, a. a. O., S. 125, Nr. 157.

werden als ein vom Reich auch formalrechtlich abhängiger Staat? Die Androhung oder Anwendung von Gewalt zur Erhaltung des territorialen status quo ist jedenfalls kein geringeres Vergehen als der Versuch, den status quo zu ändern, sogar ein größeres, wenn die Änderung aus dem Zwang der Gegebenheiten und der natürlichen Entwicklung unvermeidlich ist. Von der Warte der britischen Regierung aus war aber die Bedrohung des Ansehens des Weltreichs, die damit verbundene Einbuße an Prestige ein „moralisches Verbrechen", das nur durch einen „Strafkrieg" geahndet werden konnte, nachdem der Übeltäter den Straffrieden von Versailles und St. Germain mißachtet hatte. Und nun war die Moral in Gefahr, weil ohne Erlaubnis Londons ein Staat, ,richtiger eine Mißgeburt von Staat, der Auflösung verfallen war, wie der Premierminister selbst hatte feststellen müssen, eine Mißgeburt von Staat, der nach Aussage von Lord Maugham im Unterhaus „eigentlich niemals hätte gebildet werden dürfen".

Der Hauptgrund für den Umschwung der britischen Politik von Appeasement zum Krieg dürfte die ultimative Drohnote des amerikanischen Präsidenten Roosevelt an Chamberlain vom 16. März 1939 gewesen sein, daß England mit keinerlei Unterstützung von den Vereinigten Staaten mehr rechnen könne, wenn die britische Regierung an der Münchner Politik festhalte. Dahinter stand bei den Amerikanern auch die Besorgnis, die von der britischen Regierung geplanten Wirtschaftsverhandlungen mit Deutschland könnten die britisch-amerikanischen Handelsbeziehungen gefährden[98]. Diesem Druck Washingtons im Verein mit der innenpolitischen Opposition gegen die Appeasementpolitik mußte Chamberlain sich beugen. Ein

---

[98] Wirsing, a. a. O., S. 238 f. – Der Inhalt dieser bis heute nicht veröffentlichten Note wurde „durch eine Enthüllung der beiden ausgezeichnet informierten amerikanischen Journalisten Allen und Pearson" in der „Washington Times Herald" vom 14. 4. 1939 und anderen Zeitungen bekannt gegeben. – S. a. David Hoggan, Der erzwungene Krieg, Tübingen 1976, S. 399 f. – Der amerikanische Botschafter in Paris, Bullitt, schrieb am 17. März 1939 an den Secretary of State: „The invasion of Czechoslovakia ends definitely all possi-

zweiter Grund für die plötzliche Kehrtwendung Londons binnen 48 Stunden war die am gleichen Tage, dem 16. März, in die Welt gesetzte „Tilea-Lüge". Der rumänische Gesandte in London, Virgil Tilea, teilte am 16. März dem Foreign Office mit, seine Regierung habe aus geheimen und sonstigen Quellen erfahren, daß die deutsche Regierung innerhalb der nächsten Monate Ungarn zu einem Vasallenstaat machen und dann dazu übergehen wolle, Rumänien aufzuteilen, mit dem Endziel, ein deutsches Protektorat über das ganze Land zu errichten. Ungefähr gleichzeitig erhielt Außenminister Halifax aus anderer Quelle die Mitteilung, Deutschland habe ein wirtschaftliches Ultimatum an Rumänien gerichtet[99]. Diese gezielt falschen Mitteilungen, mit Absicht zu diesem Zeitpunkt in die Welt gesetzt, um der Auflösung des tschecho-slowakischen Reststaates einen alarmierenden und ominösen Charakter zu verleihen, wurden in London ernst genommen[100]. Dabei ist auch nicht auszuschließen, daß die Gerüchtefabrik, aus der diese Falschmeldungen stammten, in London selbst ihren Sitz hatte. Der von dem rumänischen Gesandten angedeutete Prestigeverlust Englands, wenn es die Auflösung der Tschecho-Slowakei ruhig hinnehme sowie die Gefahr, daß England wirtschaftlich und politisch seinen Einfluß in Südosteuropa einbüße, wirkten alarmierend auf die maßgebliche Führungsschicht Großbritanniens. Die augenblicklich laufenden Wirtschaftsverhandlungen zwischen Deutschland und Rumänien ließen Tileas Vermutungen glaubhaft erscheinen. Obwohl die rumänische Regierung die Behauptungen Tileas sofort und energisch dementierte, weil kein wahres Wort daran war, hielt dieser an seinen Behauptungen fest und vermochte so die britische Regierung in seinem anti-

---

bility of diplomatic action. Seven specific promises by Hitler that he would not invade Czechoslovakia were broken by this action and it is no longer possible to have confidence in any promises he may make." Foreign Relations, vol. I, 1939, 1956.

99 Newman, a. a. O., S. 109ff.

100 Williams, a. a. O., S. 82ff.

deutschen Sinne zu beeinflussen[101]. Die im Foreign Office bestehende antideutsche Gruppe unter dem Einfluß von Vansittart widersetzte sich allen Bemühungen, zu einem Übereinkommen mit Deutschland zu gelangen. Dafür bot das angebliche deutsche Ultimatum an Rumänien eine bequeme Handhabe. Der britisch-deutsche Kampf um Macht und Einfluß in Südosteuropa, genährt durch die Besetzung Böhmens und Mährens, wurde durch die Tilea-Lüge wesentlich verschärft. Am 18. März bat der Minister für Koordination der Verteidigung, Lord Chatfield, die Stabschefs, ihn über die Aussichten einer militärischen Unterstützung Rumäniens zur Vorbereitung einer dringenden Kabinettsitzung zu unterrichten. Die Stabschefs antworteten, eine deutsche Herrschaft über Rumänien würde Deutschland tatsächlich immun machen gegen die Wirkung einer wirtschaftlichen Kriegführung (Blockade), die wichtigste Waffe im strategischen Arsenal Großbritanniens. Ferner waren die Stabschefs der Meinung, daß man mit Frankreich als einzigem Verbündeten den deutschen Vormarsch in den Südosten bis ans Mittelmeer nicht aufhalten könne. Voraussetzung für einen Sieg über Deutschland sei ein Zweifrontenkrieg. Der sei nur möglich durch ein Bündnis zwischen England, Frankreich, Rußland und Polen. Wenn die beiden letzteren neutral blieben, könne man Deutschland nicht herausfordern. Die Stabschefs wiederholten ihre Auffassung vom November 1937, ein gleichzeitiger Krieg gegen Deutschland, Italien, und Japan sei selbst bei einem Bündnis mit Frankreich und Rußland nicht möglich, denn er würde die Hilfsmittel des Weltreichs in gefährlicher Weise überfordern[102]. In der britischen Führung setzte sich unausrottbar der Wahnglaube fest, Deutschland strebe nach der Weltherrschaft. Er spielte in der weiteren Entwicklung hin zum Krieg und beim Entschluß der britischen Regierung, auf jeden Fall und um jeden Preis gegen Deutsch-

---

[101] Newman, a. a. O., S. 117, Anm. 3.

[102] Ebda., S. 118f.

land Krieg zu führen, eine große Rolle. Dem nüchternen Kenner des tatsächlichen damaligen politischen, wirtschaftlichen und militärischen Kräftepotentials der großen Mächte muß es geradezu absurd erscheinen, wenn die Führung des Britischen Weltreiches Angst vor einem Weltherrschaftsstreben Deutschlands hatte und aus dieser Angst heraus schicksalsschwere Entschlüsse faßte. Diese Wahnvorstellung hat sich tatsächlich verhängnisvoll ausgewirkt. Chamberlain war der Überzeugung, England müsse Deutschland Halt gebieten durch einen Zweifrontenkrieg, wenn es beabsichtige „seinen Marsch zur Weltherrschaft fortzusetzen". England müsse Deutschland angreifen, „nicht um ein besonderes Einzel-Opfer zu retten sondern um den Stier zu Boden zu werfen"[103]. Obwohl auch der britische Gesandte in Bukarest am 18. März mitteilte, daß an den Behauptungen Tileas kein wahres Wort sei[104], bestätigte die britische Regierung bei der Entscheidungsbildung ausdrücklich ihren Glauben, daß eine deutsche Beherrschung Südosteuropas britische Interessen bedrohe und daß ihr Widerstand geleistet werden müsse[105]. Die fieberhafte Aktivität, die sie nun in den europäischen Hauptstädten entfaltete, in Paris, Warschau, Moskau, Bukarest, Belgrad, Athen und auch in Ankara, stand im Zeichen der Schaffung einer antideutschen Koalition. Für den Fall eines europäischen Krieges bemühte sich London um eine Entlastung im Fernen Osten durch amerikanische Hilfe. Halifax versicherte den Hochkommissaren der Dominions anläßlich ihrer Versammlung in London am 22. März, Präsident Roosevelt bemühe sich, nach Kräften zu helfen und werde im Falle eines europäischen Krieges die amerikanische Flotte in den Pazifischen Ozean entsenden, um Japan ruhig zu halten[106]. Die Hoffnung auf amerikanische Unterstützung spielte bei den britischen Vorbereitungen für einen Krieg gegen Deutschland

---

103 Ebda, S. 124.

104 Williams, a. a. O., S. 84.

105 Über die deutsche Südosteuropapolitik, besonders im Hinblick auf Rumänien, s. u. a. Beyer, a. a. O., S. 164ff.

106 Newman, a. a. O., S. 126f.

eine wichtige Rolle. So schrieb Duff Cooper, Verteidigungsminister und dann Erster Lord der Admiralität bis Herbst 1938, einer der entscheidenden Deutschenhasser und Kriegstreiber[107], am 22. März 1939 an Außenminister Halifax, die Vereinigten Staaten würden für England unter einer Bedingung kämpfen: „es muß ein ideologischer Krieg sein – ein Krieg, auf dem moralischen Prinzip beruhend[108]".

Oliver Harvey, Privatsekretär des Außenministers Halifax, betonte immer wieder diesen Gesichtspunkt, „den Streit mit den Nazis auf der moralischen Ebene zu halten[109]". Halifax sah in ihnen eine Bedrohung der christlichen Zivilisation, wie nicht nur die Verfolgung der Juden, sondern auch der Kirchen in Deutschland beweise. Er sah im „Nazismus" die höchste Bedrohung der geistigen und moralischen Integrität der Menschheit und trat daher für einen „Heiligen Krieg" ein, für einen „Kreuzzug". In dieser Einstellung traf sich Halifax mit dem amerikanischen Präsidenten Roosevelt und den interventionistischen, vor allem jüdischen Einflüssen in Washington und New York. Der britische Außenminister war zur Verwunderung des französischen Außenministers am 22. März 1939 entschlossen, selbst ohne Sicherung der Ostfront in den Krieg ge-

---

[107] Der deutsche Militärattaché in London von 1933–1937, Geyr von Schweppenburg, urteilte über Duff Cooper in seinen Erinnerungen, S. 96: „Der negative Pol war wohl hauptsächlich in der Person des damaligen Kriegsministers Duff Cooper zu suchen. Neben Vansittart war er in der deutschen Frage am unnachgiebigsten. Man stelle sich daher meine Überraschung vor, als ich von einer angeblichen Einladung Duff Coopers nach Deutschland hörte. Um diese Zeit grüßte ich den englischen Kriegsminister nicht mehr. Ich war bei der Trauerfeier für den deutschen Botschafter von Hoesch in der Kirche als Ehrendienst zu ihm kommandiert, und er hatte mir gegenüber ein Benehmen an den Tag gelegt, das mich zwang, kurz kehrt zu machen und ihn stehen zu lassen." In der Fußnote S. 96: „Als Admiral Wassner, unser Marineattaché, in seiner damaligen Eigenschaft als Doyen der Londoner Militärattachés Duff Cooper in irgendeiner Angelegenheit aufsuchen mußte, bot er ihm nicht einmal einen Stuhl an."

[108] Newman, a. a. O., S. 134, Anm. 1; ferner S. 69.

[109] Ebda, S. 134.

gen Deutschland zu gehen[110]. Halifax fürchtete, wenn England einer weiteren deutschen Ausdehnung nicht entschlossen entgegentrete, würde Englands Stellung als Großmacht unhaltbar, weil dann die moralischen und psychologischen Gewichte zugunsten Deutschlands nicht nur in Europa sondern in der ganzen Welt ausschlagen würden. „So wurden die kritischen Entscheidungen im März 1939 in einer Atmosphäre der Panik, der Demütigung und der moralischen Hysterie getroffen[111].

Ohne Zweifel war die britische Führung infolge des Prestigeverlustes durch den italo-abessinischen Krieg und die gescheiterten Völkerbundsanktionen gegen Italien sowie durch den Anschluß Österreichs im März 1938, die Münchner Konferenz mit der darauf folgenden Auflösung der Tschecho-Slowakei zwischen dem 1. Oktober 1938 und dem 15. März 1939 in eine solche Panikstimmung geraten, daß sie die nüchterne Überlegung verlor[111a]. Der Einsicht, daß das Britische Weltreich im Niedergang begriffen war und daß Englands Kräfte für die Behauptung seiner früheren Weltstellung nicht mehr ausreichten, stand andererseits die verbissene Entschlossenheit gegenüber, um keinen Preis die notwendigen Folgerungen aus dieser Einsicht rechtzeitig zu ziehen und die britische Politik im Sinne eines Verzichts auf unhaltbare Außenstellungen und einer Neu-Orientierung ihrer europäischen Festlandspolitik zu ändern. So wurde aus dieser Stimmung der Panik, der Hysterie, des Starrsinns der absurde Gedanke einer einseitigen Garantie an Polen geboren. Er tauchte während der Gespräche des britischen und französischen Außenministers am 22. März 1939 erstmals bei Lord Halifax auf, zum Erstaunen des französischen Gesprächspartners[112].

---

110 Ebda, S. 135.

111 Ebda, S. 136.

111a „Von da ab lebte London in einer ständigen Panik, von der man sich heute kaum mehr einen Begriff machen kann. Jede noch so unsinnige Nachricht über geplante Aktionen Hitlers wurde geglaubt, und jedes Mittel zur Begegnung der Hitlerschen Drohung schien recht." Hesse, a. a. O., S. 135.

112 Newman, a. a. O., S. 136.

Der Anlaß zum Zweiten Weltkrieg

England irrt am polnischen Bastard.

Nostradamus

Polen

Angesichts der Tatsache, daß England die deutsch-polnische Grenzfrage als Anlaß zum Krieg gegen Deutschland benützte, ist es nützlich, das Memorandum des britischen Kriegspremiers Lloyd George vom 24. März 1919 mit der Überschrift „Einige Empfehlungen an die Friedenskonferenz vor der endgültigen Festsetzung der Vertragsbedingungen" zu lesen[1]. Dort schreibt der britische Premierminister über die polnischen Forderungen: „... In der Stunde des Triumphes begangene Ungerechtigkeit und Anmaßung werden nie vergessen noch vergeben werden.

Aus diesen Gründen bin ich streng dagegen, mehr Deutsche ihrem Vaterland zu entreißen und sie der Herrschaft einer anderen Nation zu unterwerfen, als unbedingt notwendig ist. Ich kann mir keine größere Ursache eines zukünftigen Krieges denken, als daß das deutsche Volk, welches sich gewiß als eine der stärksten und mächtigsten Nationen der Welt gezeigt hat, von einer Anzahl von kleinen Staaten umgeben sein sollte, von denen viele aus Völkern bestehen, welche früher nie eine eigene Regierung besaßen, jetzt jedoch bedeutende Massen Deutscher einschließen würden, die ständig nach Wiedervereinigung mit ihrem Heimatlande rufen würden. Der Vorschlag der polnischen Kommission, daß wir 2 100 000 Deutsche unter die Herrschaft eines Volkes stellen sollten, *das niemals in seiner Geschichte seine Fähigkeit für eine dauernde Selbstregierung bewiesen hat,* muß, nach meinem Urteil, früher oder später zu einem neuen Krieg im Osten Europas führen ..." Und der amerikanische Unterstaatssekretär im Außenministerium Sumner Welles bezeichnete gegenüber Benesch in einem Gespräch 1943 die Rolle Polens nach dem Ersten Weltkrieg als „Skandal"[2].

---

[1] Zit. nach Fuller, a. a. O., S. 15. – Sperrdruck vom Verfasser.

[2] Sumner Welles im Dezember 1943 zu Benesch: „... what had been made of Poland after the last war was a scandal; it was a nonsense that a nation of

Die beispiellosen Erfolge Hitlers im Jahre 1938, die Verwirklichung des Selbstbestimmungsrechtes des deutschen Volkes auf friedlichem Wege durch die Schaffung des Großdeutschen Reiches erweckten bei allen innen- und außenpolitischen Gegnern Neid, Haß und Panikstimmung. Dessen war sich Hitler sicher bewußt; daher bemühte er sich, die potentiellen Feinde zeitlich zu unterlaufen. Von den territorialen Problemen des deutschen Volkes, die die Friedensdiktate von Versailles und St. Germain geschaffen hatten, waren im Osten zwei noch ungelöst: Memelland, das Litauen sich 1923 widerrechtlich angeeignet hatte, und das größte und heikelste, die Grenze mit Polen, das Problem des „Korridors“ und der „Freien Stadt“ Danzig. Die Lösung dieser Fragen sollte 1939 erfolgen und damit die territoriale Revision der Pariser Vorortsverträge abgeschlossen werden. Der Ehrgeiz Hitlers zielte darauf hin, auch diese Probleme friedlich zu lösen und im September 1939 den Abschluß der Revisionspolitik auf dem „Parteitag des Friedens“ zu feiern. Reichsaußenminister Ribbentrop überreichte daher am 24. Oktober 1938, drei Wochen nach der Münchner Konferenz der vier Großmächte, dem polnischen Botschafter in Berlin, Lipski, anläßlich einer Besprechung in Berchtesgaden, folgende Vorschläge:

Die deutsche Stadt Danzig sollte unter Wahrung der polnischen Wirtschaftsinteressen ins Reich zurückkehren und Polen die Zustimmung zum Bau einer exterritorialen Auto- und Eisenbahn durch den Korridor nach Ostpreußen geben, um auf diese Weise eine Landverbindung zu der abgetrennten Provinz herzustellen. Dafür bot die deutsche Regierung die Garantie des Verbleibs der vom Reich 1919 weggenommenen und zu Polen geschlagenen Grenzgebiete und einen 25-jährigen

---

twenty million would play it big in between eighty million Germans and two hundred million Russians. What kind of a balance can it hold?“ Vojtech Mastny: The Beneš-Stalin-Molotov Conversations in December 1943: New Documents, in: Jahrbücher für Geschichte Osteuropas, Neue Folge, Bd. 20, Jg. 1972, Heft 3, Sept. 1972, S. 385.

Freundschaftspakt. Bemerkenswert war der Verzicht auf jegliche Gebietsansprüche gegenüber Polen, den keine vorausgehende Weimarer Regierung gewagt hätte. Es war die Absicht Hitlers, Polen als zuverlässigen Verbündeten gegen das bolschewistische Rußland zu gewinnen. Deshalb hatte er 1934 das Nichtangriffsabkommen geschlossen. Der Grundgedanke seiner Polenpolitik war schon vor der Machtübernahme, bei der Neuordnung Mitteleuropas das deutsch-polnische Bündnis zum Kernpunkt zu machen. In diesem Gedanken stimmte er mit Marschall Pilsudski überein, der leider 1935 schon verstorben war. Pilsudski scheint diesbezüglich bereits vor 1933 einen geheimen Fühler ausgestreckt zu haben[3]. Polen hatte wie Ungarn auch Nutzen aus der Auflösung der Tschecho-Slowakei gezogen; es hatte 1938 das Olsa-Gebiet annektiert. Ribbentrop wiederholte die genannten Vorschläge bei einem Gespräch mit Lipski am 19. November 1938 in Berlin. Am 5. Januar 1939 folgte der polnische Außenminister Beck einer Einladung des Reichskanzlers nach Berchtesgaden zu einem weiteren Gespräch. Vom 25. bis 28. Januar weilte dann Reichsaußenminister Ribbentrop auf polnische Einladung in Warschau, um die Besprechungen fortzusetzen. Am 21. März 1939 unterbreitete er dem polnischen Botschafter in Berlin erneut das Angebot eines Verzichts Deutschlands auf die dem Reich 1919 entrissenen Gebiete unter der Voraussetzung, daß Polen einer Rückkehr Danzigs ins Reich zustimme, um so das Selbstbestimmungsrecht der deutschen Bevölkerung Danzigs zu verwirklichen, und die Erlaubnis zum Bau einer exterritorialen Verkehrsverbindung zwischen dem Reichsgebiet und Ostpreußen gebe. Polen beantwortete dieses Angebot mit einer Teilmobilmachung am 23. März und lehnte es am 26. März ab. Es brach damit endgültig alle Verhandlungen mit dem Reich ab. Bei dem polnischen Verhalten scheinen falsche Berichte über angebliche deutsche Mobilmachungsmaßnahmen an der

---

[3] Hitler aus nächster Nähe. Aufzeichnungen eines Vertrauten 1929–1932, hsgb. von H. A. Turner, Jr., Frankfurt/Main 1978, S. 118ff.

polnischen Grenze eine nicht abschätzbare Rolle gespielt zu haben. Bereits am 18. März erfolgte eine Urlaubssperre für die polnische Armee. Am 22. März wurden Reservisten einberufen. Diese polnischen Schritte erfolgten aber noch ohne vorherige Fühlungnahme mit Paris und London. Sie waren aus dem größenwahnsinnigen Streben der Polen geboren, eine unabhängige Großmachtpolitik zu betreiben. Die allgemeine Unruhe äußerte sich auch in ungarischen und rumänischen Truppenbewegungen[4].

Litauen hatte am 22. März auf eine ultimative Forderung Berlins hin das 1923 geraubte Memelland dem Reich wieder zurückgeben müssen. Der brüske Ton des Ultimatums lieferte für die feindselige Stimmung im Ausland neuerlich bequeme Gründe zu den ausgefallensten Gerüchten[5]. Am 23. März erfolgte der Abschluß eines umfassenden deutsch-rumänischen Wirtschaftsvertrages. Die in Verbindung mit diesen Wirtschaftsverhandlungen von dem rumänischen Gesandten Tilea verbreitete Lüge einer Bedrohung Rumäniens hatte schwerwiegende Rückwirkungen auf die Entschlüsse der britischen Regierung, ähnlich wie im Mai 1938 die falsche Behauptung von deutschen Truppenbewegungen Richtung tschechische Grenze. Die Londoner Regierung war in ihren Entschließungen nicht mehr frei, sondern handelte unter dem Druck der deutschfeindlichen Presse, des amerikanischen Präsidenten Roosevelt[6] und der durch die „Ente“ Tileas ausgelösten Panikstimmung. Sie versuchte zunächst einen Viererpakt mit Frankreich, Polen und Rußland zustandezubringen. Dieser Versuch scheiterte an der hartnäckigen Weigerung Warschaus, Rußland ein Durchmarschrecht zu gewähren. Der polnische Außenminister er-

---

4 Williams, a. a. O., S. 85, 89.

5 Ebda, S. 88.

6 Chamberlain „had to do so because he was on the defensive both in England and vis-à-vis the White House. Due to pressure from the British prowar elements and Roosevelt, he was forced to take a firm stand against Hitler.“ Fish, a. a. O., S. 75.

reichte aber ohne Schwierigkeit sein Ziel einer Unterstützung seiner antideutschen Politik durch die britische Garantie-Erklärung vom 31. März 1939. Damit verpflichtete sich die britische Regierung ohne Gegenleistung des Vertragspartners, Polen unverzüglich Hilfe zu leisten, wenn es sich bedroht fühle. Diese Verpflichtung ging London wider besseres Wissen ein, denn es war militärisch nicht in der Lage, im Ernstfall Polen zu helfen, wie sich dann auch herausstellte. Die Garantie-Erklärung für Polen war der schwerste Fehler der britischen Diplomatie in der neueren Geschichte Englands, denn sie legte die Entscheidung darüber, ob England und das Britische Weltreich in einen Krieg einzutreten habe, in die Hände eines ostmitteleuropäischen Staates[7]. Frankreich, völlig im Schlepptau der britischen Politik, schloß sich dem britischen Garantie-Versprechen an[8]. Damit wurde der amtliche Startschuß zum Zweiten Weltkrieg gegeben. Die Verantwortung für diesen schicksalsschweren und selbstmörderischen Schritt der britischen Regierung lag bei Außenminister Halifax und dem Foreign Office[9]. Chamberlain

---

[7] They had virtually placed the issue of peace or war in Poland's hands; they were going to fight over the preservation of the status quo in Danzig; eventually there would be war and not peace. Williams, a. a. O., S. 186. „Die uneingeschränkte Garantie-Erklärung legte Großbritanniens Schicksal in die Hände der Beherrscher Polens, Männer von zweifelhaftem und unsicherem Urteilsvermögen." Liddell Hart, Geschichte des Zweiten Weltkrieges, I, S. 25.

[8] Über die Abhängigkeit der französischen Regierung von London, ihre Passivität s. b. Ber. d. polnischen Botschafters in Paris v. 17. 12. 1938: „Wenn es um mitteleuropäische Probleme geht, so verrät die französische Politik gegenüber den expansiven Bestrebungen Deutschlands nicht nur völlig Passivität und Defaitismus, sondern ist ebenso unfähig, zu ihnen eine andere Haltung einzunehmen, als die, welche sie in den letzten zwanzig Jahren charakterisiert hat." Weißbuch Nr. 3.

[9] „This foolish, futile and provocative guarantee was an ill-considered gesture from the British people's indignant reaction to this fresh proof of Hitlers aggressiveness ..." The memoirs of Captain Liddell Hart, 2Bde, London 1965, Bd. II, S. 214f. Lloyd George bezeichnete die Garantie als „selbstmörderischen Fehler". Liddell Hart, Gesch. d. 2. Weltkrieges, I, S. 25. – „The British Guarantee to Poland led directly to the outbreak of war in Europe." Taylor, The Second World War, London 1975, S. 33.

hatte die außenpolitische Initiative nach dem Scheitern des Viermächteplanes dem Außenminister überlassen, der nun im Sinne der Kriegspartei gehandelt hatte. Zu ihr gehörte neben Churchill, Eden, Vansittart, Duff Cooper, Beaverbrook auch der Führer der Arbeiterpartei Clement Attlee. Halifax vertrat Ende März vor dem Foreign Police Committee den Standpunkt, er stehe vor dem „Dilemma, entweder nichts zu tun, oder in einen verheerenden Krieg zu gehen". Unternähme England nichts, so bedeute das für Deutschland einen großen Machtzuwachs und einen ebenso großen Verlust für England an Sympathie und Unterstützung von den USA, den Balkanländern und anderen Teilen der Welt. Deshalb hatte sich Halifax für den Krieg entschieden[10]. Die größte Sorge der britischen Regierung seit Oktober 1938 war eine Einigung zwischen Deutschland und Polen[11]. Um den deutsch-polnischen Ausgleich zu verhindern, gab sie Polen die Garantie vom 31. März 1939, den Blanko-Scheck, der alle deutschen Bemühungen um einen friedlich-freundschaftlichen Ausgleich zunichte machte. Deshalb wurde auch die Warnung des südafrikanischen Premierminister Hertzog vom 23. März bewußt in den Wind geschlagen, der in der britischen Politik einer antideutschen Ko-

---

[10] Newman, a. a. O., S. 152f.

[11] Noch am 30. März 1939 teilte der britische Botschafter in Warschau seiner Regierung mit, daß keinerlei ultimative Forderungen deutscherseits an Polen vorlägen und daß es auch keine Anzeichen einer bedrohlichen Aktion in unmittelbarer Zukunft gäbe. BDFP, III. Ser., Bd. IV, Nr. 573. Ferner: Newman, a. a. O., S. 163ff., 167, 172, 195f.: Trotz der Gerüchte gab es keine größere deutsche Bedrohung gegenüber Polen. „Instead the Germans appeared to be pressuring the Poles into agreeing to some sort of solution to the Danzig Problem. This was precisely what the Foreign Office, Halifax, Chamberlain, and the Cabinet now wanted to prevent, because they feared that such an agreement might be reached on the basis of Polish neutrality in return for German acceptance of ‚less than 99% of her demands!, as Roger Makins put out it. This is, why the British, to ensure a German-Polish deadlock, were prepared to issue the Poles with a ‚lank-cheque; why Chamberlain had rejected Lord Maugham's plea not to encourage Poland to go to war with Germany over Danzig; ..."

alitionsbildung den sicheren Weg in den Krieg sah[12]. Der italienische Regierungschef Mussolini hatte daher mit Recht am 27. Mai 1939 dem britischen Botschafter in Rom vorgeworfen, London habe das Übereinkommen zwischen Deutschland und Polen bewußt hintertrieben. Von diesem Vorwurf war Sir Loraine so betroffen, daß er nur mit Mühe seine Selbstbeherrschung wahren konnte. Der Duce wies bei diesem Gespräch auch darauf hin, daß London ganz Europa in den Krieg stürze, weil es mit seinen Garantien an alle möglichen kleinen Staaten die Lage in Europa sehr verschärft habe[13].

Gleichzeitig mit den polnischen Verhandlungen liefen auch die britischen Bemühungen um ein Dreier-Abkommen mit Frankreich und Rußland. Die Briten eröffneten damit den Wettlauf um Stalins Gunst, nachdem Frankreich durch sein Bündnis vom Mai 1935 Sowjetrußland bereits in das innereuropäische Kräftespiel eingeschaltet hatte. In diesem Wettlauf um Rußland als Bündnispartner drückt sich am klarsten die Tragödie Deutschlands und Europas aus, denn in Moskau saß die Spinne im Netz. Das Deutsche Reich war nach Lenins Lehre das wichtigste Ziel der kommunistischen Weltrevolution. Die bolschewistische Führung im Kreml hielt die Eroberung Deutschlands für so wichtig, daß sie in den frühen zwanziger Jahren, besonders unter dem Einfluß Trotzkis, den Versuch einer deutschen Oktoberrevolution 1923 organisierte und im Falle ihres Gelingens den Sitz der kommunistischen Weltzentrale von Moskau nach Berlin verlegen wollte[14]. Der Oktoberaufstand 1923 scheiterte, aber das Ziel Moskaus blieb unver-

---

[12] Newman, a. a. O., S. 215.

[13] Graf Ciano, Diaries, Eintr. v. 27. und 28. Mai 1939.

[14] Georg Franz-Willing: Krisenjahr der Hitlerbewegung, Preußisch-Oldendorf 1975, S. 282ff., 289ff. – In einem Brief Stalins an Thalheimer, veröffentlicht in „Die Rote Fahne" Nr. 218 v. 10. 10. 1923, heißt es: „Der Sieg der Revolution in Deutschland wird für das europäische und amerikanische Proletariat größere Bedeutung haben als der Sieg der russischen Revolution vor sechs Jahren. Der Sieg des deutschen Proletariats wird ohne Zweifel das Zentrum der Weltrevolution von Moskau nach Berlin verlagern."

rückt. Der Kreml unterstützte die radikalen Strömungen in Deutschland auf der linken wie auf der rechten Seite, gab Geld für die Reichstagswahlen von 1930 und ermöglichte bewußt den Sieg der Nationalsozialisten und ihre Machtübernahme 1933 durch die Weisung an die KPD, als Feind Nr. 1 die SPD zu bekämpfen, nicht die NSDAP[15]. Die Parole des Kreml im Jahre 1932/33 lautete: „Erst Hitler, dann wir[16]!" Ein Krieg zwischen den kapitalistischen Staaten galt der bolschewistischen Regierung als wichtigste Voraussetzung für die Weltrevolution. Der Pakt mit Hitler vom 23. August 1939 war daher für Stalin das Mittel, den Krieg herbeizuführen, sich die Hälfte Polens zu sichern und nach der gegenseitigen Schwächung der kriegführenden Mächte die Entscheidung zu seinen Gunsten zu fällen. Das Abkommen vom 23. August 1939, das von beiden Seiten mit dem inneren Vorbehalt geschlossen wurde, es bei der nächsten passenden Gelegenheit zu brechen, war eine entscheidende Voraussetzung für den Ausbruch des Krieges am 1. September 1939. Hitler stand unter Stalins Druck[17]; er „konnte sich nun nicht mehr aus der polnischen Angelegenheit zurückziehen, ohne in Moskau das Gesicht zu verlieren[18]". Der Wettlauf um die Gunst Stalins und seine Partnerschaft wurde von den Westmächten ab 1933 eingeleitet. In diesem Jahr nahmen

---

[15] General Schleicher ließ Gelder, die er aus Sowjetrußland erhielt, der NSDAP ab 1930 zufließen. S. Lutz Graf Schwerin-Krosigk: Es geschah in Deutschland, Tübingen 1951, S. 116. Walter Schellenberg, Memoiren, Köln 1956, S. 45. Demnach erhielt die NSDAP während der Kanzlerschaft Schleichers laut einer Aussage von Staatssekretär W. Keppler, 42 Millionen Mark. – Nach einer Aussage von Arnold Rechberg erhielt die NSDAP für den Reichswahlkampf 1930 schon einige Millionen Mark.

[16] S. dazu: Friedrich Stampfer: Erfahrungen und Erkenntnisse, Köln 1957, S. 264.

[17] Generaloberst Günther Rüdel am 18. 10. 1948 an Harry Wilde über den Kriegsbeginn 1939. Rüdel hörte diese Aussage von Stalins ultimativem Druck mehrmals im Hauptquartier Görings. BA-MA, N 457/v. 16.

[18] Liddell Hart, Geschichte des Zweiten Weltkrieges, I, S. 27; Gustav Hilger: Wir und der Kreml, Berlin 1955, S. 274f.

die Vereinigten Staaten die diplomatischen Beziehungen zu Moskau auf. Im folgenden Jahr, 1934, trat Sowjetrußland in den Völkerbund ein. Ein weiteres Jahr später, 1935, schlossen Frankreich und die Tschecho-Slowakei ein Bündnis mit Moskau. Diese beiden Bündnisverträge haben die deutsche Außenpolitik entscheidend bestimmt. Hitlers Ziel war die Isolierung Rußlands, daher das zähe und eifrige Bemühen um einen Pakt mit Polen. Die Ereignisse des Jahres 1938, insbesondere die Sudetenkrise, bei der Rußland als Verbündeter der Tschecho-Slowakei und Frankreichs eine hintergründige Rolle spielte, zwangen Stalin und Hitler zu einer Änderung ihrer Politik, ersteren, weil er sich von den Westmächten betrogen fühlte, letzteren, weil er der Gefahr der Einkreisung durch ein Bündnis zwischen den Westmächten und Rußland ins Auge sehen mußte. Die Vereinbarung zwischen dem deutschen Botschafter in Moskau und dem russischen Außenminister Litwinow zur Einstellung gegenseitiger Angriffe durch die Massenmedien im Oktober, die Verlängerung des deutsch-russischen Handelsabkommens im Dezember 1938 und Hitlers freundliches Gespräch mit dem sowjetrussischen Botschafter beim Neujahrsempfang im Januar 1939 waren Vorzeichen eines sich anbahnenden Wandels der Außenpolitik[19], der dann erst im Frühsommer unter dem Druck der britischen Bemühungen um eine antideutsche Allianz mit Rußland einsetzte.

Im März 1939 begannen die Briten ihr intensives Umwerben Moskaus zur Einkreisung Deutschlands, was von Stalin zunächst mit tiefem Mißtrauen zur Kenntnis genommen wurde. Als London und Paris ihre Bemühungen verstärkten, sah sich Hitler seinerseits gezwungen, den Russen freundlich entgegenzukommen. Die Wendung im Kreml nach der Verärgerung durch die Westmächte im September 1938 während der tschecho-slowakischen Krise erfolgte nach außen sichtbar mit der

---

[19] Fritz Wiedemann: Der Mann, der Feldherr werden wollte, Kettwig 1964, S. 231.

Rede Stalins am 10. März auf dem achtzehnten Parteitag der KPDSU und mit der Ablösung Litwinows als Außenminister im Mai 1939 durch Molotow[20]. Litwinow verabschiedete sich in Genf von Nahum Goldmann mit folgenden Worten[21]:

„Wenn Sie eines Tages in den Zeitungen lesen, daß ich von meinem Posten als Außenminister zurückgetreten bin, werden Sie wissen, daß Stalin beschlossen hat, mit Hitler einen Pakt zu schließen. Ich stehe übrigens einem solchen Bündnis positiv gegenüber, da die Demokratien die UdSSR verraten haben und wir den Nazis allein nicht standhalten können; solange wir nicht wieder aufgerüstet haben, sind wir zu schwach. Aber nicht ich werde den Pakt unterzeichnen, denn Hitler wird dafür nie einen Juden akzeptieren. Wenn Sie also von meiner Demission erfahren, werden Sie daraus entnehmen, daß der deutsch-sowjetische Pakt zustandegekommen ist. Das bedeutet, daß es dann einige Wochen später Krieg geben wird, weil Hitler sich im Osten sicher fühlt." Als Peter Kleist auf die überraschende Nachricht von Litwinows Ablösung durch Molotow am 3. Mai tags darauf in Warschau einen Rabbiner nach den Gründen dieses Wechsels fragte, antwortete dieser: „Gehen Sie auf die Börse. Meine Leute beginnen schon ihre polnischen Werte zu veräußern[22]."

---

[20] Als Hilger im Mai 1939 Hitler und Ribbentrop auf diese Rede Stalins aufmerksam machte, war er überrascht, daß beide sie nicht kannten, „obwohl die Moskauer Botschaft ausführlich darüber berichtet hatte" Hilger, a. a. O., S. 280. – Wurde dieser Bericht der Botschaft vom Auswärtigen Amt absichtlich dem Außenminister und dem Staatschef vorenthalten? Der Gedanke liegt nahe, daß die Widerständler im AA mit Absicht diesen Bericht verschwiegen!

[21] Goldmann, Das jüdische Paradox, S. 47. – Nach Litwinows Rücktritt telegraphierte Goldmann an Stephen Wise in New York, daß es in einigen Monaten Krieg geben werde. Ebda, S. 47. Demnach fand das Gespräch zwischen Goldmann und Litwinow im April 1939, nicht, wie irrtümlich angegeben, im Herbst 1938 statt.

[22] Peter Kleist: Zwischen Hitler und Stalin 1939–1945, Bonn 1950, S. 37.

Molotow unternahm den nächsten Schritt zur Verbesserung der Beziehungen, indem er die Schaffung einer „politischen Grundlage“ für neue Verhandlungen über einen Handelsvertrag verlangte. Nach wie vor hielt man sich aber in Berlin mißtrauisch zurück, angesichts der Verhandlungen Moskaus mit den Westmächten. Doch fehlte es nicht an Gesten, die den Kreml auf eine deutsche Bereitschaft schließen ließen. So war es wahrscheinlich kein Zufall, daß Hitler zwischen dem 10. und 15. März 1939 Ungarn die Annexion der Karpatho-Ukraine erlaubt hatte. Damit war ein erhebliches Ärgernis für Moskau beseitigt, das eine Gefährdung der Ukraine durch deutsche Absichten von der Karpatho-Ukraine aus befürchtet hatte[23].

Aber erst Ende Juli 1939 ging die Berliner Regierung aus ihrer Zurückhaltung heraus und trieb nun mit aller Energie die Verhandlungen voran. Grund dafür war die russisch-französische-britische Übereinkunft vom 24. Juli, die zur Entsendung von britisch-französischen Militärdelegationen nach Moskau führte[24]. Frankreich hatte der russischen Forderung nach den baltischen Staaten als Voraussetzung für die Militärverhandlungen nachgegeben[25], außerdem auch ohne Wissen und gegen den Willen der polnischen und rumänischen Regierung den Russen das Durchmarschrecht durch polnisches und rumänisches Gebiet zugebilligt[26]. Amtlich scheiterten die Militärverhandlungen der Westmächte mit Rußland an der polnischen und rumänischen Weigerung, das Durchmarschrecht zu gewähren[27]. Die Russen verhandelten gleichzeitig in ihrer Hauptstadt mit den Vertretern der Westmächte und denen Berlins. Sie entschieden sich für den Nichtangriffspakt mit Deutschland

---

[23] Beyer, a. a. O., S. 161 f.

[24] Hilger, a. a. O., S. 282 ff.; Kleist, a. a. O., S. 45 ff.; Churchill, a. a. O., I, S. 281 ff.

[25] Allard, a. a. O., S. 145. – Der gegen Hitler gerichtete Vorwurf der Preisgabe der kleinen Staaten und Ostpolens an Rußland fällt auf Frankreich zurück, das zuerst diesen Schritt getan hatte.

[26] Bonnet, a. a. O., S. 255.

[27] DBFP, III. Ser., Bd. VII, Appendix II, S. 558 ff.

vornehmlich wegen der Vorteile, die das geheime Zusatzprotokoll ihnen versprach. Stalin hielt am 19. August 1939, wenige Tage vor dem Besuch Ribbentrops zur Unterzeichnung des Abkommens vom 23. August 1939, in einer Geheimsitzung des Politbüros eine Ansprache über die Beweggründe seiner Politik; dabei führte er u. a. aus[28]:

„Wenn die Sowjets einen Allianzvertrag mit Frankreich und Großbritannien abschließen, so wird Deutschland sich gezwungen sehen, vor Polen den Rückzug anzutreten und mit den Westmächten einen modus vivendi zu suchen. Auf diese Weise könnte der Krieg vermieden werden und die spätere Entwicklung der Sachlage würde einen gefährlichen Charakter für uns haben. Wenn wir andererseits den Vorschlag Deutschlands annehmen, so wird es sicher zum Kriege mit Polen kommen, und die Intervention Englands und Frankreichs wird unvermeidlich sein. Wir werden dann große Chancen haben, vom Konflikt fern zu bleiben, und wir können mit Vorteil unseren Zeitpunkt erwarten. Das ist es, was unser Interesse verlangt. Die Diktatur der Kommunistischen Partei ist nur möglich durch die Mittel eines großen Krieges." Stalin zog folgende Schlußfolgerungen:

„Erstens: Es ist in unserem Interesse, daß der Krieg zwischen Deutschland und dem englisch-französischen Block ausbricht.

Zweitens: Es ist wesentlich für uns, daß der Krieg solange wie möglich dauert.

Drittens: Wir müssen die kommunistische Arbeit in den kriegführenden Ländern intensivieren, um gut vorbereitet zu sein, sobald der Krieg zu Ende geht."

Stalin brachte daher ein geheimes britisches Verständigungsangebot, das Chamberlain Hitler Anfang August unterbreiten

---

[28] Gert Buchheit: Das Stalin-Hitler Abkommen 1939, in „Die Nachhut", Nr. 21/22 v. 8. 1. 1973. Buchheit bringt hier den Bericht eines V-Mannes vom 22. Juni 1941 aus den Akten des deutschen Nachrichtendienstes. Stalins Rede vom 19. August 1939 wurde erstmals veröffentlicht im „Journal de Genève" am 12. Juli 1941, nach dem Beginn des deutschen Angriffs auf Rußland. S. Dok. Anhang Nr. 6.

ließ, durch sein Entgegenkommen gegenüber den deutschen Wünschen zum Scheitern[29].

Polen, das im Ersten Weltkrieg durch deutsche Waffen und deutsches Blut von der russischen Herrschaft befreit worden war, wurde 1919 von den Siegermächten als Nationalitätenstaat mit starken deutschen, jüdischen, ukrainischen und weißrussischen Minderheiten errichtet[30]. Molotow bezeichnete am 30. 10. 1939 Polen als „Mißgeburt des Versailler Vertrags, die ihre Existenz der Unterdrückung anderer Nationalitäten verdankt". Es gab sich mit dem Erreichten nicht zufrieden. Neben größenwahnsinnigen Träumen, die Ukraine und Litauen zu annektieren und ein großpolnisches Reich von der Ostsee bis zum Schwarzen Meer zu errichten, spielte für die polnische Politik die Vergrößerung nach Westen auf Kosten Deutschlands eine ausschlaggebende Rolle. Der Westmarkenverband war neben anderen nationalistischen Vereinigungen der Hauptträger dieser gegen Deutschland gerichteten Expansionspolitik mit dem Ziele, Polens Westgrenze an die Oder-Neiße-Linie vorzuschieben. Schon während des Ersten Weltkrieges wurden Karten mit der Oder-Neiße-Linie verteilt; gefördert wurden diese polnischen Bestrebungen vor allem von Frankreich. Der sogenannte „polnische Korridor" und die Lostrennung der deutschen Stadt Danzig und Ostpreußens vom Reich, vor allem auf Betreiben Frankreichs verwirklicht, bildeten den Ausgangspunkt weiterer polnischer Ansprüche auf deutsches Gebiet. Bei der deutsch-polnischen Grenzziehung durch die alliierte Kommission im Jahre 1919 waren sich die verantwortlichen Män-

---

[29] Hesse, a. a. O., S. 152ff., 165ff. Nach Irving, a. a. O., S. 295, galt „Chamberlains Integrität über jeden Verdacht erhaben". So ließ Chamberlain nach Hitlers Einmarsch in Prag ihm durch einen Mittelsmann mitteilen, „er habe Verständnis für das deutsche Vorgehen, obgleich er das in der Öffentlichkeit nicht ausdrücken könne, da er den maßlosen Angriffen der Clique um Churchill ausgesetzt sei". Ebda, S. 352.

[30] Am ausführlichsten über Polen: David Hoggan, Der erzwungene Krieg, 10. A., Tübingen 1976, passim.

ner darüber im klaren, daß über kurz oder lang an dieser Grenze, die eine ganze Provinz vom Reich trennte, ein neuer Krieg entstehen würde. So äußerte sich nicht nur Marschall Foch; auch der französische Historiker Jacques Bainville vertrat diese Ansicht[31]. 1921 wurde der Einfall polnischer Freischärlerbanden unter Korfanty in das deutsche Oberschlesien von deutschen Freikorps zurückgeschlagen. Der Überfall der polnischen Freischärlerbanden war erfolgt, weil die Abstimmung in Oberschlesien am 20. März 1921 zugunsten Deutschlands ausgegangen war. Trotz des eindeutigen prodeutschen Abstimmungsergebnisses und der Niederlage der polnischen Freischärler erfolgte durch den Machtwillen der Sieger die Grenzziehung zum Nachteil Deutschlands, das durch den Verlust dieses wichtigen Industriegebiets wirtschaftlich schwer geschädigt wurde. Über diese polnische Gewaltpolitik, unterstützt von Frankreich und England, äußerte sich der damalige Kardinalstaatssekretär Gasparri zu dem bayerischen Vatikangesandten Ritter am 13. Mai 1921 wie folgt: Polen sei nur lebensfähig, wenn es sich entweder auf den östlichen, oder auf den westlichen Nachbarn stützen könne. Eine Hilfe von Osten könne Polen nicht erwarten, und daher scheine es umso törichter, daß Polen die Brücken nach Westen mutwillig abbreche und Deutschland an seiner empfindlichsten Stelle verletze. Polen werde dafür einmal schwer büßen müssen, wenn Deutschland sich wieder erholt habe. „Mit einer so kurzsichtigen Politik", schloß der Kardinal seine Ausführungen, „unterschreibt Polen sein Todesurteil"[32].

In der Zeit nach 1919 schwebte über der ohnmächtigen Weimarer Republik ständig das Damoklesschwert eines polnischen Angriffs. Von den 1200000 Deutschen, die 1920 in den ehemaligen Reichsgebieten Westpreußen und Posen lebten, waren zehn Jahre später nur noch 350000 vorhanden; die übrigen waren enteignet und vertrieben worden. Polen setzte seine Un-

---

[31] Otto Abetz, Das offene Problem, Köln 1951, S. 99.

[32] Nachlaß Freiherr von Ritter.

terdrückungs-, Enteignungs- und Vertreibungsmaßnahmen gegen die deutsche Minderheit auch nach Abschluß des deutsch-polnischen Abkommens von 1934 fort. 1933 schlug die polnische Regierung der französischen einen Angriff auf Deutschland vor. Trotz der von Hitler und von Marschall Pilsudski angestrebten Entspannung mit dem Abkommen von 1934 blieb die deutschfeindliche Haltung der polnischen Chauvinisten weiterhin wirksam; der frühe Tod Pilsudskis (1935) trug dazu bei. Das Nahziel der polnischen Eroberungspolitik war Danzig. Der polnische Außenminister Beck antwortete im April 1938 dem päpstlichen Nuntius Cortesi auf dessen Frage, was Polen tun würde, wenn überraschend der Anschluß Danzigs an das Reich erfolgte: „Das ist der Krieg[33]!" Während sich Polen an der Auflösung und Aufteilung der Tschecho-Slowakei stark interessiert zeigte und auch territorialen Gewinn daraus zog (Olsa-Gebiet), verharrte es hinsichtlich der Regelung der Danziger und der Korridorfrage in unnachgiebiger Haltung, darin bestärkt von England und den USA. Am 2. Dezember 1938 erklärte der amerikanische Botschafter Tony Biddle in Warschau dem Völkerbundskommissar Burckhardt „mit merkwürdiger Genugtuung, die Polen seien bereit, wegen Danzig Krieg zu führen. Der motorisierten Kraft der deutschen Armee würden sie mit Wendigkeit begegnen. Im April, so sagte Biddle, wird die neue Krise ausbrechen, niemals seit der Torpedierung der „Lusitania" bestand in Amerika ein solch religiöser Haß wie heute! Chamberlain und Daladier werden durch die öffentliche Meinung weggeblasen werden. Es handelt sich um einen heiligen Krieg!" Zu diesen Äußerungen nahm Burckhardt selbst in seinem Schreiben an den Generalsekretär des Völkerbundes mit folgenden Worten Stellung: „Schöne Perspektiven, Calvin gegen die Nachfahren Luthers, und Lenin als Calvins Verbündeter[34]."

Mit der Teilmobilmachung vom 23. März und der endgülti-

---

[33] Alberto Giovanetti: Der Vatikan und der Krieg, Köln 1961, S. 82f.

[34] Carl J. Burckhardt: Meine Danziger Mission, München 1960, S. 225.

gen Ablehnung des deutschen Angebots am 26. März 1939 hatte Polen alle Brücken zu einer friedlichen und dauerhaften Verständigung mit Deutschland hinter sich abgebrochen. Der Völkerbundskommissar für Danzig, Burckhardt, kam zu dem Schluß, der 6. April 1939, an dem Polen das britische Garantie-Angebot annahm, war der Entscheidungstag. „April 1939 sind für Polen die Würfel endgültig gefallen", schreibt er[35]. Warschau war zum Krieg von diesem Zeitpunkt an entschlossen, in der Überzeugung, daß es mit Hilfe der Westmächte Deutschland binnen kurzem besiegen und seine Annexionspläne bis zur Oder-Neiße-Linie verwirklichen könne. Die polnische Presse- und Rundfunkhetze gegen die Deutschen steigerte sich ins Maßlose und damit auch der Terror. „Ich habe die traurige Pflicht, Sie davon in Kenntnis zu setzen," hatte Botschafter Lipski am 26. März dem Reichsaußenminister erklärt, „daß eine weitere Verfolgung der deutschen Pläne, vor allem soweit sie die Rückkehr Danzigs zum Reich betreffen, den Krieg bedeuten würde[36]." Nach dieser polnischen Kriegsdrohung und der Annahme des britisch-französischen Garantie-Versprechens sah sich Hitler zu Gegenmaßnahmen gezwungen. Der Verlauf der Ereignisse im März wie der deutsch-polnischen Beziehungen seit Oktober 1938 zeigen eindeutig, daß nicht Deutschland, sondern Polen mit britisch-französischer und amerikanischer Unterstützung zum Krieg trieb. Die Behauptung, die deutsche Besetzung von Böhmen und Mähren sei für die polnische Regierung der Grund gewesen, sich keinem drohenden deutschen „Diktat" zu beugen, ist durch die Tatsache widerlegt, daß die polnische Regierung ein unverhülltes Interesse an der völligen Auflösung der Tschecho-Slowakei mehrfach bekundete. Sie ermunterte die Slowaken, ihre Unabhän-

[35] Ebda, S. 165. – An diesem Tag (6. 4. 39) verübte Oberst Slawek, ein treuer Mitarbeiter Pilsudskis und langjähriger Ministerpräsident Polens, Selbstmord, weil er den unvermeidlichen Untergang Polens nicht miterleben wollte.

[36] ADAP, Serie D, Bd. 6. Dok. 101.

gigkeit von Prag zu verwirklichen und strebte eine gemeinsame Grenze mit Ungarn an. Das wurde Wirklichkeit durch die ungarische Einverleibung der Karpatho-Ukraine nach dem 15. März 1939. Der polnische Größenwahn, zwischen Deutschland und Rußland Großmacht spielen zu wollen, wurde von den Westmächten und den USA so gestärkt, daß die Warschauer Regierung alle Maßstäbe für die politische Wirklichkeit verlor.

Der Garantieerklärung Englands und Frankreichs folgte am 6. April noch ein britisch-polnisches Beistandsversprechen. Als Italien am gleichen Tag Albanien besetzte, folgten britische Garantie-Erklärungen am 13. April für Griechenland und Rumänien. Die Türkei erhielt eine britisch-französische Garantie-Erklärung am 12. Mai 1939, der am 19. Oktober noch ein Bündnisvertrag folgte. Am 26. Mai 1939 führte England die allgemeine Wehrpflicht wieder ein. Die fieberhaften Verhandlungen der Westmächte mit Moskau liefen indes weiter und führten zu einer Übereinkunft, die am 24. Juli paraphiert wurde, aber nicht in Kraft trat. Der Grundsatz des gegenseitigen Beistands der drei Mächte gegen Angriffe sollte auf folgende Staaten ausgedehnt werden: Estland, Lettland, Litauen, Finnland, Polen, Rumänien, Türkei, Griechenland. Am 11. August 1939 trafen die britisch-französischen Militärmissionen in Moskau ein. Die Verhandlungen scheiterten vor allem an der hartnäckigen Weigerung Polens, russischen Truppen ein Durchmarschrecht zu gewähren.

Was stand dieser hektischen antideutschen Aktivität, deren Mittel- und Ausgangspunkt England war, deutscherseits entgegen?

Das Reich hatte nach Beendigung des spanischen Bürgerkrieges einen Freundschaftsvertrag mit Franco-Spanien am 31. März 1939 geschlossen. Die Beziehungen zu Italien, mit dem die Zusammenarbeit im Jahre 1935 begonnen hatte, wurden durch einen Freundschaftspakt am 22. Mai 1939 konsolidiert. Bezeichnend für diesen „Stahlpakt“ war es, daß kein gemeinsamer Kriegsplan ausgearbeitet wurde und die wenigen

Winston S. Churchill

Winston S. Churchill mit seinem Freunde Bernard Baruch. Rechts: Der spätere U.S.-Präsident Dwight Eisenhower

Unterstaatssekretär Sir Robert Vansittart

Die Münchener Konferenz am 29. September 1938. V.l.n.r.: Chamberlain, Daladier, Hitler, Mussolini und der italienische Außenminister Ciano

Der russische Außenminister Molotow im Gespräch mit Hitler (1940). In der Mitte Botschaftsrat Hilger

US-Präsident F. D. Roosevelt

Besprechungen der beiderseitigen General- und Admiralstäbe über allgemeine Erörterungen nicht hinauskamen.

Die Slowakei mußte nach der Auflösung der Tschecho-Slowakei und ihrer Unabhängigkeitserklärung an Ungarn die restliche Karpatho-Ukraine am 4. April abtreten (1697 qkm mit knapp 70000 E.).

Hitler kündigte in seiner Reichstagsrede vom 28. April das deutsch-britische Flotten-Abkommen und den deutsch-polnischen Nichtangriffspakt. Am 31. Mai, dem Tag der Rückkehr der „Legion Condor" aus Spanien, schloß Berlin ein Nichtangriffsabkommen mit Dänemark, dem am 7. Juni weitere mit Lettland und Estland folgten. Vom 1. bis 5. Juni weilte Prinzregent Paul von Jugoslawien zu einem Staatsbesuch in Deutschland, um die gegenseitigen Beziehungen zu vertiefen.

Am 3. April 1939, nach dem endgültigen Abbruch der Verhandlungen durch Polen am 26. März, der polnischen Teilmobilmachung am 23. März und der britischen Garantie-Erklärung vom 31. März erteilte Hitler die Weisung für den „Fall Weiß[37]." Dort heißt es einleitend: „Die gegenwärtige Haltung Polens erfordert es, über die bearbeitete Grenzsicherung Ost hinaus die militärischen Vorbereitungen zu treffen, um nötigenfalls jede Bedrohung von dieser Seite für alle Zukunft auszuschließen". Die Bearbeitung durch den Generalstab hatte so zu erfolgen, daß die Durchführung ab 1. September gesichert war. Bis zu diesem Zeitpunkt (April 1939) hat das Oberkommando des Heeres „niemals einen Angriffs-Aufmarschplan gegen Polen in seinem Schreibtisch gehabt. Alle militärischen Vorbereitungen im Osten hatten bis dahin" von 1919 – April 1939!– „rein defensiven Charakter getragen[38]." Dagegen hatten die Polen nicht nur einen Feldzugsplan gegen Deutschland ausgearbeitet, sondern sowohl 1933 wie 1936 Frankreich zum

---

[37] Walter Hubatsch: Hitlers Weisungen für die Kriegsführung, Frankfurt 1962, S. 17–19.

[38] Erich Manstein, Verlorene Siege, Bonn 1955, S. 17.

Präventivkrieg gegen Deutschland gedrängt und waren zum Einmarsch bereit[39]. Infolge der polnischen Teilmobilmachung vom 23. März standen laut einer Mitteilung des britischen Botschafters in Warschau nach London 750000 Mann in Polen unter Waffen. Nach Ansicht vieler Diplomaten wolle Polen einen „Krieg provozieren. Ich meinerseits glaube nicht, daß die polnische Regierung um jeden Preis nach einem Krieg mit Deutschland sucht. Es ist jedoch sicher, daß diese Mobilmachung zu einer schweren Krise führen wird[40]".

Hitler reagierte auf diese Herausforderung ruhig, um Polen nicht in die Arme der Briten zu treiben und die Verhandlungstüre weiterhin offen zu lassen[40a]. Er erklärte dem Oberbefehlshaber des Heeres, Generaloberst Brauchitsch, es fänden zur Zeit wichtige Verhandlungen mit Polen statt. Da er nicht in einen Konflikt mit Polen geraten wolle, habe er davon Abstand genommen, die ukrainische Unabhängigkeitsbewegung zu unterstützen. Er wolle dadurch eine Verstimmung Warschaus vermeiden. Er fordere auch nicht Westpreußen oder Ostoberschlesien zurück und hoffe nach wie vor auf eine Vereinbarung mit Polen. Die polnische Mobilmachung vom 23. März sei zwar eine Herausforderung, er beantworte sie aber nicht mit militärischen Gegenmaßnahmen, sondern lasse lediglich die Grenzsicherung im Osten verstärken[41].

„Im April 1939 erklärte Hitler den Oberbefehlshabern der drei Wehrmachtteile", heißt es in dem von Brauchitsch und Halder verfaßten Abschnitt der Denkschrift über die Wehrmacht, „daß er beabsichtige, die Danzig- und Korridorfrage zu

---

39 Berber, Europäische Politik im Spiegel der Prager Akten, S. 24, Nr. 10 Ber. d. Ges. in Warschau v. 10. 5. 33; S. 29, Nr. 18 Ber. d. Ges. in Warschau v. 15. 1. 34; ferner: Ber. d. tschechischen Geschäftsträgers in Warschau v. 4. 8. 37. Ber., a. a. O., S. 77 Nr. 81.

40 DBFP, IV, Nr. 573.

40a Irving, a. a. O., S. 354ff.

41 Jacques Benoist-Méchin: Wollte Adolf Hitler den Krieg 1939?, Preußisch Oldendorf 1971, S. 194; Newman, a. a. O., S. 162ff.

lösen. Zur Unterstützung des politischen Druckes, den er hierzu ausüben wollte, ordnete er die Vorbereitung militärischer Maßnahmen an. Im Mai forderte Hitler Vortrag über die beabsichtigten Maßnahmen. Bei dieser Gelegenheit sagte er: ‚Ich müßte ein Idiot sein, wenn ich wegen der lausigen Korridorfrage in einen Weltkrieg hineinschliddern würde wie die unfähigen Männer des Jahres 1914.' Es herrschte daher der Eindruck vor, daß er einen Angriffskrieg ernsthaft nicht in Erwägung zog[42]." Der ungarische Gesandte in Warschau äußerte am 14. Juli 1939 gegenüber Graf Szembek die Ansicht, Hitler wolle keinen Krieg und sei überzeugt, die Frage Danzig friedlich lösen zu können[43]. Die Hoffnung Hitlers auf ein gütliches Einlenken Warschaus war reines Wunschdenken; die polnische Regierung hatte die Weichen endgültig auf Krieg gestellt. Die fortlaufend sich steigernde antideutsche Hetze in den polnischen Massenmedien und die zunehmenden Schikanen gegen die deutsche Minderheit in Polen wie auch gegen Danzig waren eindeutige Zeichen dafür, daß die Polen bewußt auf einen Krieg lossteuerten, in der Überzeugung, mit der Rückendeckung durch die Westmächte und durch die USA einen leichten Sieg über Deutschland erringen zu können.

Die Reichsregierung ihrerseits klammerte sich an jeden möglichen Verhandlungsfaden, um auf friedliche Weise zu einer Lösung des deutsch-polnischen Problems zu gelangen. Daher griff sie das Vermittlungsangebot des schwedischen Industriellen Birger Dahlerus, eines Bekannten Görings, bereitwillig auf. Dahlerus regte inoffizielle Besprechungen zwischen Deutschen und Briten an[44]. Auf diesen Vorschlag ging Göring mit Einwilli-

---

[42] Westphal, a. a. O., S. 52. – Über die Ansprache Hitlers vom 23. Mai 1939 und ihre Umfälschung zu einem „Schlüsseldokument" s. Walendy, a. a. O., S. 448 ff. Liddel Hart, Geschichte des Zweiten Weltkrieges, I, S. 23: „Gegen Polen vorzugehen, hatte er (Hitler) anfangs nicht vor."

[43] Szembek, a. a. O., Eintr. v. 14. 7. 39, S. 478 f.

[44] Das Folgende nach Birger Dahlerus: Der letzte Versuch. London-Berlin, Sommer 1939, deutsche Ausgabe, München 1948 (schwedische Ausgabe

gung Hitlers ein, obwohl ein geheimer Verhandlungsfühler Görings im Frühsommer 1939 durch eine britische Indiskretion bereits gescheitert war[44a]. So kam es unter strengster Geheimhaltung zu einem Treffen auf dem Sönke-Nissen-Koog am 7. August 1939. Von britischer Seite nahmen sieben Geschäftsleute mit Wissen der britischen Regierung teil. Auf deutscher Seite führte Göring selbst die Gespräche. Dahlerus hatte die schwedische Regierung unterrichtet; sie hielt sich aber amtlich völlig zurück. Das Ergebnis der günstig verlaufenen Gespräche war die gemeinsame Empfehlung der Konferenzteilnehmer an die beiden Regierungen in London und Berlin, eine geheime Viermächtekonferenz, möglichst auf schwedischem Boden, abzuhalten. „Nun kam es zu einem mir unerklärlichen und, wie sich zeigen sollte, verhängnisvollen Zwischenstadium," schreibt Dahlerus in seinem Bericht, „nämlich zu einem völligen Stocken der Verhandlungen. Das einzige, was ich – von Spencer, der nach Aix-les-Bains gereist war – erfuhr, war, daß mit einer englischen Antwort nicht vor Ablauf einiger Zeit gerechnet werden könne. Im Augenblick sei nämlich ein großer Teil der maßgebenden Personen, wie gewöhnlich um diese Zeit, auf Urlaub gefahren. Ich wurde immer unruhiger, konnte aber natürlich nichts tun." Den Vorschlag Spencers, Dahlerus solle am 20. August nach Paris kommen, lehnte dieser ab, weil die Entscheidung in London fallen mußte. Er erklärte sich aber bereit, sofort nach London zu fliegen. Dahlerus, dessen Bericht über seine Vermittlungsbemühungen alles andere als im deutschfreundlichen Sinne geschrieben ist, bekundet aber trotzdem, daß von englischer Seite der Faden nicht weiter gesponnen wurde. Das hieß, daß man in London kein Interesse hatte. Bei diesen Gesprächen ist auch zu beachten, daß das Reich durch den zweiten Mann im Staate, Göring, vertreten war, während britischerseits keine Amtsperson teilgenommen hatte,

---

erschien 1945). Das Buch ist, dem „Zeitgeist" entsprechend, im antideutschen Sinn geschrieben, gerade deshalb aber von besonderem Wert.

[44a] Hesse, a. a. O., S. 142ff.

sondern nur Geschäftsleute. Trotz dieser für Dahlerus unbegreiflichen, dem Kenner der britischen Politik aber logischen Haltung der britischen Regierung, bemühte sich die Reichsregierung um Fortsetzung des Gesprächs. Göring bat Dahlerus am 23. August, nach Berlin zu kommen. Die Lage hatte sich grundlegend geändert: am 23. August erfolgte der Abschluß des deutsch-russischen Nichtangriffsabkommens, am 25. August des britisch-polnischen Paktes. Am gleichen Tage ließ die italienische Regierung Berlin wissen, daß sie nicht in der Lage sei, im Falle eines ausbrechenden Krieges ihre Bündnisverpflichtungen zu erfüllen. Darauf widerrief Hitler den Angriffsbefehl für den 26. August. Er bemühte sich, den von den Polen abgerissenen Verhandlungsfaden wieder anzuknüpfen. Sein letztes Verhandlungsangebot beantworteten schließlich die Polen mit der Generalmobilmachung am 29./30. August; am 31. August mittags erwiderte die deutsche Regierung darauf mit dem endgültigen Befehl zum Einmarsch in Polen am 1. September[45].

Kehren wir zurück zu den geheimen Verhandlungen durch die schwedische Vermittlung zwischen Berlin und London.

Göring führte mit Zustimmung Hitlers, der sich persönlich einschaltete, das Gespräch weiter. So fand am 27. August eine Unterredung zwischen Hitler und Dahlerus statt. Die Verhand-

---

[45] Dazu heißt es in der von Westphal angeführten Denkschrift, a. a. O., S. 53: „Am 22. August wurden die höheren Befehlshaber der drei Wehrmachtteile nach Berchtesgaden berufen. Bei dieser Gelegenheit führte Hitler aus, daß es gelungen wäre, Polen zu isolieren. England und Frankreich könnten und würden Polen nicht ernsthaft unterstützen. Die Drohung einer Blockade wäre unwirksam auf Grund des Abkommens mit Rußland. Im übrigen gingen die Verhandlungen mit Polen weiter. Eine endgültige Entscheidung wurde nicht getroffen. Es erscheint auch fraglich, ob sie bei Hitler schon feststand. Der Befehl zum Antreten, der dann am 25. August erging, wurde am selben Tag wieder aufgehoben. Auch hierbei unterrichtete Hitler den Oberbefehlshaber des Heeres erneut darüber, daß Verhandlungen mit Polen noch im Gange wären. Der endgültige Befehl zum Einmarsch in Polen traf am 31. August mittags ein. Polen hatte am 30. August mobil gemacht.“ – Über das verfälschte „Schlüsseldokument“ betr. Hitlers Ansprache am 22. August s. b. Walendy, a. a. O., S. 453 ff.

lungen, die Dahlerus nun weiterführte, schienen günstig zu verlaufen. Auch der britische Botschafter in Berlin, Sir Nevile Henderson, wurde eingeschaltet. Als aber die Reichsregierung die Entsendung eines polnischen Unterhändlers nach Berlin verlangte, wies die britische Botschaft diese Forderung empört zurück. Schließlich erfolgte am 29. August Hitlers letztes großzügiges Verhandlungsangebot an Polen, die 16 Punkte, durch britische Vermittlung[46]. Dahlerus gab selbst die sechzehn Punkte im Einverständnis mit Göring an die britische Botschaft durch[47]. Die Behauptung, der Reichsaußenminister habe sie angeblich zu schnell dem britischen Botschafter vorgelesen, stimmt nicht[48]. „Auf Veranlassung von Henderson besuchte ich in Begleitung des britischen Botschaftsrates Forbes den polnischen Botschafter Lipski, der seine Abreise vorbereitete", berichtet Dahlerus wörtlich. „Lipski war im Gesicht weiß wie Leinen und wirkte außerordentlich nervös und niedergeschlagen. Forbes erzählte, wer ich sei und die Ereignisse der Nacht. Er bat mich hierauf, die deutsche Note an Polen vorzulesen, was ich tat. Aber Lipski erklärte bald, daß er den Inhalt nicht verstehen könne. Forbes notierte hierauf eigenhändig die Hauptpunkte und übergab die Aufzeichnungen Lipski, der das Papier mit zitternden Händen nahm und eine Weile betrachtete, dann aber erklärte, daß er nicht deuten könne, was dort stehe. Ich erbot mich hierauf, die Note sofort seiner Sekretärin zu diktieren. Sie wurde hereingerufen und bekam ihre Anweisungen; ich ging mit ihr in ein angrenzendes Zimmer, und sie schrieb mein Diktat direkt in die Maschine. Mit der Niederschrift kehrte ich zurück und übergab sie Lipski, worauf Forbes und ich nach dem Wechsel einiger höflicher Redensarten Abschied nahmen." Auf dem Rückweg zur britischen Bot-

---

[46] S. a. Sven Hedin, Amerika im Kampf der Kontinente, S. 60ff. Anhang Dok. Nr. 7.

[47] Dahlerus, a. a. O., S. 107ff.

[48] Taylor, Die Ursprünge, S. 350: „In Wirklichkeit erfaßte Henderson den Kern der Sache genau und war beeindruckt."

schaft erzählte Forbes etwas, „was mich erschreckte", wie Dahlerus berichtet[49]. „Während ich der Sekretärin diktierte, hatte Lipski Forbes mitgeteilt, daß er in Deutschland nach seiner fünfeinhalbjährigen Tätigkeit gute und intime Verbindung mit Göring und anderen aus den maßgebenden Kreisen habe: er erklärte, davon überzeugt zu sein, daß im Falle eines Krieges Unruhen ausbrechen und die polnischen Truppen erfolgreich gegen Berlin marschieren würden." Dahlerus begab sich am 31. August mittags anschließend zu Göring und berichtete ihm über seinen Besuch bei Lipski auf Veranlassung des britischen Botschafters Henderson. Doch hütete er sich wohlweislich, auf nähere Einzelheiten des Besuchs einzugehen.

Göring erhielt in Gegenwart von Dahlerus einen Umschlag des Auswärtigen Amtes durch Eilkurier. Er las den Bericht und geriet in große Erregung. Der Feldmarschall erklärte Dahlerus, „nun habe er den wirklichen Beweis in der Hand, den Beweis, daß die Polen jede Verhandlungsmöglichkeit sabotierten". Göring unterrichtete dann den Schweden über den Inhalt des Berichts. Es war dem Forschungsamt Görings gelungen, ein verschlüsseltes Telegramm der polnischen Regierung an ihren Berliner Botschafter Lipski abzufangen. Der Feldmarschall schrieb den Inhalt des Telegramms für Dahlerus ab und übergab ihm den Text mit der Bitte, ihn dem britischen Botschafter zu übermitteln. Das Telegramm an Lipski hatte folgenden Wortlaut[50]:

„Ersuchen Sie um eine Unterredung und erklären sie folgendes: Diese Nacht erhielt die polnische Regierung von der englischen Regierung eine Mitteilung über einen Meinungsaustausch zwischen der Reichsregierung und der englischen Regierung hinsichtlich der Möglichkeit einer direkten Vereinbarung zwischen der Reichsregierung und der polnischen Regierung. Die polnische Regierung wird den Vorschlag der englischen Regierung erwägen und in einigen Stunden der englischen (nicht der deutschen) eine formelle Antwort geben.

---

[49] Dahlerus, a. a. O., S. 110f.

[50] Ebda, S. 111ff.

Als besondere und geheime Mitteilung an den Botschafter war dem folgendes hinzugefügt:

Lassen Sie sich unter keinen Umständen in sachliche Diskussionen ein; wenn die Reichsregierung mündliche oder schriftliche Vorschläge macht, müssen Sie erklären, daß Sie keinerlei Vollmacht haben, solche Vorschläge entgegenzunehmen oder zu diskutieren, und daß Sie ausschließlich obige Mitteilung Ihrer Regierung zu übermitteln und erst weitere Instruktionen einzuholen haben."

Im polnischen Weißbuch ist das Telegramm wie folgt zitiert:

„Im Hinblick auf Ihre Berichte bitte ich Sie, Herr Botschafter, um eine Vorsprache bei dem Reichsaußenminister oder dem Staatssekretär nachzusuchen und einem von ihnen folgendes mitzuteilen:

Diese Nacht wurde die polnische Regierung von der britischen von deren Erörterungen mit der deutschen Regierung über die Möglichkeit direkter Verhandlungen zwischen der deutschen und der polnischen Regierung unterrichtet. Die polnische Regierung erwägt im günstigen Sinne den Vorschlag der britischen Regierung, der in den nächsten Stunden eine formelle Antwort zu dieser Frage geben wird." Vergleicht man die beiden Fassungen, so ergeben sich wesentliche Abweichungen, wie Dahlerus feststellt. In der polnischen Fassung stehen die Worte „im günstigen Sinn", aber es fehlt der zweite Teil mit der Geheimanweisung an den Botschafter. Dahlerus bemerkte hierzu, daß entweder die polnische Regierung im Weißbuch den zweiten Teil absichtlich ausgelassen hatte, oder daß er von deutscher Seite hinzugefügt wurde. Der Schwede selbst vertritt aufgrund des britischen Blaubuchs die Ansicht, daß die erstere Auffassung, die polnische Regierung habe bei der Redaktion des Textes für das Weißbuch die belastende Stelle absichtlich weggelassen, die richtige sei.

Unterzieht man den Bericht des Schweden Dahlerus, der entsprechend dem „Zeitgeist" ab 1945 durchaus gegen Hitler geschrieben ist, einer kritischen Betrachtung, so ergibt sich folgendes:

Die britische Regierung hatte den bei der Besprechung auf den Sönke Nissen Koog ausgearbeiteten und von Göring, dem zweiten Mann im Staate, mit Billigung Hitlers angenommenen Vorschlag einer Viermächte-Konferenz einfach übergangen, ein eindeutiges Zeichen, daß sie daran nicht interessiert war. Das Verhalten des polnischen Botschafters in Berlin, Lipski, anläßlich des Besuches des Schweden in Begleitung des britischen Botschaftsrates Forbes war nach der klaren Schilderung des schwedischen Mittlers Ausdruck des verkörperten schlechten Gewissens eines Mannes, der wußte, daß seine Regierung nicht verhandeln wollte. Lipski ließ in seinem Gespräch mit dem britischen Botschaftsrat Forbes, als Dahlerus im Nebenzimmer diktierte, die Katze vollends aus dem Sack mit seiner Äußerung: „Polen hat gar kein Interesse an Verhandlungen mit Deutschland. Ich kenne die Verhältnisse in Deutschland seit fünf Jahren. Wenn es zu einem Krieg kommt, wird eine Revolution ausbrechen, und die polnischen Armeen werden geradewegs nach Berlin marschieren[51]."

Der schwedische Mittler verlieh seiner Empörung über die aus Lipskis zynischer Äußerung sprechende intransigente Haltung der polnischen Regierung in einem Telefongespräch mit Sir Horace Wilson – Außenminister Halifax war nicht erreichbar – von der britischen Botschaft aus mit erregten Worten Ausdruck. Dieser wies ihn kaltschnäuzig ab und hängte ein. Halifax wies Sir Henderson an, die amtliche Leitung der Botschaft außenstehenden Personen wegen der Abhörgefahr durch deutsche Stellen nicht zur Verfügung zu stellen, nachdem Wilson ihn und Chamberlain über den Anruf des schwedischen Mittlers unterrichtet hatte[52].

Warschau war zum Krieg entschlossen; am 29. August beschloß die polnische Regierung die Generalmobilmachung, gab sie am 30. August bekannt und lehnte den letzten deutschen

---

[51] Wörtliche Übersetzung aus dem schwedischen Original von Dahlerus' Buch: „Sista Forsöget", Stockholm 1945, S. 175.

[52] DBFP, VII, Doc. 589. Taylor, a. a. O., S. 351.

Verhandlungsvorschlag ab. Die allgemeine Mobilmachung aber kommt der Kriegserklärung gleich, wie schon 1892 der französische General Boisdeffre dem russischen Zaren Alexander III gegenüber festgestellt hatte. Der britischen Regierung war die polnische Generalmobilmachung deshalb sehr peinlich und sie suchte[53], um den Schwarzen Peter des ersten Schusses zum Kriegsbeginn der deutschen Regierung in die Schuhe zu schieben, sie zu verheimlichen. Sie behauptete ferner, um die Reichsregierung zu belasten, die deutsche Note mit dem Sechzehn Punkte-Vorschlag sei absichtlich so spät übermittelt worden, um Polen die Möglichkeit zu nehmen, darauf einzugehen. „Diese Behauptung ist unwahr", schreibt der schwedische Gelehrte Sven Hedin und weist der britischen Regierung ihr Falschspiel anhand von zwei britischen Zeitungsberichten wie folgt nach: Die dem Foreign Office nahestehende Londoner Zeitung „Daily Telegraph" brachte in der Abendausgabe vom 31. August 1939 einen Bericht über die Beratungen des britischen Kabinetts. In dieser Kabinettssitzung kam die Übermittlung des deutschen Vermittlungsvorschlags für eine friedliche Beilegung des deutsch-polnischen Konflikts an Botschafter Henderson durch den Reichsaußenminister zur Sprache. Henderson „habe sie sofort nach London weitergemeldet, da sich die britische Regierung in ihrer Note vom 28. August 1939 gegenüber der deutschen Regierung bereit erklärt hatte, die Vermittlung zu übernehmen. Das Londoner Kabinett habe das deutsche Memorandum nach Warschau weitergeleitet, und die polnische Regierung habe nach seinem Empfang die Generalmobilmachung angeordnet." Sven Hedin berichtet weiter:

---

[53] Der britische Botschafter in Warschau, Kennard, berichtete über die ihm und dem französischen Vertreter gleichzeitig gemachte Mitteilung der polnischen Generalmobilmachung am 29. 8. 1939: „We both protested at once against untimeliness of taking this extreme measure at the moment when H.M.G. were still negotiating with the Reich." Sie bekundeten jedoch volles Verständnis von seiten der Westmächte und empfahlen: Keine Publizität! DBFP, III. Ser., Bd. VII, Nr. 473 v. 29. 8. 39.

„In London hat der Bericht des „Daily Telegraph" große Bestürzung hervorgerufen, denn man war dort – mit Roosevelts Zustimmung – entschlossen, die Schuld am Ausbruch des Krieges nach dem Vorbild von 1914 Deutschland zuzuschieben. Im britischen Blaubuch über den Kriegsausbruch und in den Erinnerungen Sir Nevile Hendersons ‚The Failure of a Mission' ist dieser Entschluß ausgeführt worden[54]. Die unbeabsichtigte Wahrheitsliebe des „Daily Telegraph" wurde dadurch zu vertuschen gesucht," fährt Hedin weiter, „daß die genannte Abendausgabe beschlagnahmt und die Redaktion veranlaßt wurde, eine zweite Spätausgabe herauszubringen, in deren Bericht über die Kabinettsberatung der für die britische Regierung so peinliche Satz über die polnische Generalmobilmachung nach Erhalt des deutschen Vorschlags entfernt war. Das Foreign Office hat aber nicht verhindern können, daß die erste Ausgabe des „Daily Telegraph" mit der Mitteilung bereits in die Hände einiger Menschen gekommen war, die sich für die wahren Umstände interessierten[55]." Die britische Regierung hatte zielbewußt eine deutsch-polnische Verständigung hintertrieben und damit eine friedliche Lösung des deutsch-polnischen Problems verhindert. Das letzte territoriale Problem des Versailler Diktats, von britischer Seite selbst mehrfach seit 1919 als das törichtste und verhängnisvollste der „Friedensbedingungen" gebrandmarkt, wurde von der britischen Politik jetzt benützt, um einen neuen Weltkrieg auszulösen[56]. Für diesen Preis wurde die Krönung der friedlichen und erfolgreichen Revisionspolitik Hitlers durch einen freundschaftlichen Aus-

---

[54] Daß es sich bei den „Farbbüchern" um amtliche Propaganda der Außenministerien der verschiedenen am Krieg beteiligten Staaten handelt, geht beispielsweise aus dem Buch von Robert Vogel über die britischen „Blaubücher" eindeutig hervor: A Breviate of British Diplomatic Blue Books 1919–1939, Montreal 1965, Introduction.

[55] Hedin, Amerika im Kampf der Kontinente, S. 64f.

[56] „Thus Great Britain und France went into war for that part of the peace settlement that they regarded as least defensible." Taylor: The Second World War, S. 36.

gleich mit Polen unterbunden. Er wurde gezwungen, zum Schwert zu greifen, gegen seinen Willen. Auch der Abgeordnete des Repräsentantenhauses und Führer der amerikanischen Delegation auf dem Kongreß der Interparlamentarischen Union in Oslo vom 15.–19. August 1939, Hamilton Fish, bestätigt, daß England zum Krieg entschlossen war. Als er auf dem Kongreß zu Beginn den Vorschlag eines dreißigtägigen Moratoriums zur friedlichen Regelung der Danzig-Frage einreichte, fand er großen Beifall. Die Resolution wurde jedoch von der britischen und von der norwegischen Delegation abgelehnt, während der Führer der französischen Delegation sie befürwortet hatte. Nach Fishs Überzeugung hatte Roosevelt die Briten veranlaßt, seinen Vorschlag abzulehnen[51]. Auf der Reise nach Oslo hatte er sich in Salzburg mit Reichsaußenminister Ribbentrop getroffen. Dieser hatte ihm gesagt, er und der polnische Außenminister Beck hätten sich praktisch über eine Rückkehr Danzigs zum Reich und einen polnischen Korridor geeinigt. England habe aber durch seine Einkreisungspolitik die Polen veranlaßt, die Verhandlungen abzubrechen. Beck sei dem Druck des Präsidenten Roosevelt, der kriegslüsternen polnischen Generale und dem britischen Einfluß erlegen[58]. Auch die Ablehnung des von Propst Grüber unterbreiteten Vorschlags zur Lösung der Judenfrage durch den Londoner Rothschild Mitte August 1939 ist ein Beweis dafür, daß der Krieg für London eine beschlossene Sache war[59]. Der italienische Außenminister Graf Ciano hatte den britischen Außenminister Lord Halifax bereits am 31. August fernmündlich von Mussolinis Absicht, eine Konferenz für den 5. September zur Revision des Versailler Diktats vorzuschlagen, unterrichtet[60]. Als der italienische Regierungschef am 2. September den Vorschlag einer Viermächtekonfe-

---

[57] Fish, a. a. O., S. 91ff., 95, 103.

[58] Ebda, S. 79ff., 103.

[59] Propst Heinrich Grüber: Erinnerungen aus sieben Jahrzehnten, Köln 1968 S. 118ff.

[60] DBFP, III. Ser., vol. VII, Nr. 590 Minute by Viscount Halifax of 31. 8. 39.

renz unterbreitete, nahmen Deutschland und Frankreich ihn an, England aber lehnte ab[61]. Auch der Schwede Dahlerus machte nach Beginn des deutsch-polnischen Krieges noch einen letzten Vermittlungsversuch[62]: er schlug Göring vor, selbst nach London zu fliegen und dort mit der britischen Regierung zu verhandeln. Göring war dazu bereit und erhielt auch die Genehmigung Hitlers. London aber verlangte, ehe es auf diesen Vorschlag einging, die deutsche Antwort auf das britische Ultimatum, das bis 11 Uhr vormittags des dritten September befristet war. Nachdem aber der britische Premierminister kurz nach elf Uhr den Kriegszustand mit Deutschland im Rundfunk verkündet hatte, weil die deutsche Antwort noch nicht eingetroffen war, scheiterte auch dieses letzte Bemühen des Schweden um Erhaltung des Frieden trotz der deutschen Bereitwilligkeit. Hitler ließ außerdem am 2. September auf geheimem Wege der britischen Regierung mitteilen, er sei bereit, aus Polen wieder herauszugehen und Schadenersatz zu leisten, wenn London die Vermittlung mit Polen übernehme und die Rückkehr Danzigs zum Reich sowie den Bau der extraterritorialen Verbindung nach Ostpreußen durch den Korridor erwirke. Auch dieses letzte Vermittlungsangebot wurde von britischer Seite ausgeschlagen. Sir Horace Wilson erwiderte dem deutschen Unterhändler Hesse u. a.: „England kann die Hegemonie einer anderen Macht auf dem Kontinent nicht zulassen, ohne zugrundezugehen oder die Grundlagen zu beseitigen, auf denen sein Weltreich und sein Weltprestige beruhen. Wir haben 22 Jahre gegen Napoleon gekämpft, wir werden 100 Jahre gegen Hitler und Deutschland kämpfen, wenn es erforderlich sein sollte. Hitler hat diesen Kampf herausgefordert, gut, er soll ihn haben“[62a].

---

61 Dokumente zur Vorgeschichte des Krieges, Berlin 1939, Nr. 476, S. 453; Nr. 474, S. 452; Nr. 475, S. 453, Nr. 479, S. 455f.

62 Dahlerus, a. a. O., S. 136f.

62a Hesse, a. a. O., S. 181ff., 187.

Obwohl deutscherseits gegenüber Polen keine territorialen Forderungen erhoben worden waren, stürzte sich Polen, getrieben von London, Washington und Paris in den Krieg und wurde von den Westmächten bedenkenlos geopfert[63]. Worum es England in Wirklichkeit ging, darüber gab Lord Dawson of Penn am 25. Juli 1939 dem Schweden Sven Hedin in einem Gespräch unter vier Augen folgenden Aufschluß[64]: „In dem Augenblick, da Deutschland Danzig besetzt – sei es auf friedliche Weise, oder durch Waffengewalt – erklären wir absolut und sofort Deutschland den Krieg!“ Auf Sven Hedins Frage: „Einen Weltkrieg wegen Danzig? Danzig ist eine deutsche Stadt, und die Ungerechtigkeiten des Vertrages von Versailles befinden sich unter Revision.“ Darauf der Lord: „Es gilt weniger Danzig selbst, Danzig jedoch bedeutet den Korridor, und

---

63 „The British Chiefs of Staff reported that nothing could be done to aid Poland ... Hence the British and French Statesmen wilfully lured Poland into disaster.“ Taylor, The Second World War, S. 32f.; Churchill a. a. O., I, S. 346ff. Collier, a. a. O., S. 195; Newman, a. a. O., S. 155. So auch die amtliche sowjetrussische Darstellung des Zweiten Weltkrieges: Geschichte des Großen Vaterländischen Krieges der Sowjetunion, Bd. 1, Berlin 1962, S. 247, 278: „Am 3. September traf eine polnische Militärmission in London ein. Sie sollte erreichen, daß die englische Regierung ihre Bündnisverpflichtungen gegenüber Polen erfüllte. Sechs Tage lang versuchte sie vergeblich, vom Chef des britischen Generalstabes, General Ironside, empfangen zu werden. Erst am 9. September geruhte er schließlich, die polnische Militärdelegation anzuhören. Das Gespräch mit ihm dauerte insgesamt nur einige Minuten ... Danach empfahl der General den Polen, Waffen bei den baltischen Staaten und in Schweden einzukaufen und brach das Gespräch eilig ab ... Am 15. September empfing Ironside erneut die polnische Militärmission. Diesmal teilte er ihr die endgültige Antwort der englischen Regierung mit. Er erklärte, England könne außer 10000 Hotchkiss-Gewehren (alte englische Gewehre aus der Zeit des Ersten Weltkrieges) und fünfzehn bis zwanzig Millionen Patronen gegenwärtig kein anderes Kriegsmaterial an Polen abgeben, weder Panzer noch Flieger- oder Panzerabwehrgeschütze, weder Jagdflugzeuge noch Bekleidung. Die ersten Transporte könnten erst in fünf bis sechs Monaten, keinesfalls früher, erwartet werden.“

64 Sven Hedin: Ohne Auftrag in Berlin, Tübingen 1950, S. 40f.; Churchill a. a. O., I, S. 298ff.

nach dem Verlust von Danzig mit dem Korridor verliert Polen den Zugang zum Meer, verdorrt und erstickt. Das wünschte Deutschland, um später Polen wie die Tschechoslowakei behandeln zu können. Dann ist es nur ein Schritt nach Rumänien und seinen Ölfeldern, dem Schwarzen Meer, den Dardanellen, dem Mittelmeer und dem Suezkanal, mit anderen Worten zu dem Weg, durch den der wichtigste Lebensnerv unseres Imperiums geht. Wenn also Danzig fällt, gilt es das Leben des britischen Imperiums. Wir wissen, daß ein neuer Weltkrieg wegen Danzig überfällig ist, und wir nehmen ihn!" Auf Hedins Frage: „Sind Sie bereit, eine solche Verantwortung zu übernehmen?", erwiderte der Lord: „Wir wissen, daß nichts von der Zivilisation übrigbleiben wird, aber wir zögern nicht einen Augenblick." Hedin fragte: „Ist das die allgemeine Meinung in England?" Darauf der Brite: „Alle Engländer denken wie ich. In England herrscht eine unerhörte Aufregung wegen der Bedrohung Danzigs und Polens, und wir sind bereit, jedes Risiko zu tragen!" Hedin entgegnete: „Es sieht also schwarz aus für die nächste Zukunft." Darauf Lord Dawson: „Ja, umsomehr, als unsere Stellung in Ostasien auch bedroht ist. Wenn Japan Hongkong besetzt, schreiten wir in Ostasien sofort zum Krieg. Wir wissen, daß auch dieses ein ungeheures Risiko ist, aber wir nehmen es auf uns!"

Über die Stimmung in London in den letzten August- und ersten Septembertagen schreibt Benoist-Méchin[65]: „Seit einigen Tagen ertranken die Downing Street und die polnische Botschaft unter einer Flut von Briefen, Bittschriften und anonymen Schreiben, in denen immer wieder stand:

‚Sie werden doch nicht etwa genau in dem Augenblick, da wir kurz vor dem Ziele stehen, nachgeben wollen?'

Diese Briefe wurden bekräftigt von gebieterischen Anrufen seitens einflußreicher Parlamentarier wie Winston Churchill, Brendon Brakken, Duncan Sandys, Hugh Dalton, Lloyd George, Harcourt Johnston und anderen. Sie hatten Wind von

---

[65] Wollte Adolf Hitler den Krieg?, S. 516.

dem italienischen Vorschlag bekommen und ermahnten die polnische Regierung und das britische Kabinett, ‚auszuhalten, sich jeder Verhandlung zu verschließen und nicht in die Falle der Diktatoren zu gehen.' Zugleich versicherten sie, das beste Mittel, den Frieden zu retten, sei, Hitler vor die Notwendigkeit eines Krieges zu stellen, ‚denn wenn man ihn vor diese Notwendigkeit stellt, führt man damit seinen Sturz herbei'."

Die britische Appeasement-Politik unter Chamberlain von dessen Regierungsantritt bis März 1939 war ein unzulänglicher Versuch, den Niedergang des Britischen Weltreichs zu bremsen, den Machtverfall zu verlangsamen und durch teilweise Zugeständnisse die wesentlichen Stellungen des Weltreichs, soweit möglich, zu behaupten[66]. Zeitgewinn für die Aufrüstung war die maßgebliche Triebfeder. Prestigegründe, Handelsinteressen und der unbedingte Wille, das Kräftegleichgewicht auf dem Festland, koste es, was es wolle, aufrechtzuerhalten, führten zum Ende der Appeasement-Politik im März 1939. Der Zerfall der Tschecho-Slowakei, die Angst um Rumänien und der ultimative Druck der amerikanischen Regierung zwangen London, die Appeasement-Politik aufzugeben und der Neuordnung Mitteleuropas durch den Krieg Einhalt zu gebieten[67]. Die Kriegserklärung der Westmächte an Deutschland erfolgte, obwohl „nicht die leiseste Hoffnung" bestand, „daß Frankreich und Großbritannien Polen oder Rumänien vor den Folgen eines deutschen Angriffs bewahren könnten". Nach Feststellung britischer Historiker handelte es sich bei der Behauptung, das nationalsozialistische Deutschland strebte nach der Weltherrschaft, um reine Unterstellung. Es sind keine derartige oder

---

[66] Kriegsbeginn 1939. Entfesselung oder Ausbruch des Zweiten Weltkrieges. Hsgb. von Gottfried Niedhart, Darmstadt 1976. Gottfried Niedhart: Appeasement: Die britische Antwort auf die Krise des Weltreichs und des internationalen Systems vor dem Zweiten Weltkrieg, in: HZ, 226, 1978, S. 67–88. Churchill a. a. O., I, S. 317ff.

[67] „The irony of this fateful repercussion lay in the fact – confirmed by examination of the German archives after the war – that Hitler had no intention of attacking Poland that year ..." Liddell Hart, The memoirs, S. 214f.

ähnliche deutsche Maßnahmen und Vorbereitungen nachweisbar[68].

Es ging auch nicht mehr um Danzig und um den Korridor, sondern um eine weltgeschichtliche Entscheidung, die Lloyd George wie folgt formulierte[69]: „Auf dieser Welt ist kein Platz für das Britische Weltreich und ein Großdeutsches Reich." Deutschland mußte aufgrund seiner gefährdeten Mittellage wie besonders auch Preußen von jeher die Verteidigung angriffsweise führen. Es galt für das rings von Feindstaaten umgebene Land, das Gesetz des Handelns an sich zu reißen und den Feinden zu diktieren. So hatte auch Friedrich der Große aus seinen Kriegserfahrungen den Schluß gezogen: „Angreifer ist der, der den anderen zum Angriff zwingt." Hitler konnte vor allem wegen der unerträglich gewordenen Lage der Volksdeutschen in Polen nicht mehr zurückweichen[70]. Nachdem die Polen sein letztes Verhandlungsangebot mit der Generalmobilmachung beantwortet hatten, mußte er handeln, denn die Generalmobilmachung entsprach einer Kriegserklärung. Außerdem stand er unter dem Zwang des Russenpaktes.

Die Polen ließen es bewußt auf eine militärische Auseinandersetzung ankommen, ermutigt von den Briten und den Franzosen durch die Garantieerklärung vom 31. März und den Pakt mit England vom 25. August, in der festen Überzeugung, daß bei Kriegsausbruch es zu einem Aufstand gegen Hitler kommen werde. Die Hoffnung auf eine sofortige militärische Hilfe der Westmächte, besonders durch wirkungsvolle Luftangriffe und durch eine alliierte Offensive gegen das Reich, machte sie glauben, sie könnten in vierzehn Tagen in Berlin sein. Beide Voraussetzungen, unter denen sie den Krieg wagten, erfüllten sich jedoch nicht: es gab weder einen Aufstand gegen Hitler, noch

---

[68] Collier, a. a. O., S. 195, 231 f.; Taylor, The Second World War, S. 32.

[69] Benoist-Méchin, a. a. O., S. 516, Anm. 32.

[70] S. u. a.: Rudolf Trenkel: Polens Schuld am 2ten Weltkrieg 1920–1939, Hamburg 1977; ders.: Der Bromberger Blutsonntag im September 1939, Hamburg 1976.

halfen ihnen die Westmächte, trotz formaler Kriegserklärung. Mit zynischer Gelassenheit schauten die Regierungen in London und Paris zu, wie Polen ins Unglück stürzte. Wäre es England wirklich um die Rettung Polens zu tun gewesen, so hätte es am 17. September auch Rußland den Krieg erklären müssen, als die russischen Truppen in Polen einmarschierten und ganz Ostpolen besetzten. Nichts dergleichen geschah. England ging es nicht um die Freiheit Polens oder der anderen mit papierenen Garantieerklärungen gefütterten Staaten Europas, sondern um die Vernichtung des Deutschen Reiches. Winston Churchill sprach dieses Ziel auch offen in einer Rundfunkrede im November 1939 aus: „Dieser Krieg ist ein englischer Krieg und sein Ziel ist die Vernichtung Deutschlands[71].“ Wieder, wie 1914, wurde ein lokaler, im deutsch-slawischen Spannungsfeld ausgebrochener Konflikt durch die Einmischung des Britischen Weltreiches in einen Weltkrieg ausgeweitet, der sich zunächst mit Schwerpunkt in Europa abspielte, bis Amerika eingriff. Der französische Ministerpräsident Daladier faßte den Krieg auch nicht als einen Kampf „gegen Hitler, den Hitlerismus und den Nazismus“ auf, sondern als einen Krieg „gegen den ewigen Germanismus, der noch einmal versucht, Europa anzugreifen und zu germanisieren[72]“. „Niemand, nicht einmal Deutschland,“ so urteilt der berühmte amerikanische Ozeanflieger und Führer der isolationistischen Richtung in den USA, Oberst Lindbergh, „war für die Bedingungen, die den Krieg verursachten, mehr verantwortlich als England und Frankreich[73].“ Der polnische Marschall Rydz Smigly, neben dem Außenminister Beck der Hauptverantwortliche für Polens Krieg gegen Deutschland, erkannte laut seiner Aussage gegenüber einem

---

[71] Zit. nach Sven Hedin: Amerika im Kampf der Kontinente, S. 175.

[72] Ber. d. italienischen Botschafters Guariglia aus Paris über sein erstes Gespräch mit Daladier, vom 19. Sept. 1939. DDI, Nona serie, vol. I, S. 135, Nr. 215.

[73] Charles Lindbergh: Kriegstagebuch 1938–1945, Wien 1970, S. 223 Eintr. v. 25. 4. 41.

geistlichen Würdenträger in Rumänien schon am zweiten Tag (2. 9. 39), daß der Krieg für Polen verloren sei und wollte deshalb Verhandlungen mit Deutschland einleiten. Die britische Regierung habe jedoch erklärt, das dürfe auf keinen Fall geschehen; sie sei entschlossen, Polen mit allen Kräften zu Hilfe zu kommen[74]! Ähnlich äußerte sich der ehemalige polnische Staatspräsident Moszicki.

Kräfteverhältnis bei Kriegsausbruch 1939

Polen:	389684 qkm	34786000 E.
Frankreich:	550986 qkm	42000000 E.
Kolonien:	10868390 qkm	60650000 E.
Zusammen:	11419376 qkm	82650000 E.
Britisches Weltreich:	39555330 qkm	498516000 E.
Großdeutsches Reich:	576568 qkm	79517408 E.
Protektorat Böhmen und Mähren:	49000 qkm	7380000 E.
		86897408 E.

Das Menschen-Potential der drei Verbündeten Polen, Frankreich und England belief sich insgesamt auf rund 620000000. Ihm standen auf deutscher Seite mit den Tschechen im Protektorat knapp 87000000 gegenüber.

Neutral blieben den Krieg hindurch nur Irland, Portugal, Schweden, Schweiz und Spanien.

Die Vorbereitungen für den „Reichsparteitag des Friedens“ wurden Anfang August 1939 eingestellt. Am 5. August erhielt der Chef des Transportwesens der Wehrmacht, Oberst Gercke, die Mitteilung, daß das für den Reichsparteitag bereitgestellte

[74] Max du Prel – Herbert Drescher: Die Polen vor Berlin, Krakau 1940, S. 34f.

rollende Material für militärische Zwecke zur Verfügung stehe[75]. Die Vorbereitungen für die Tannenbergfeier am 27. August liefen weiter. Das Zentralorgan der NSDAP, der „Völkische Beobachter" berichtete am 26. August, daß die Tannenbergfeier wegen der gespannten politischen Lage ausfalle. Das Blatt brachte am 28. August die Mitteilung der Reichspressestelle der NSDAP, daß der Reichsparteitag nicht stattfinde, mit dem Zusatz: „Ob seine Abhaltung ins Auge gefaßt werden kann, hängt von den Zeitumständen ab."

Die polnische Mobilmachung war am 27. August 1939 abgeschlossen; „... dann sind wir in der Mobilmachung im Nachzug. Wir müßten, um auf gleiches Niveau zu kommen, am 21. August mobilmachen; dann sind am 27. August auch unsere Divisionen 3. und 4. Welle bereit", vermerkte der deutsche Generalstabschef Halder am 5. August in seinem Tagebuch[76].

Die Wehrmacht stellte am 1. September 1939 gegen Polen 54 Divisionen und sechs Panzerdivisionen ins Feld; Polen hatte 38 Divisionen und 13 Brigaden aufgeboten. Am 10. September standen 61 deutsche Divisionen und sieben Panzerdivisionen im Osten.

Die Westfront gegenüber Frankreich und Belgien hatte zur Verteidigung am Westwall 26 Divisionen, nur dritter und vierter Welle, vielfach Landwehrdivisionen, denn die guten aktiven Divisionen und vor allem die Panzerdivisionen, waren alle gegen Polen eingesetzt. Den 26 deutschen Divisionen im Westen stand „das stärkste Heer der Welt" gegenüber, großenteils durch die Maginotlinie geschützt. Die Briten hatten bis 11. Oktober 158000 Mann nach Frankreich gebracht[77]. Frankreich konnte zu Beginn des Krieges 2,8 Millionen Mann ins Feld stellen; an der französischen Ostgrenze standen am 1. September 102 französische Divisionen. Belgien verfügte über

---

75 Franz Halder, Kriegstagebuch, I, Eintr. v. 5. 8. 1939.

76 Ebda, Eintr. v. 5. 8. 39.

77 General-Major J.F.C. Fuller: Der Zweite Weltkrieg 1939–1945, 2.A. Wien 1950, S. 59.

ein Feldheer von 650000 Mann[78]. Ein energischer Angriff Frankreichs und Englands auf das Reich Anfang September hätte zu einer deutschen Katastrophe geführt und der Krieg wäre spätestens nach vier Wochen beendet gewesen, da Deutschland aufgrund der Kräfteverteilung Anfang September einen strategischen Durchbruch im Westen nicht hätte verhindern können.

Deutschland war weder wirtschaftlich noch militärisch für einen großen Krieg gerüstet[79]. Die vorhandenen Kräfte reichten im Sommer 1939 gerade aus, einen Mittelstaat wie Polen niederzukämpfen. Alles, was an modernem Material vorhanden war, wurde gegen Polen eingesetzt; im Westen standen im wesentlichen nur Landwehrdivisionen. Der Westwall war nicht einmal halbfertig, die Bunker großenteils infolge Nässe unbrauchbar. Hitler selbst erklärte, der Krieg wäre für Deutschland im September 1939 verloren gewesen, wenn die Westmächte eine Offensive unternommen hätten. Dazu kam, daß Italien abseits stand, weil es für einen Krieg noch weniger vorbereitet war als Deutschland selbst; der sogenannte „Stahlpakt" erwies sich als grobe Selbsttäuschung, wie Hitler schon am 25. August 1939 hatte feststellen müssen. Es gab auf deutscher Seite überhaupt keinen Kriegsplan, weder wirtschaftlich, noch militärisch. Der Fall Polen (Fall Weiß) wurde erst ab April 1939 bearbeitet, der Westfeldzug erst nach dem Polenfeldzug geplant! Da die allgemeine Wehrpflicht in Deutschland erst 1935 wiedereingeführt worden war, hatte das Reich bei Ausbruch des Krieges nur zwei friedensmäßig voll ausgebildete Jahrgänge der aktiven Truppe. Nach Feststellung eines britischen Offiziers bestanden die drei dreiviertel Millionen Mann der Verpflegungsstärke des deutschen Heeres „im September 1939 entweder aus Rekruten, die keinerlei militärische Ausbildung genossen hatten, oder aus Veteranen des Ersten Weltkrieges, die zwanzig Jahre keine Uniform getragen und keine Waf-

---

[78] Ulrich Liß: Westfront 1930/40, Neckargemünd 1959, S. 26f.

[79] S. u. a. Plötz: Geschichte des Zweiten Weltkrieges, Würzburg 1960, passim.

fen in der Hand gehabt hatten[80]." Dagegen hatte Frankreich 4,8 Millionen friedensmäßig ausgebildete Mann bei Kriegsausbruch zur Verfügung, davon 440000 Farbige[81]. Auch in der Luftrüstung waren die beiden Westmächte Deutschland überlegen; ihre Flugzeugproduktion war höher und sie besaßen mehr Reserven[82]. Zur See waren die beiden Westmächte absolut überlegen. Nach Feststellung des schwedischen Historikers Gemzell verfügte das Reich bei Kriegsausbruch 1939 über nicht viel mehr, als das, was durch das Versailler Diktat ihm zugebilligt worden war[83]. Zu dem gleichen Urteil kam der britische Seekriegshistoriker Roskill, der die amtliche britische Darstellung des Seekrieges verfaßte[84]. Die Effektivstärken der deut-

---

[80] Collier, a. a. O., S. 201ff.

[81] Liß, a. a. O.

[82] Collier, a. a. O., S. 203; Helmut Dahms: Geschichte des Zweiten Weltkrieges, Tübingen 1965, S. 68. Ploetz: Geschichte des Zweiten Weltkrieges S. 141ff.

[83] Carl Axel Gemzell: Raeder, Hitler und Skandinavien, Lund 1965, S. 197:
- 3 neue Panzerschiffe zu je 10000 t
- 2 alte Schlachtschiffe, nur für Ostsee brauchbar
- 2 neue Schlachtschiffe (Gneisenau und Scharnhorst, noch nicht fahrbereit)
- 2 Schlachtschiffe in Bau (Bismarck Ende 1940, Tirpitz 1941 in Dienst gestellt)
- 12 Torpedoboote
- 3 schwere Kreuzer: Admiral Hipper seit April 1939 in Dienst
Blücher, Sept. 1929 in Dienst
Prinz Eugen, August 1940 i. D.
- 22 Zerstörer
- 1 Flugzeugträger in Bau

[84] S. W. Roskill: The War at Sea, vol. I, The Defensive, London 1954, S. 50, Table 2. British Empire-Effective Naval Strength 1939:

Battle ships and battle cruisers	12
Aircraft carriers	6
Seaplane carriers	2
Fleet cruisers	35
Traderoute or convoy cruisers	23
Fleet destroyers	100
Escort destroyers and sloops	101
Submarines	38

schen, der britischen und der französischen Flotte im Sommer 1939 waren wie folgt[85]:

	Deutschland	England	Frankreich
Schlachtschiffe	2	12	7
Flugzeugträger	–	8	2
Schwere Kreuzer	2	15	7
Leichte Kreuzer	6	49	12
Zerstörer	22	201	71
Torpedoboote	16	–	–
U-Boote	57	38	76
Schnellboote	25	27	9

Der Neubau der deutschen Flotte aufgrund des sogenannten Z-Planes von 1938/39 war so vorgesehen, daß er normaler Weise 1948 abgeschlossen sein konnte, frühestens 1944/45. Vorher rechnete Hitler mit keinem Krieg. Hitlers falsche Schätzung des Datums eines Kriegsausbruchs muß „als einer seiner wichtigsten Fehler betrachtet werden, da er Admiral Raeder zwang, sein langfristiges Programm für den Aufbau einer ausgewogenen Flotte aufzugeben und ihn zwang, zu bauen, was er rasch benützen konnte zum Einsatz gegen unsere Schiffahrt[86]." An U-Booten hatte das Reich bei Kriegsausbruch 57; davon waren 26 einsatzfähig für den Atlantik. 1939 konnten durchschnittlich dreizehn auf Feindfahrt sein, 1940 vierzehn, 1941 fünfundzwanzig[87]. So sah Deutschlands Vorbereitung für einen Weltkrieg zur Welteroberung im Kampf gegen das Britische Weltreich und gegen Frankreich aus. Eine Koalitionsführung der Achsenmächte wurde erst im Januar 1941 angebahnt, nachdem der „Parallelkrieg" Mussolinis Ende 1940 gescheitert war.

Der Kriegsausbruch beruhte auf einer gegenseitigen Fehl-

[85] Kriegstagebuch des Oberkommandos der Wehrmacht, Bd. I, S. 61.

[86] Roskill, a. a. O., S. 53; Erich Raeder, Mein Leben, Tübingen 1957, Bd. 2, S. 160f.

[87] KTB/OKW, S. 62.

einschätzung der beteiligten Staaten. Die Regierungen in Warschau, Paris und London waren überzeugt, daß eine Kriegserklärung zum Sturze Hitlers, zu einer Revolution in Deutschland führen würde. Diese fatale Ansicht beruhte auf den Mitteilungen der Widerständler. Die deutsche Staatsführung, die Oberbefehlshaber der Luftwaffe und des Heeres waren ihrerseits der Ansicht, daß das infolge Altersschwäche im Niedergang befindliche Britische Weltreich nach dem deutsch-russischen Pakt vom 23. August nicht schlagen, sondern stillhalten würde[88]. Wirtschaftlich war das Großdeutsche Reich für einen Weltkrieg ebensowenig vorbereitet wie militärisch. Ein Weltkrieg war von der obersten Führung überhaupt nicht ins Auge gefaßt, deshalb blieb im September 1939 beim Übergang zur Kriegswirtschaft auch die totale wirtschaftliche Mobilmachung aus[89]. Zwar war durch das Abkommen mit Rußland das Reich in der Nahrungsmittelversorgung annähernd abgedeckt, und auch sonst lieferte die Sowjetunion wichtige Rohstoffe wie Öl, Edelmetalle usw. Trotzdem blieb eine lebensgefährliche Lücke, die nur durch anderweitige Einfuhr gedeckt werden konnte. Das galt sogar für das Eisenerz, bei dem eine Selbstdeckung bis zu achtzig Prozent möglich war. Die Zufuhr des hochwertigen schwedischen Eisenerzes über den norwegischen Hafen Narvik war einer der wesentlichen Gründe für die britische Verletzung der norwegischen Neutralität und den deutschen Gegenschlag durch Besetzung Dänemarks und Norwegens. Nur bei Kohle hatte Deutschland einen Überschuß, mußte aber damit den Achsenpartner versorgen. Lebensbedrohend war der Mangel an Öl; die Achsenmächte hingen völlig von der rumänischen Erzeugung ab, soweit nicht bis 1941 russische Lieferungen den Mangel minderten. Dieser Mangel behinderte die Achsen-

---

[88] Geyr von Schweppenburg, a. a. O., S. 171.

[89] Friedrich Forstmeier-Hans Erich Volkmann: Kriegswirtschaft und Rüstung 1939–1945, Düsseldorf 1977, S. 10; s. besonders auch: Burton H. Klein: Mängel der deutschen Kriegswirtschaft, in: Harvard Economic Studies, Bd. 109, 1959.

mächte so stark, daß die Wehrmacht eine durchgehende Motorisierung nicht verwirklichen konnte. Viele Truppenteile blieben daher den Krieg über pferdebespannt. Ende März 1940, unmittelbar vor Beginn der „Weserübung", hatten das Heer und die Wirtschaft einen Ölvorrat für zwei Monate, die Luftwaffe für vier Monate. Nur die Marine hatte eine weitschauendere Vorratspolitik betrieben. Die italienische Marine war weitgehend von deutschen (rumänischen) Öllieferungen abhängig; die Flotte konnte daher wegen Ölmangel zeitweise nicht mehr auslaufen (ab 1942). Auch die Tätigkeit der deutschen Flotte mußte wegen Ölmangel ab Herbst 1942 eingeschränkt werden[90].

Der Waffen-Ölpakt mit Rumänien wurde erst im März 1940 von Hermann Neubacher abgeschlossen[91]. Doch reichten die Lieferungen nie aus; es mußten ständige Rationierungen durchgeführt werden. Dadurch war die Kriegführung zu Lande, zur See und in der Luft behindert.

Ähnlich besorgniserregend wie mit dem Öl sah es bei Kautschuk für die Gummiherstellung aus, ferner bei Kupfer, Blei, Zinn und Edelmetallen wie Chromerz, Wolfram, Nickel. Deutschland war wohl eine bedeutende Industriemacht, aber in zu hohem Grade einfuhrabhängig bei wichtigen Rohstoffen, als daß es zur Führung eines langen Krieges fähig gewesen wäre. Die größte Industriemacht waren die USA, an zweiter Stelle stand damals schon Sowjetrußland. Die angelsächsischen Weltmächte, Rußland, Frankreich mit seinem Kolonialreich und das holländische Kolonialreich verfügten zusammen monopolartig über alle für die Führung eines großen Krieges lebenswichtigen Rohstoffe.

---

[90] Lagevorträge des Oberbefehlshabers der Kriegsmarine vor Hitler 1939–1945, München 1972, hsgb. v. Gerhard Wagner, Seite 90: 29. 3. 40, Ölversorgung; ferner: Wilhelm Meier-Dörnberg Die Ölversorgung der Kriegsmarine, Freiburg 1973, passim. Erich Raeder, Mein Leben, Tübingen 1957, 2 Bd., II, S. 149ff., 170ff.

[91] Hermann Neubacher, Sonderauftrag Südost, Göttingen, 1956, S. 42.

Der britische Historiker Taylor urteilte sicher richtig, wenn er schrieb[92]: „Der Stand der deutschen Rüstung 1938 liefert den entscheidenden Beweis dafür, daß Hitler nicht an einen allgemeinen Krieg dachte und wahrscheinlich überhaupt keinen Krieg wollte." Der deutsche Staatschef nahm mit aller Schärfe wahr, daß die Zeit gegen Deutschland arbeitete, gerade von der rüstungswirtschaftlichen Warte gesehen, denn die großen Reserven für einen langen Krieg waren alle auf der Gegenseite. Er bemühte sich daher hartnäckig auch noch in den ersten Kriegsjahren, zu einem Verständigungsfrieden mit England zu gelangen und vermied peinlich alles, was die USA zu einem Krieg gegen Deutschland reizen konnte. Seinem Wunschdenken hinsichtlich einer Übereinkunft mit England war er so verfallen, daß er seine Parteitags- und Städtebauten erst im Laufe des Jahres 1942 einstellen ließ.[92a]. Der „totale Krieg", von Goebbels im Januar 1943 verkündet, wurde tatsächlich erst von diesem Zeitpunkt an als eine harte Tatsache ins Auge gefaßt, vier Jahre zu spät!

Der „Widerstand"

Die Bemerkung des polnischen Botschafters Lipski am 30. August 1939 zu dem britischen Botschaftsrat Forbes, in Deutschland käme es bei Kriegsausbruch zu einer Revolution, die es den Polen ermöglichen würde, in kürzester Zeit in Berlin einzumarschieren, weist auf den kriegstreibenden Einfluß der Widerständler hin. Im Ausland, in den Regierungszentralen London, Paris und Warschau war allgemein die Ansicht ver-

---

[92] Taylor, Ursprünge, S. 280.

[92a] „Die Admiralität dagegen forderte die Aussetzung nichtmilitärischer Bauvorhaben wie den Bau der U-Bahn in München (den Hitler erst am 22. Mai 1938 eingeleitet hatte) oder des Volkswagenwerkes (zu dem er vier Tage nach diesem Datum den Grundstein gelegt hatte), um so Facharbeiter freizubekommen. Hitler lehnte ab." Irving, a. a. O., S. 206.

breitet, daß Hitler bei Ausbruch eines Krieges gestürzt würde. Diese Ansicht führte zu einer Fehleinschätzung der Festigkeit des nationalsozialistischen Regimes und förderte in nicht abschätzbarem Maße den Entschluß zum Krieg gegen Deutschland.

Viele Selbstzeugnisse der Widerständler haben zu Tage gebracht, daß namhafte Vertreter der konservativen Opposition wie Gördeler, die beiden Brüder Kordt, Major Kleist-Schmenzin und andere die britische Regierung seit 1938 mit Berichten versahen, sie aufforderten, gegen Hitler energisch aufzutreten und die Hoffnung erweckten, daß im Kriegsfalle Hitler gestürzt würde[93].

Zu den falschen Vorstellungen, die die Widerständler im Ausland erzeugten, gehörte die Meinung, die Wehrmacht im besonderen und das deutsche Volk im allgemeinen befänden sich physisch und moralisch in einem so schlechten Zustand, daß Deutschland zu einem Krieg gar nicht fähig sei. So berichtete der Nuntius Valeri in Paris über ein Gespräch mit dem Generalsekretär des französischen Außenministeriums, Leger, am 21. Juni 1939. Leger vertrat die Ansicht, die Lage Deutschlands werde „immer kritischer und auch vom physischen Standpunkt aus gesehen, wachse eine schlecht ernährte und kränkliche Generation heran. Um mit Herrn Leger zu sprechen: Wenn ein Krieg ausbreche, werde Deutschland nicht über ... die Mobilmachung hinauskommen. Er sei dessen ganz sicher. Das deutsche Volk werde von einer Revolte nur noch abgehalten durch die Furcht vor der Wehrmacht[94].“ Zu diesen Wahnvorstellungen gehörte auch die Überzeugung polnischer Militärs, die Wehrmacht verfüge über keine richtigen Panzer,

---

93 S. u. a. Erich Kordt: Nicht aus den Akten, Stuttgart 1950, S. 245 ff., 313 ff. – Gerhard Ritter: Karl Gördeler und die deutsche Widerstandsbewegung, Stuttgart 1954. – Spiegelbild einer Verschwörung. Die Kaltenbrunner-Berichte an Bormann und Hitler über das Attentat vom 20. Juli 1944. Stuttgart 1961. – Verrat und Widerstand im Dritten Reich, Coburg 1978. Annelies von Ribbentrop: Die Kriegsschuld des Widerstandes, Leoni 1974.

94 Alberto Giovanetti: Der Vatikan und der Krieg, Köln 1961, S. 63.

sondern operiere immer noch mit den Panzerattrappen der Reichswehr aus der Zeit, da Deutschland aufgrund des Verbots des Versailler Diktats keine Panzer halten durfte. Die Folge war, daß polnische Kavallerie mit eingelegter Lanze Attacken gegen deutsche Panzer ritt, in der Meinung, es seien nur Papp-Attrappen. Wesentliches Kennzeichen der deutschen Tragödie ist der Glaube an England, groteskerweise bei der Opposition ebenso wie bei Hitler. Die Widerständler hofften, mit britischer Hilfe die Diktatur beseitigen zu können, der Diktator seinerseits hatte sein ganzes außenpolitisches Gebäude auf dem Wahnglauben eines Bündnisses mit England aufgebaut. Dieses verhängnisvolle Wunschdenken war ein reines Luftschloß. Die Anglophilie der deutschen Führungsschichten, seit der Wende vom 18. zum 19. Jahrhundert bereits fest verankert, war auch im Volke weit verbreitet und reichte bis in die Reihen der Sozialdemokratie hinein. Ihr Führer August Bebel betrieb zugunsten Englands jahrelang Landesverrat[95]. Diese Anglophilie steigerte sich bei Hitler und seinen innenpolitischen Gegenspielern zu einer wahren Anglomanie, zu ihrem Unglück und zum Verderben Deutschlands. War bei der konservativen Opposition das Umwerben Englands noch verständlich, weil sie selbst der von den Briten beherrschten und geprägten bürgerlichen Welt des neunzehnten Jahrhunderts angehörten, so ist der dogmatische Glaube des Sozialrevolutionärs Hitler unbegreiflich und nur aus seiner Rasse-Ideologie erklärbar. Er kam trotz vieler Bemühungen von Englandkennern nie zu der Einsicht Theodor Fontanes, der selbst Jahre in England gelebt hatte und im „Stechlin" darüber schrieb: „‚Ja, wenn wir England nicht mehr lieben sollen, was sollen wir dann überhaupt noch lieben?' Diese halbe Vergötterung habe ich noch ehrlich mit durchgemacht. Aber das ist nun eine hübsche Weile her. Sie sind drüben schrecklich heruntergekommen, weil der Kult des Goldenen Kalbes beständig wächst; lauter Jobber und die vornehme

---

[95] Helmut Bley: August Bebel und die Strategie der Kriegsverhütung 1904–1913, Göttingen 1975, passim.

Welt obenan. Und dabei so heuchlerisch; sie sagen ‚Christus' und meinen ‚Kattun'". Das Reich ging an dieser englischen Krankheit Hitlers und der Opposition zugrunde.

Ähnlich wie der Generalsekretär des französischen Außenministeriums äußerte sich auch der französische Generalissimus Gamelin: „... ob die Wehrmacht über zehn, zwanzig oder hundert Divisionen verfügt, ist ziemlich gleichgültig, denn wenn wir zu einem Krieg gegen Deutschland gezwungen sind, werde ich es vermutlich niemals mit der deutschen Armee zu tun bekommen." Er begründete seine Auffassung wie folgt: „... an dem Tage, an dem Deutschland der Krieg erklärt wird, wird Hitler stürzen. Anstatt die Grenzen des Reiches zu verteidigen, wird die deutsche Armee nach Berlin marschieren müssen, um die Unruhen, die dort ausbrechen werden, niederzuschlagen. Die im Westwall stehenden Truppen werden nur geringen Widerstand leisten. Wir werden in das Deutsche Reich hineinstoßen wie in Butter[96]." Tatsächlich hätte ein energischer französischer Angriff nach Hitlers eigener Aussage im September 1939 ‚Finis Germaniae' bedeutet, weil die Wehrmacht dafür nicht vorbereitet war[97].

Die Opposition gegen Hitler ging nicht vom Volke aus, sondern von der alten konservativen Führungsschicht, deren Versagen eine der wesentlichen Ursachen für die Entstehung der Diktatur in Deutschland war. Alle höheren und höchsten Reichsbehörden waren von Verrat und Spionage durchsetzt, auch das Reichskabinett. Reichspostminister Ohnesorge berichtete, daß seit 1936 keine Vollsitzungen der Reichsregierung mehr stattfinden konnten, weil „über alle vertraulichen Gespräche bereits in den Abendsendungen des englischen Rundfunks berichtet wurde[98]". Der „Widerstand" hatte zwei Schwerpunkte: das Auswärtige Amt, das traditionelle Rück-

---

96 Maurice Gamelin: Servir, Bd. I, Paris 1946, S. 23–45; Benoist-Méchin, a. a. O., S. 347.

97 S. dazu „Der Spiegel" anläßlich des dreißigsten Jahrestages des Ausbruches des Zweiten Weltkrieges Nr. 34 v. 18. 8. und Nr. 35 v. 25. 8. 1969.

98 Härtle, Deutsche und Juden, S. 294.

zugsgebiet des Adels als Machtstellung, und den Generalstab. Der ostelbische Adel spielte eine führende Rolle und stand dabei mit an der Spitze, dazu noch Angehörige der bürgerlichen Oberschicht, während die Vertreter der Linken ohne Bedeutung waren. Im Auswärtigen Amt war Staatssekretär von Weizsäcker die führende Persönlichkeit der Opposition; ferner die beiden Brüder Kordt, einer von ihnen Botschaftsrat an der deutschen Botschaft in London. Er lieferte dem Foreign Office die für Berlin bestimmten Botschaftsberichte. Im Generalstab waren die maßgeblichen Gegner Hitlers Generaloberst Beck und sein Nachfolger General Halder. Dieser hatte zusammen mit General Witzleben für September 1938 einen Militärputsch vorbereitet, der infolge der Besuche des britischen Premierministers Chamberlain in Deutschland und der diplomatischen Lösung der Sudetenkrise nicht zur Durchführung kam. Der Danziger Völkerbundskommissar Burckhardt berichtet von den engen Beziehungen zu Weizsäcker: Er „unterrichtete mich über alle Schritte, die er bis jetzt in London unternommen hatte, um dort Hitlers wahre Absichten deutlich zu machen. Es handelte sich durchaus um Konspiration mit dem potentiellen Gegner zum Zweck der Friedenssicherung, ein doppeltes Spiel von äußerster Gefährlichkeit ... Weizsäcker sprach damals mit der Offenheit eines Verzweifelten, der alles auf eine Karte setzt. Er erwähnte die geheime Mission, die der Bruder Dr. Erich Kordts, sein engster Vertrauter im Amt, Theo Kordt, bei Chamberlain und Halifax übernommen hatte." Der Staatssekretär vertrat 1938 gegenüber Burckhardt die Ansicht, daß Hitler beseitigt werden müsse. Er war sich darüber mit dem Leiter der Abwehr, Admiral Canaris, einig[99]. Die britische Regierung wurde besonders von den Brüdern Kordt laufend über alles, was zur Bekämpfung Hitlers wichtig schien, unterrichtet. Auch der spätere General, damals Oberstleutnant Graf von Schwerin, war als Sendbote nach London eingeschaltet. Nach

---

[99] Burckhardt, a. a. O., S. 181f.; Weizsäcker, Erinnerungen, Freiburg 1950, S. 176.

dem Kriege wurde er Berater Adenauers. Im Juli 1939 empfahlen die deutschen Informanten im Auftrag Weizsäckers der britischen Regierung, durch ein „drohendes Schweigen" Hitler unter Druck zu setzen. Vermutlich hängt damit auch das schweigende Übergehen des Vorschlags der Konferenz auf dem Sönke-Nissen Koog zusammen, das dem schwedischen Vermittler Dahlerus so unverständlich und verhängnisvoll erschien[100].

Der deutsche Militär-Attaché in Washington, General von Boetticher, wurde, wie er in seinen unveröffentlichten Erinnerungen berichtet, anläßlich eines Besuches im Auswärtigen Amt im Februar 1939 von einem „hohen Beamten" gebeten, aus Amerika nach seiner Rückkehr „alsbald dienstlich zu berichten, daß die USA im Falle eines Krieges sofort in den Krieg eintreten und ihre gewaltigen militärischen Kräfte gegen Deutschland einsetzen würden". Boetticher erwiderte, er könne einen solchen Bericht nicht liefern, weil die Vereinigten Staaten zwei Jahre brauchten, um ihre Rüstung soweit zu treiben, daß sie in einen größeren Krieg eintreten könnten. Auf seine Frage, warum er einen solchen Bericht schicken solle, erhielt er eine ausweichende Antwort[101]. Dieses merkwürdige Ansinnen wie auch die Tatsache, daß der Bericht der deutschen Botschaft in Moskau über Stalins Rede am 10. März 1939 dem Reichsaussenminister und dem Staatschef nicht zur Kenntnisnahme vorgelegt worden war[102], lassen darauf schließen, daß der Staatssekretär im Auswärtigen Amt und seine Gesinnungsgenossen durch Vorenthalten wichtiger Nachrichten und unwahre Informationen die Reichsführung einseitig und falsch unterrichteten.

Der südafrikanische Verteidigungsminister Pirow kommt über den Krieg der Westmächte gegen Deutschland und die

---

100 Annelies von Ribbentrop, Deutsch-Englische Geheimverbindungen, Tübingen 1967, S. 296ff.; dieselbe: Die Kriegsschuld des Widerstandes, Leoni 1974, S. 297ff.

101 Unveröffentlichte Erinnerungen.

102 Hilger: Wir und der Kreml, S. 280.

Gründe für ihre Kriegserklärung zu folgendem Urteil[103]: „Heute, wo allgemein zugegeben wird, daß das britische und französische Eingreifen zugunsten Polens eine Verrücktheit war, ist es klar, daß die Alliierten überzeugt waren, Hitler könne keinen Krieg wagen. Sie hatten das Märchen geglaubt, das die Verräter in London erzählt hatten."

Der „Widerstand" wurde von der britischen Regierung nach dem Grundsatz: „Man braucht den Verräter, aber man verachtet ihn" behandelt. Als die Behauptung der Widerständler, nach einer Kriegserklärung würde Hitler gestürzt und das NS-Regime zusammenbrechen, sich nicht erfüllte, verlor man in London jedes Interesse. Alle Bemühungen der „Opposition" während des Krieges um Zusammenarbeit mit den Briten, um Anerkennung als Gegner Hitlers, waren zum Scheitern verurteilt[104].

Mit dem Glauben an einen Sturz Hitlers nach einer Kriegserklärung der Westmächte hing engstens das Attentat auf Hitler im Bürgerbräukeller am 8. November 1939 zusammen. Dazu schrieb die englische Zeitung „Sunday Pictorial" am 15. Dezember 1946:

„Heute kann zugestanden werden, daß der begüterte George Russel Strauß, parlamentarischer Staatssekretär beim Minister für Verkehrswesen und Unterhausmitglied des Wahlkreises Lambeth North, einer inoffiziellen kleinen Gruppe in England angehörte, welche kurz vor Kriegsausbruch die deutsche Untergrundbewegung finanzierte, von der das Bombenattentat im Bürgerbräukeller geplant wurde. Es handelt sich da, wie G. R. Strauß uns mitteilte, um folgende Tatsachen: Am 1. Mai 1939 war Hilda Monte (mit anderem Namen Miß Olday), eine der

---

103 Pirow, a. a. O., S. 243 f.: „Today where the British and French undertaking to Poland is generally admitted to have been a piece of first-class folly, it is clear, that the Allies were convinced that Hitler would never be able to go to war. They had believed the tale told by the traitors in London."

104 Krausnick/Graml: „Der deutsche Widerstand und die Alliierten", in: „Aus Politik und Zeitgeschichte", Beilage zur Wochenzeitung „Das Parlament", B29/61 v. 19. Juli 1961.

heldischen Mitspielerinnen der deutschen sozialistischen Untergrundbewegung, bei Herrn Strauß erschienen und hatte ihm einen Plan zur Tötung Hitlers vorgelegt. In jener Zeit gehörte Herr Strauß schon selbst zu den Stützen einer in London im Sommer 1938 unter dem Namen ‚Union' gegründeten geheimen Organisation gegen den Nationalsozialismus. Herr Strauß berief einen anderen der Stützen, Dr. Werner Knop, zu sich, und man entschloß sich, der Gruppe ‚Unabhängiger Sozialisten', der Hilda Monte diente, hinreichende Mittel zur Ausführung ihres Planes zukommen zu lassen." Strauß, Jude und in der Regierung Attlee britischer Wirtschaftsminister, bestätigte noch 1950, daß er jenes Attentat vermittelt habe[105].

Hoffnungen auf eine Ermordung Hitlers und damit eine rasche Beendigung des Krieges sickerten auch in der ausländischen Presse durch. Bei einem französischen Kriegsgefangenen fand man Anfang November 1939 einen Brief seiner Frau, der den Satz enthielt: „... aber wenn es zutrifft, wie man bei uns erzählt, daß Hitler im November ermordet werden soll, dann haben wir es geschafft ..." Offensichtlich war das Gerücht von den Hintermännern des Attentats in England ausgestreut worden, um die schlechte Stimmung des französischen Verbündeten zu heben. So hatte die Zeitschrift „Marianne" in Paris am 1. November eine Karikatur Hitlers gebracht, wie ihm eine Wahrsagerin eine Katastrophe verkündete. Auf der anderen Seite brachte das Blatt eine Uhr, die auf 9.20 Uhr zeigte, den tatsächlichen Zeitpunkt der Explosion der Bombe. Auch die Zeitung ‚L'Oeuvre' der Madame Tabouis brachte als Hinweis am 5. November eine Karrikatur mit einer Wahrsagerin und der Unterschrift: „Ich sehe die Ermordung eines Mannes mit einem kleinen Schnurrbart." Die dänische Zeitung „Faedrelandet" berichtete am 7. 11. 39 die Äußerung eines Engländers in einem Kopenhagener Hotel: „Morgen ist Hitler tot[106]."

---

[105] Zit. nach Hans Grimm, Warum, Woher, aber Wohin, Lippoldsberg 1954, S. 197f.

[106] „Das Schwarze Korps" v. 14. 3. 1940.

Die Rolle der Vereinigten Staaten von Nordamerika

Die Beziehungen der Vereinigten Staaten von Nordamerika zu Deutschland waren seit ihrem Bestehen immer freundlich, auf weiten Strecken sogar freundschaftlich gewesen bis ins beginnende zwanzigste Jahrhundert. Im Jahre 1917 traten die USA in den Krieg ein und entschieden ihn gegen Deutschland. Waren sie bedroht von deutscher Seite, hatte das Reich den USA Übles angetan, Schaden zugefügt? Davon kann mit keinem Wort die Rede sein. Die USA gingen auf alliierter Seite in den Krieg, weil die Interessen der Rüstungsindustrie, der Banken, des Großkapitals es verlangten[1], wie der Senatsausschuß unter Leitung von Senator Nye festgestellt hatte. Eben diese Feststellung war der Grund für die amerikanische Neutralitätsgesetzgebung von 1935–1937.

Viele Gründe bewegten den Präsidenten Roosevelt dazu, die Entwicklung zum Zweiten Weltkrieg zu fördern und voranzutreiben[1a]. Auf dem Felde der Innenpolitik war er gescheitert; nun trieb ihn sein Ehrgeiz dazu, auf außenpolitischem Felde Lorbeeren zu suchen und zu sammeln, durch die Rüstungskonjunktur die Wirtschaftskrise zu beheben und die Massenarbeitslosigkeit zu beseitigen. Aber auch amerikanisch-puritanischer Sendungswille veranlaßte ihn, die Führung der Welt für die USA zu beanspruchen, auf der imperialistischen Bahn seines Onkels Theodore Roosevelt und Woodrow Wilsons weiterzuschreiten, in dessen Administration er als Unterstaatssekretär der Marine sich den Ruf eines amerikanischen Tirpitz erworben hatte[2]. Für dieses amerikanische Sendungsbewußtsein, die

---

[1] Offner, a. a. O., S. 104; Hedin, Amerika, S. 16ff.; Wirsing, a. a. O., S. 202f.; Dall, a. a. O., S. 256f.; Baruch, The Public Years, S. 249ff.

[1a] „Once World War II had begun, FDR was determined to involve us in it. Why? 1) To keep promises and implied promises. 2) To relieve a tragic unemployment situation, ten millions unemployed after six years of New Deal policies and failures. 3) Desire as an internationalist to intervene actually in the conduct of the war. 4) Lust for power and a place in history as a war president. 5) The creation of the United Nations with FDR as de facto ruler or coleader with Stalin.“ Fish, a. a. O., S. 16.

[2] „Finally, from 1913 on through the later 1930's, Roosevelt was given to

Welt nach amerikanischem Vorbild zu bessern, die amerikanische Lebensweise als die beste allen anderen Völkern aufzudrängen, gibt es viele Beweise. Beispielsweise erklärte der amerikanische Senator Beveridge am 9. Januar 1900 vor dem Kongreß[3]:

„Gott hat uns zur Organisation der Welt bestimmt mit dem Auftrag, da Ordnung zu schaffen, wo das Chaos herrscht. Er hat den Glauben an den Fortschritt in unsere Herzen gepflanzt, um uns die Kräfte zu geben, die Reaktion in der ganzen Welt zu schlagen. Er hat uns geschickt gemacht in allen Künsten der Regierung, damit wir diese Kunst an den wilden und senilen Völkern betätigen können. Wenn es eine solche Kraft nicht gäbe, wie wir sie darstellen, müßte die Welt in Barbarei und Nacht zurückfallen. Und innerhalb unserer Rasse hat Gott das amerikanische Volk gekennzeichnet als sein erwähltes Volk, das bei der Erneuerung der Welt die führende Rolle spielen soll."

Das Ziel der USA unter Führung Roosevelts war es, das Britische Weltreich, das seit dem Ersten Weltkrieg im Niedergang begriffen war, zu beerben und als die jüngere und stärkere angelsächsische Weltmacht das amerikanische Jahrhundert zu verwirklichen. Viele andere waren noch am Krieg interessiert; Lindbergh zählt folgende auf[4]: „Die meisten jüdischen Interessen im Lande stehen hinter dem Krieg, sie kontrollieren einen großen Teil unserer Presse, unseres Rundfunks, und den größten Teil unserer Filmbranche. Und dann gibt es die ‚Intellektuellen', die ‚Anglophilen', die britischen Agenten, die freie Hand haben, die internationalen Finanzleute und viele andere."

Die Anhänglichkeit an England in den oberen Schichten konnte durch nichts besser beleuchtet werden als durch den

---

musing of the projects, if the need arose, of blockading Japan into submission". Offner, a. a. O., S. 141.

3 Congress Record, 56. Congress, 1. Sess., S. 711; s. Herbert Grabert: Sieger und Besiegte, Tübingen 1966, S. 275 ff.

4 Lindbergh, a. a. O., S. 224, Eintr. v. 1. Mai 1941; ferner Wirsing, a. a. O., S. 175 ff., 317 ff.; Bonnet, a. a. O., S. 7 Äußerung Hulls zu Bonnet.

Umstand, daß junge Amerikanerinnen der Oberschicht erst dann als gesellschaftsfähig galten, wenn sie dem englischen Königshof vorgestellt waren. So verzeichnet der amerikanische „Who is Who" gewissenhaft hinter jedem weiblichen Vornamen das Datum, an dem die Vorstellung am Court of St. James erfolgt war. Es war daher auch kein Wunder, daß der Besuch des britischen Königspaares in den USA im Jahre 1939 mit Riesenbegeisterung aufgenommen wurde[5].

Die sechzig Familien, die laut Gustav Myers die eigentlichen Herren Amerikas waren, konnten durchweg als englisch orientiert gelten[6]. Die fünfzehn Prozent Befürworter der Kriegsbeteiligung setzten sich nach Ansicht des republikanischen Abgeordneten Fish wie folgt zusammen: Eine kleine aber finanzmächtige Gruppe von internationalen Bankiers, wichtige Tageszeitungen der großen Städte des Nordostens wie die „New York Times", die „New York Herald Tribune", die „Washington Post", „Baltimore Sun", „Boston Globe" und die meisten Zeitungen von Philadelphia. Sie waren die Hauptträger der interventionistischen Propaganda. Dazu waren im Nordosten wohlhabende, sozialistisch gesinnte Familien durch europäische Heiraten oder Geschäftsverbindungen kriegerisch pro-britisch oder pro-französisch. Sie waren gering an Zahl aber laut, reich und mächtig. Dann gab es ein sogenanntes intellektuelles Element, das betont kriegstreibend war, wie die Präsidenten Conant von Harvard, Seymour von Yale, Nicolas Murray Butler von Columbia und Dodd von Princeton. Diese kriegstreiberischen Gruppen waren klein aber mächtig in Finanzkreisen, in der Presse, im Rundfunk. Besonders stark war die interventionistische Richtung bei den südstaatlichen Demokraten[7].

Die Vereinigten Staaten von Nordamerika waren durch ihre Einmischung in den Krieg im Jahre 1917 zur kriegsentschei-

---

[5] Lückenhaus, a. a. O., S. 167f.

[6] Gustav Myers: Die großen amerikanischen Vermögen, (Erstauflage 1916 unter dem Titel: The History of the great Fortunes".) L. L. Matthias: Die Kehrseite der USA, Hamburg 1966, S. 37ff.

[7] Fish, a. a. O., S. 24f.

denden und zur schicksalsbestimmenden Macht Europas geworden, gleichberechtigte Welt- und Seemacht neben dem Britischen Weltreich und erstes Gläubigerland der Welt, dem auch England verschuldet war. Das Ende des Ersten Weltkrieges war der absolute Höhepunkt der angelsächsischen Weltherrschaft, vertreten vom Britischen Weltreich und seiner Tochtermacht in Nordamerika. Neben ihnen gab es damals keine ebenbürtige Weltmacht, denn Rußland und Deutschland waren zusammengebrochen, Japan und Frankreich standen im Schatten des angelsächsischen Kolosses. Die auf die Dollardiplomatie gegründete Vorherrschaft der Amerikaner über Europa ab 1917 brach durch die Weltwirtschaftskrise zu Beginn der dreißiger Jahre zusammen. Damit wuchs die Gefahr der Ausschaltung Amerikas aus den innereuropäischen Angelegenheiten, wie die Münchner Konferenz 1938 gezeigt hatte. Die Weltmacht Amerika war aber nicht gewillt, solche Folgen der fehlgeschlagenen Dollardiplomatie hinzunehmen, sondern war entschlossen, ihre Hegemonialstellung aufrechtzuerhalten. Präsident Roosevelt hatte im Jahre 1937 nach dem Scheitern seines Reformplanes „New Deal" deshalb die schicksalsschwere Schwenkung zu einer interventionistischen Außenpolitik vollzogen, in anscheinend auffallendem Widerspruch zu dem im Jahre 1935 vom Kongreß beschlossenen und 1938 in Kraft gesetzten Neutralitätsgesetz. Dieses Gesetz war jedoch bereits 1938 nach geheimer Rücksprache mit der britischen Regierung zugunsten Englands geändert worden. Die 1937 eingefügte Cash- and Carry-Klausel kam eindeutig den Briten zugute. Damit wurde die amerikanische Neutralität ein Werkzeug der britischen Weltpolitik[8]. Die Neutralitätsakte aber war dadurch sinnentleert, denn sie war beschlossen worden aufgrund des Untersuchungsergebnisses des Senatsausschusses unter Leitung von Senator Gerald Nye. Dieser Ausschuß hatte festgestellt, daß die Rüstungsindustrie und die Hochfinanz im Jahre 1917 den Kriegs-

---

[8] Wirsing, a. a. O., S. 202ff.; Lückenhaus, a. a. O., S. 143f.

eintritt der USA erzwungen hatten[9]. Roosevelt lehnte die Appeasement-Politik der britischen Regierung grundsätzlich ab; daher waren die Beziehungen zwischen Washington und London zeitweise gespannt[10]. Der im Jahre 1937 auffallend gesteigerte Propagandakrieg gegen Deutschland verschärfte sich zunehmend im darauffolgenden Jahr 1938, besonders nach dem Anschluß Deutsch-Österreichs[11]. Eine Springflut der Wut und des Zornes raste durch die amerikanische Presse. Geschäftstüchtige Unternehmer ließen Hitlers Gesicht auf Toilettenpapier drucken; in kalifornischen Vergnügungsparks sah man den Reichskanzler als Schießbudenfigur[12]. Nach Mitteilung des deutschen Botschafters in Washington, Dieckhoff, fehlte nicht mehr viel, was zu einem Krieg der USA gegen das Deutsche Reich führen könne.

Präsident Roosevelt nahm 1938 eine entschieden feindliche Haltung gegen das von Präsident Wilson pathetisch verkündete Selbstbestimmungsrecht ein, als es um dessen Verwirklichung zugunsten der Deutschen der ehemaligen Donaumonarchie ging. Hatte schon der Anschluß Deutsch-Österreichs in den USA einen Sturm der Entrüstung hervorgerufen, so wandte sich Roosevelt im Herbst dagegen, daß die Westmächte für den Anschluß der Sudetendeutschen ans Reich eintraten. Der Präsident nahm in einem Gespräch mit dem britischen Botschafter Lindsay am 20. September 1938 Stellung gegen den Vorschlag der Westmächte vom 19. 9. 1938 an die Prager Regierung, die Sudetengebiete an das Reich abzutreten[13]. Die Münchner Konferenz und ihr Ergebnis bot daher der Washingtoner Regierung

---

[9] Baruch, The Public Years, S. 245 ff., war entschiedener Gegner der Neutralitätsakte.

[10] Offner, a. a. O., S. 121 ff.

[11] Ber. d. deutschen Botschafters in Washington v. März 1938, besonders der Abschlußbericht Nr. 401 v. 18. 4. 1938 über Österreich. ADAP, Ser. D, Bd. I, ferner Ber. Nr. 252 vom 29. 7. 1940 im 3. Bd.

[12] Helmut Dahms: Roosevelt und der Krieg, 1958, S. 19.

[13] DBFP, VII, App. IV, S. 627 f.: Ber. Sir Lindsay an Halifax v. 20. 9. 38: Demnach sagte Roosevelt u. a. zu Lindsay: „It would provoke a highly unfavourable reaction in America".

Anlaß zu heftiger Kritik an der Appeasement-Politik Englands und Frankreichs.

Das Abkommen der vier europäischen Großmächte bedeutete durch die Ausschaltung Amerikas ein Nichtanerkennen des Führungsanspruches Washingtons. Propagandistisch wurde es als eine Niederlage der Demokratien hingestellt, die Losung „Stop Hitler“ ausgegeben und die britische Regierung in diesem Sinne unter wachsenden Druck gesetzt. Der Judenpogrom im Reich vom 9./10. November 1938 rief noch zusätzlich leidenschaftliche Empörung hervor. In den amerikanischen Zeitungen erschienen ganzseitige Inserate, in denen die Unterzeichner von verschiedenen Aktionsausschüssen eine Million Dollar demjenigen boten, der Hitler tot oder lebendig nach Amerika bringe[14]. Roosevelt berief seinen Botschafter aus Berlin ab, umgekehrt zog auch die deutsche Regierung daraufhin ihren Botschafter zurück. Die Geschäfte der deutschen Botschaft führte von da an der Gesandte Thomsen.

Um die Wende von 1937 auf 1938 hatte Roosevelt in einem Brief an seinen Gegner bei der letzten Präsidentenwahl den Anspruch Amerikas auf die Führung der Welt zur Sprache gebracht. „Man kann die Augen nicht davor verschließen,“ schrieb er wörtlich, „daß Amerika ein Teil einer großen Welt von anderen Nationen ist, und als solche sind wir selbst zur Führerschaft bei dem Versuch, sich dem Ziele des allgemeinen Friedens zu nähern, verpflichtet[15].“ In diesem Sinne betrieb Roosevelt auch seine Rüstungspolitik, angefeuert dazu besonders von Bernard Baruch, der mit Winston Churchill eng befreundet war[16].

Der Präsident unterstellte dem amerikanischen Botschafter in Paris William Bullitt alle amerikanischen Diplomaten in Europa. Bullitt war ein führender Verfechter der interventionisti-

---

14 Lückenhaus, a. a. O., S. 171.

15 Wirsing, a. a. O., S. 220.

16 „I told him“ (Roosevelt im Herbst 1938), „that we were running out of time, that we had to expand, modernize, and mechanize our army, create a Two-Ocean-Navy, and build airplanes and still more airplanes – all of

schen Politik, im Gegensatz zu Joseph Kennedy, dem amerikanischen Botschafter in London. Bullitt stand auch in ständiger Verbindung zu Vansittart in London. Auch der US-Botschafter in Warschau, Tony Biddle, gehörte zu den Kriegstreibern. Sein bereits erwähntes Gespräch mit dem Danziger Völkerbundskommissar Burckhardt am 2. Dezember 1938, in dem er seiner Freude darüber Ausdruck verlieh, daß Polen wegen Danzig Krieg führen werde und daß es sich dabei um einen „Heiligen" Krieg handle, ließ auf eine entsprechende Beeinflussung der polnischen Regierung schließen. Neben ideologischen Gründen spielten die günstigen wirtschaftlichen Beziehungen Deutschlands zu Südamerika ebenso eine wesentliche Rolle für die deutschfeindliche Politik des Weißen Hauses wie die Tatsache, daß das Reich den von Amerika aus betriebenen Wirtschaftskrieg nach anfänglichen Schwierigkeiten in den Jahren 1933/34 durch die Waren-Verrechnungsabkommen und die Verlagerung des Schwergewichts des Außenhandels nach Südosteuropa erfolgreich gemeistert hatte. „Die deutsch-amerikanische Rivalität in Südosteuropa und vor allem in Lateinamerika verdeutlichen, warum die Regierung Roosevelt eine deutsche Hegemonialstellung in Europa auf die Dauer nicht akzeptieren konnte[17]." Der Schwiegersohn Roosevelts, Oberst Dall, stellte fest," daß die Welt-Finanzmächte in New York, London und Paris, die selbst streng an die Goldwährung gebunden waren, in erster Linie den Zweiten Weltkrieg dazu zu nutzen wünschten, Hitlers schnell wachsendes Tauschhandelssystem für den Welthandel abzudrosseln, ...[17a]

Der Krieg wurde von der interventionistischen Richtung seit 1938 als unvermeidlich hingestellt, und in diesem Sinne hatte auch schon im November 1938 Bullitt dem polnischen Botschafter in Washington auf dessen Frage geantwortet, die USA würden an einem Krieg teilnehmen, aber erst dann, wenn Eng-

---

which should be paid for out of increased taxes." Baruch, The Public Years, S. 256; s. a. Dieckhoff: Zur Vorgeschichte des Rooseveltkrieges, S. 33f.

17 Hans-Jürgen Schröder: Das Dritte Reich und die USA, S. 150ff.

17a Dall, a. a. O., S. 178.

land und Frankreich in den Krieg verwickelt seien. Bullitt erklärte auch gegenüber dem polnischen Botschafter in Paris, die Amerikaner würden nicht von Anfang an am Krieg teilnehmen, aber sie würden ihn beenden[18]. In seiner Neujahrsbotschaft vom 4. 1. 1939 nahm Roosevelt scharf gegen die totalitären Staaten Stellung – gemeint damit waren Deutschland, Italien, Japan – und prägte dabei das maßgebliche Schlagwort für die amerikanische Außen- und Rüstungspolitik: „methods short of war". Im Februar 1939 erklärte er vor einem militärischen Untersuchungskomitee des Senats, die Sicherheitsgrenze der USA läge am Rhein. Und am 3. März 1939 gab er England die geheime Zusicherung, daß er den Westmächten im Kriegsfalle zunächst durch Materiallieferungen, dann aber auch aktiv zu Hilfe kommen werde. Er hat vollauf Wort gehalten. Am 16. März 1939, dem Tag nach der Besetzung Prags, setzte er die britische Regierung ultimativ unter Druck mit der Drohung, keine materielle und moralische Hilfe mehr zu leisten, wenn England seine Münchner Befriedungspolitik nicht aufgebe[19]. Bullitt sagte dem polnischen Botschafter in Paris, die USA hätten wirksame Druckmittel zur Verfügung, um Englands Kompromißpolitik zu unterbinden[20].

Dieser Bericht des polnischen Botschafters aus Paris deckt sich inhaltlich mit jenem des polnischen Botschafters in Washington, Graf Potocki, vom 16. Januar 1939 über ein Gespräch mit Bullitt, der im Begriffe war, wieder nach Paris zu-

---

[18] Deutsches Weißbuch Nr. 3: Polnische Dokumente; Wirsing, a. a. O., S. 235f.

[19] Wirsing a. a. O., S. 238f. – Wirsing beruft sich auf die „Washington Times Herald" vom 14. April 1939 mit der Enthüllung der beiden Journalisten Allen und Pearson. Das Dokument ist bis heute bezeichnenderweise nicht veröffentlicht. Aus dem Bericht des polnischen Botschafters in Washington, Graf Potocki, vom 16. Januar 1939 geht aber eindeutig hervor, daß Roosevelts Botschafter in Paris, Bullitt, die intransigente Politik, die der Präsident der britischen und französischen Regierung aufzwang, bestätigte. – S. a. Lückenhaus, a. a. O., S. 162f.

[20] Ber. d. polnischen Botschafters in Paris, Lukasiewicz, vom Februar 1939, Weißbuch Nr. 3, Polnische Dokumente.

rückzukehren[21]. Bullitt äußerte sich über die Weisungen, die er von Roosevelt mitnahm, gegenüber dem Grafen Potocki wie folgt: „1. Eine Belebung der Außenpolitik unter Führung des Präsidenten Roosevelt, der scharf und unzweideutig die totalitären Staaten verurteilt. 2. Die Kriegsvorbereitungen der Vereinigten Staaten zur See, zu Lande und in der Luft, die im beschleunigten Tempo durchgeführt werden und die kolossale Summe von 1250000000 verschlingen. 3. Die entschiedene Ansicht des Präsidenten, daß Frankreich und England jeder Kompromißpolitik mit den totalitären Staaten ein Ende machen müssen. Sie sollen auf keine Diskussion mit ihnen eingehen, die irgendwelche Gebietsveränderungen bezwecken. 4. Eine moralische Versicherung, daß die Vereinigten Staaten die Isolierungspolitik verlassen und bereit sind, im Falle eines Krieges aktiv auf seiten Englands und Frankreichs einzugreifen. Amerika ist bereit, sein ganzes Material an Finanzen und Rohstoffen zu ihrer Verfügung zu stellen."

Im März 1939 belegte Roosevelt die deutsche Ausfuhr nach den USA ohne ersichtlichen Grund mit Sonderzöllen[22].

Über die Stimmung und Atmosphäre in den USA gibt der Bericht des polnischen Botschafters Graf Jerzi Potocki vom 12. 1. 1939 Aufschluß[23]. Sie zeichnen sich „durch einen immer zunehmenden Haß gegen den Faschismus aus, besonders gegen die Person des Kanzlers Hitler und überhaupt gegen alles, was mit dem NS zusammenhängt. Die Propaganda ist vor allem in jüdischen Händen, ihnen gehört fast zu 100 Prozent das Radio, der Film, die Presse und die Zeitschriften." Eine besondere Rolle in der antideutschen Hetze spielten die zahlreichen Emigranten aus Deutschland, Österreich und der Tschecho-Slowakei. „Außer dieser Propaganda wird auch noch künstlich eine Kriegspsychose geschaffen: es wird dem amerikanischen Volk eingeredet, daß der Frieden in Europa nur noch an einem Faden

---

21 Weißbuch Nr. 3, Polnische Dokumente.

22 Wirsing, a. a. O., S. 241.

23 Weißbuch Nr. 3, Polnische Dokumente.

hängt, ein Krieg sei unvermeidlich.“ Amerika müsse „im Falle eines Weltkrieges auch aktiv vorgehen“, „um die Losungen von Freiheit und Demokratie zu verteidigen“. Roosevelt verfolge, so schrieb Potocki weiter, einen doppelten Zweck mit dieser Propaganda: erstens wolle er von den innenpolitischen Problemen ablenken und zweitens durch die Schaffung einer Kriegsstimmung die Annahme seines gewaltigen Rüstungsprogrammes, das über Verteidigungszwecke weit hinausgehe, erreichen. Amerika habe zwölf Millionen Arbeitslose. Die sozialen Spannungen seien gewaltig.

Die Warschauer Regierung war von London und Paris auf amerikanischen Druck hin veranlaßt worden, das deutsche Angebot abzulehnen und erhielt von den beiden Westmächten die bekannte Garantie; dies erklärte im April 1939 Bullitt dem amerikanischen Journalisten Karl von Wiegand[24]. Der Generaldirektor der Chase National Bank, Winthrop Aldrich, faßte Ende April 1939 seine Eindrücke von einer Reise nach London und den Gesprächen mit führenden Persönlichkeiten des britischen Bank- und Wirtschaftslebens dahin zusammen, daß die Engländer im Laufe des Jahres mit politischen Mitteln eine Lage herbeiführen würden, die Hitler zwinge, zu den Waffen zu greifen. Auf diese Weise werde ihm der Schwarze Peter des Angreifers und Initiators eines Krieges zugeschoben[25]. Diese Mitteilungen Aldrichs deckten sich vollinhaltlich mit der Aussage einer jüdischen, in Paris erscheinenden Zeitung vom Jahre 1937: „Hitler will den Krieg nicht, aber wir werden ihn dazu zwingen[26].“

Das Gewicht des amerikanischen Einflusses auf die Entwicklung zum Krieg in Europa brachte der amerikanische Botschafter in London, Joseph Kennedy, der die Ereignisse in der britischen Hauptstadt miterlebt hatte, in einem Gespräch mit dem

---

[24] Franz Langoth: Kampf um Österreich. Erinnerungen eines Politikers, Wels 1951, S. 251; Fish, a. a. O., S. 75.

[25] Lückenhaus, a. a. O., S. 181.

[26] Zeitschrift „Le droit de vivre“, hsgb. von Lecache in Paris, zit. nach Friedrich Grimm: Mit offenem Visier, S. 144.

späteren amerikanischen Verteidigungsminister James Forrestal, im Krieg Unterstaatssekretär des Kriegsmarineministeriums und dann Nachfolger als Minister ab 1944, im Dezember 1945 mit deutlichen Worten zum Ausdruck[27]:

Auf Forrestals Frage, wie es zum Krieg gekommen sei, erwiderte der Botschafter, England habe 1938 einen Krieg gegen Hitler nicht wagen können. Kennedy vertrat die Ansicht, Hitler würde gegen Rußland gekämpft haben ohne späteren Konflikt mit England, wenn nicht Bullitt, der US-Botschafter in Paris, im Sommer 1939 Roosevelt gedrängt hätte, Deutschland wegen Polen zu demütigen. Weder die Franzosen noch die Briten hätten Polen zum Kriegsgrund gemacht, wenn sie nicht ständig von Washington angestachelt worden wären. Bullitt, so erzählte Kennedy, redete Roosevelt ständig ein, die Deutschen würden nicht kämpfen, Kennedy selbst vertrat die Ansicht, sie würden kämpfen und Europa überrennen. „Chamberlain stellte fest, daß Amerika und das Weltjudentum England in den Krieg gezwungen haben[28]." Auch der südafrikanische Premierminister Hertzog vertrat die Ansicht, Hitler würde gegen Rußland gekämpft haben ohne späteren Konflikt mit England[29]. Führende Persönlichkeiten der nicht interventionistischen Richtung in den USA huldigten ebenfalls der weitschauenden Überlegung, man solle einen Krieg zwischen Rußland und Deutschland abwarten, die beiden Diktatoren und Diktaturen sich gegenseitig bis zur völligen Erschöpfung abringen lassen. Dann könnten die angelsächsischen Mächte das Zünglein an der Waage bilden und sich für lange Zeit die Hegemonialstellung, die sie 1918 errungen und wieder verloren hatten, sichern[30].

---

[27] The Forrestal Diaries, edited by Walter Millis, New York 1951, S. 121 ff.

[28] Dok. Anhang, Nr. 8. – Bullitt „äußerte gegenüber dem Pariser Nuntius im Mai 1939, es sei erforderlich, „daß die totalitären Staaten mit dem Rücken an die Wand gestellt würden". Giovannetti, a. a. O., S. 61. S. a. Newman, a. a. O., S. 152. Hesse, a. a. O., S. 260 f.

[29] Pirow, a. a. O., S. 239 f.

[30] Fish, a. a. O., S. 76, 115.

Präsident Roosevelt ließ bei Ausbruch des Krieges in Europa keinen Zweifel, daß er mit seinen Sympathien auf seiten Englands stünde. „Diese Nation ist eine neutrale Nation", erklärte er am 3. September 1939, „aber ich kann nicht verlangen, daß jeder Amerikaner in Gedanken neutral bleibt. Sogar ein Neutraler hat das Recht, sich Rechenschaft zu geben über Tatsachen ..." Einer seiner engsten Berater, Felix Frankfurter, den er zum Bundesrichter machte, wies ihn ständig daraufhin, daß die Neutralität den traditionellen Grundsatz des internationalen Rechtes verletze[31]. Frankfurter, ein glühender Zionist, setzte sich daher energisch für die Aufhebung der Neutralität ein[32]. Bereits am 4. November 1939 hob der Kongreß das Waffen-Embargo auf. An seine Stelle trat in dem abgeänderten Neutralitätsgesetz der Cash-and Carry-Grundsatz, der nur den Westmächten zugutekam[33].

Eine Woche nach seiner Neutralitätserklärung vom 3. September schrieb Roosevelt an Churchill am 11. September 1939. Er beglückwünschte ihn zu seiner Berufung in die Regierung Chamberlain als Erster Lord der Admiralität und schlug ihm einen ständigen persönlichen Informationsaustausch vor, mit dem Hinweis, sie hätten beide im Ersten Weltkrieg ähnliche Stellungen innegehabt[34].

Die Zeit vom Kriegsausbruch 1939 bis zum Kriegseintritt Amerikas im Dezember 1941 war ausgefüllt mit einer ununterbrochenen Kette von Neutralitätsbrüchen Roosevelts zugunsten Englands, gegen die Achsenmächte. Der Präsident forderte mit seinen Neutralitätsbrüchen bewußt die Achsenmächte heraus, um sie zu einer Kriegserklärung gegen die USA zu veran-

---

31 Max Freeman: Roosevelt and Frankfurter. Their correspondence 1928–1945, Boston 1968, S. 477–507 Kap.: „The Struggle against Neutrality".

32 Ebda, S. 498 f.

33 Berber: Die amerikanische Neutralität im Kriege 1939–1941, Dok. Nr. 8, S. 73 ff.

34 Roosevelt and Churchill. Their Secret War Correspondence, New York 1975, Dok. 1, S. 89.

lassen. Hitler hielt sich jedoch trotz des im Laufe der Jahre zunehmenden Drängens der Seekriegsleitung zurück, um einen Kriegseintritt Amerikas, wenn er ihn schon nicht verhindern konnte, möglichst lange hinauszuschieben. Bereits im ersten Kriegsjahr lieferten die USA 151 Schiffe mit 475 000 t sowie 743 Flugzeuge an Großbritannien. Die amerikanische Flotte leistete der britischen seit Ende 1939 ständig Hilfe, indem sie deutsche Handelsschiffe den Briten in die Hände spielte[35]. Die in die USA gereiste britisch-französische Einkaufskommission kaufte 1940 überschüssiges amerikanisches Kriegsmaterial und eine große Anzahl Flugzeuge. In seiner Botschaft an den französischen Ministerpräsidenten Reynaud vom 15. Juni 1940 suchte Roosevelt Frankreich zum Ausharren zu bewegen; es heißt in der Botschaft[36]: „... Ich kann Ihnen ferner versichern, daß, solange das französische Volk seinen Verteidigungskampf für seine Freiheit fortsetzt, die den Ursprung aller demokratischen Einrichtungen in der ganzen Welt darstellt, es gewiß sein kann, daß Kriegsmaterial und Zufuhren in immer wachsender Zahl und Art von den Vereinigten Staaten geschickt werden."

---

[35] Berber, a. a. O., S. 13f., 17ff.; Dönitz: Zehn Jahre und zwanzig Tage, S. 183ff. –

Lückenhaus, a. a. O.,

S. 198: Der deutsche Luxusdampfer „Columbus" lief im Winter 1939/40 aus einem amerikanischen Hafen aus und versenkte sich unweit New York selbst, um nicht von englischen Zerstörern aufgebracht zu werden." Der amerikanische Kreuzer „Tuscalusa", den Roosevelt in Friedenszeiten häufig zum Fischfang auf hoher See zu benutzen pflegte, hatte dem deutschen Schiff unerbeten solange das Geleit gegeben, bis die Engländer in Sicht kamen. Als die „Tuscalosa" beidrehte, sandte ihr Kommandant Kapitän Badt, noch folgenden Funkspruch an die „Columbus": „Merry Christmas and bon voyage" (...). Wenig später stand der Stolz der deutschen Passagierflotte in Flammen und ging, unter Mitnahme einiger Menschenleben, unter."

S. 199: „Die unerlaubte Abreise Werras aus den USA hatte fatale Folgen. Die nordamerikanischen Grenzwachen erhielten Befehl, alle aus Kanada flüchtenden deutschen Kriegsgefangenen zurückzutreiben, wenn nötig, mit Waffengewalt. Bei einer dieser Gelegenheiten wurden sechs Mann erschossen."

[36] Berber, a. a. O., Dok. Nr. 16, S. 94; Fish, a. a. O., S. 59ff., 64ff.

Im Juli 1940 begann die amtliche Förderung der Anwerbung amerikanischer Staatsangehöriger für die britische Luftwaffe und der Ausbildung britischen Flugpersonals in den USA. Die Sperre der Ausfuhr kriegswichtiger Rohstoffe betraf Kanada nicht. Mit diesem britischen Dominion wurde ein gemeinsames militärisches Programm ausgearbeitet[37]. Im August 1940 gab die Postverwaltung den britischen Zensurwünschen statt und ließ alle Europa-Post über die britischen Bermudas gehen, wo sie von den Briten zensiert wurde[38]. Im September 1940 erhielt England fünfzig amerikanische Zerstörer für die Überlassung von Stützpunkten an die USA auf britischen Besitzungen: Neufundland, Bermudas, Bahamas, Jamaika, Santa Lucia, Trinidad, Antigua und Britisch-Guayana[39]. Im November 1940 übernahmen amerikanische Schiffe den britischen Patrouillendienst in der Karibik. Im Dezember 1940 sagte Roosevelt dem griechischen König amerikanische Hilfe zu, ebenso der jugoslawischen Putschregierung Ende März 1941. Im Januar 1941 begannen die gemeinsamen britisch-amerikanischen Stabsbesprechungen für eine gemeinsame Kriegführung gegen Deutschland. Am 11. März 1941 trat das Englandhilfegesetz, auch Leih- und Pacht-Gesetz genannt, in Kraft. Es verlieh dem Präsidenten diktatorische Vollmachten. Am 22. März wurden zwei deutsche Offiziere, die aus Kanada in die „neutralen" USA geflüchtet waren, in Fesseln gelegt und nach Kanada wieder ausgeliefert[40]. Am 30. März 1941 beschlagnahmten die Vereinigten Staaten achtundzwanzig italienische und zwei deutsche in ihren Häfen liegende Schiffe und verhafteten 873 Besatzungsangehörige dieser Schiffe. Roosevelt ließ sich dann im April vom Kongreß durch ein neues Gesetz nachträglich zur Verfügung über die beschlagnahmten Schiffe ermächtigen und sie in die amerikanische Marine überführen. Am 9. April 1941

---

[37] Berber, a. a. O., S. 21 ff., Dok. Nr. 17, S. 94 f.

[38] Lückenhaus, a. a. O., S. 206.

[39] Berber, a. a. O., Dok. Nr. 18, S. 95 ff.

[40] Lückenhaus, a. a. O., S. 155.

schlossen die USA mit dem dänischen Gesandten in Washington ein Abkommen, das sie ermächtigte, auf Grönland Stützpunkte zu errichten. Obwohl die dänische Regierung die eigenmächtige Handlung ihres Gesandten ausdrücklich mißbilligte und ihn abberief, beharrte die US-Regierung darauf, daß Kauffmann der rechtmäßige dänische Gesandte in Washington sei.

Am 14. Juni wurden die deutschen Guthaben in den USA eingefroren und am 16. Juni verlangte die Regierung die Schließung der deutschen Konsulate, Reisebüros und der deutschen Informationsbibliothek in New York. Am 18. Juni erfolgte ein Ausreiseverbot für deutsche Staatsangehörige[41]. Die südamerikanischen Staaten gewährten bereits im Mai 1941 unter dem Druck der Vereinigten Staaten keinem deutschen Pressemann mehr die Einreise. Lückenhaus, der im Auftrag seines Verlages nach Südamerika hätte gehen sollen, konnte aufgrund der südamerikanischen Sperre den Auftrag nicht durchführen; er reiste darauf auf eigenen Wunsch nach Ostasien[42].

Der Beginn des deutsch-russischen Krieges am 22. Juni 1941 war für Roosevelt willkommener Anlaß, Sowjetrußland Hilfe in größtmöglichem Ausmaß zuzusichern. Moskau wurde Priorität bei der Lieferung kriegswichtigen Materials zugesagt, am 6. 11. 1941 erhielt Rußland bereits eine Anleihe von einer Miliarde Dollar. In das Pachtleihgesetz wurde Rußland am 26. Mai 1942 miteinbezogen[43].

Am 7. Juni landeten amerikanische Marinetruppen trotz des dänischen Protestes auf Island und lösten die dort seit Frühjahr 1940 befindlichen britischen Einheiten ab.

Am 17. Juli gab die amerikanische Regierung eine schwarze Liste von mehr als 800 Firmen und Personen in den iberoamerikanischen Ländern bekannt, an die aus den USA nichts mehr geliefert werden durfte. Sie richtete sich ausschließlich gegen Reichsdeutsche und Italiener.

---

[41] Berber, a. a. O., S. 30f.

[42] Lückenhaus, a. a. O., S. 206.

[43] S. dazu besonders: Sherwood, a. a. O., S. 323ff.

Der Präsident der formal noch neutralen Vereinigten Staaten traf sich zwischen dem 10. und 13. August 1941 mit dem Kriegspremier Großbritanniens auf einem Kriegsschiff. Beide beteten aus der Bibel und sangen Psalmen. Sie gaben schließlich eine Erklärung über die gemeinsamen Kriegs- und Friedensziele heraus, die sogenannte „Atlantik-Charta“ in acht Punkten, wohl eine Art Nachahmung der vierzehn Punkte Wilsons. Darin verkündeten sie salbungsvoll, sie strebten weder territoriale noch sonstige Vergrößerungen an, sondern achteten das Recht aller Völker auf Souveränität und Selbstregierung. Damit waren freilich nicht die Kolonialvölker gemeint. Der sechste Punkt lautete wörtlich: „Nach der endgültigen Vernichtung der nationalsozialistischen Tyrannei hoffen sie, einen Frieden aufgerichtet zu sehen, der allen Nationen die Möglichkeit geben wird, in Sicherheit innerhalb ihrer Grenzen zu leben, und der die Gewähr dafür bieten wird, daß alle Menschen in allen Ländern ihr ganzes Leben lang frei von Furcht und Not leben können[44].“ Vierzehn Tage später, am 25. August, überfielen britische und russische Truppen den Iran und besetzten das Land. Amerikanische Truppen folgten später nach.

Welche Bedeutung Präsident Roosevelt der „Atlantik-Charta“ beimaß, ging aus seiner Erklärung vor einer Pressekonferenz am 20. Juli 1944 hervor: Die „Atlantik-Charta“ habe niemand unterzeichnet, es gebe auch keine Abschrift von ihr. Es habe sie nie als offizielles Dokument gegeben. Mit diesen Worten rückte er von ihr ab, weil sie ihm wegen des dort niedergeschriebenen Verbotes von Annexionen unbequem geworden war. Sie war nicht mehr und nicht weniger als ein zweckbedingtes Werkzeug der Kriegspropaganda.

Churchill berichtete dem britischen Kabinett über seine Zusammenkunft mit Roosevelt: „Der Präsident hatte gesagt, er

---

[44] Fish, a. a. O., S. 125 ff. bezeichnet die Atlantik Charta als „A great hoax and fraud perpetrated on free people everywhere“. „The great mass of the American people, including most of the Congress, was deliberatly deceived by FDR's radio speeches and White House propaganda into believing that the Atlantic Charter enshrined the Four Freedoms.“

würde Krieg führen, aber ihn nicht erklären, und daß er immer herausfordernder werden würde. Wenn die Deutschen das nicht liebten, könnten sie amerikanische Streitkräfte angreifen"[45].

Tatsächlich erteilte der amerikanische Präsident am 12. September 1941 folgenden Schießbefehl an die amerikanische Marine und Luftwaffe[46]: „Amerikanische Kriegsschiffe und Flugzeuge werden in den Gewässern, die wir für unsere Verteidigung wichtig betrachten, nicht mehr solange warten, bis U-Boote der Achse, die unter Wasser lauern, oder Piratenschiffe über Wasser ihre todbringenden Schlag zuerst ausführen. Unsere Marine- und Luftbeobachtung, die jetzt mit starken Kräften in weiten Gebieten des Atlantik operieren, hat die Pflicht, nunmehr die amerikanische Politik der Freiheit der Meere durchzuführen." Mit diesem Befehl leitete Roosevelt offene Kriegsmaßnahmen gegen die Achsenmächte ein[47]. Nach wie vor hielt sich Hitler aber zurück, trotz des „unerklärten Krieges der USA" gegen Deutschland[48].

Ende Oktober 1941 forderte die Washingtoner Regierung Finnland in zwei Noten auf, seine Truppen hinter die Grenze von 1939 zurückzuziehen, weil die finnischen Operationen eine direkte Bedrohung der USA darstellten[49]!

Seit der Besetzung von Böhmen und Mähren war der Kurs der amerikanischen Außenpolitik eindeutig auf den Krieg festgelegt. Die Propagandamaschine lief in diesem Sinne auf vollen Touren, schon seit 1936. Dabei spielte der Film eine noch wichtigere Rolle als die Presse, weil er sich einer großen Volkstümlichkeit erfreute[50]. Über die Notwendigkeit, das amerikanische

---

45 Colby, a. a. O., S. 35.

46 Berber, a. a. O., S. 34; Dönitz: a. a. O., S. 183 ff.

47 „America's Undeclared Naval War" by Isaiah Olch, Captain, U.S. Navy, in: US Naval Institute Proceedings, September 1962. – Nach Wedemeyer, a. a. O., S. 6, erging der Geheimbefehl Roosevelts an die Atlantikflotte, deutsche und italienische Schiffe zu zerstören, schon am 25. August.

48 Fish, a. a. O., S. 149.

49 Berber, a. a. O., S. 36.

50 Lückenhaus, a. a. O., S. 169 ff., 180.

Volk zum Krieg zu erziehen, hatte bereits im Jahre 1915 Staatssekretär Lansing geschrieben[51]: „Die furchtbarste Schwierigkeit, mit der wir es zu tun haben, ist die, daß die Aktion (d. h. der Eintritt in den Krieg) hinausgeschoben werden muß, bis ein allmählicher Prozeß der Aufklärung und der Erziehung erreicht ist." Amerika war 1939, bei Kriegsausbruch, nur noch dem Namen nach neutral[52]. „Vom „cold war" im Jahre 1939 schritt es über den „phony war" 1940 zum „shooting war" 1941, vom kalten Krieg, über den Scheinkrieg zum Schießkrieg. Niemand kann Amerika vorwerfen, es habe zu irgendeiner Zeit aus seiner Haltung ein Geheimnis gemacht[53]."

Präsident Roosevelt hatte jedoch bewußt das amerikanische Volk irregeführt mit seinen ständigen Versprechungen, es nicht in auswärtige Kriege zu verwickeln. Mit feierlichen Neutralitätszusagen hatte er den Wahlkampf um seine dritte Präsidentschaft geführt und so das amerikanische Volk absichtlich in den Krieg hineingelogen[54], obwohl 85% der Bevölkerung gegen jede Kriegsbeteiligung waren[55].

Die Macht propagandistischer Gehirnwäsche zeigte sich besonders beim Umlenken der „Öffentlichen Meinung" in den Vereinigten Staaten von dem atheistischen und diktatorischen Sowjetrußland als Todfeind Nummer Eins der „freien Welt" auf das nationalsozialistische Deutschland. Präsident Roose-

---

[51] Zit. nach Wirsing, a. a. O., S. 249ff. – Ebda das aufschlußreiche Kapitel: „Erziehung zum Krieg".

[52] „It was by false propaganda that a strongly warlike emotional attitude was gradually engendered in this nation prior to World War I and II". Wedemeyer, a. a. O., S. 88.

[53] Lückenhaus, a. a. O., S. 199.

[54] Clare Boothe Luce: Roosevelt „lied the American people into war because he could not lead them into it". Zit. nach William H. Chamberlin: Amerikas Zweiter Kreuzzug. Kriegspolitik und Fehlschlag Roosevelts, Bonn, 1952, S. 91 Anm. 17. Dazu das Kapitel „Wieder und Wieder und wieder" S. 69–93; Hamilton Fish, LL.D.: FDR. The other side of the coin. How we were tricked into World War II, New York 1976, S. 29ff.: „I have said this before and I shall say it again and again and again: „Your boys are not going to be sent into foreign wars."

[55] Ebda, S. 135.

velt war als progressistischer Demokrat nicht nur russen- sondern auch kommunistenfreundlich eingestellt[56]. Eine seiner ersten außenpolitischen Maßnahmen im Jahre 1933 war die Aufnahme der diplomatischen Beziehungen zu Moskau[57] gegen die Opposition der meisten Kongreßmitglieder und der Gewerkschaften. In seiner engsten Umgebung hatte er kommunistenfreundliche und auch kommunistische Berater: zu ersteren gehörte beispielsweise Harry Hopkins, von den kommunistischen Mitarbeitern wurden am bekanntesten Alger Hiss und Harry Dexter White[58]. Auch sein zuständiger Fachmann für Rußland, der ehemalige Botschafter in Moskau von 1936–1938, Joseph Davies, der sich selbst als Progressisten und Anhänger von Wilson und Roosevelt bezeichnete, war ständiger Befürworter des Bündnisses mit Sowjetrußland[59]. Er vertrat die Meinung, die kommunistische Ideologie lasse sich mit der christlichen des Westens wohl vereinbaren, aber nicht die nazistische[60]. Stalin wurde als „the good old uncle Joe" verherrlicht und bewundert, Sowjetrußland zwar nicht als eine Demokratie aber auf dem Wege zu einer solchen befindlich hingestellt. Dieser Propaganda fielen ihre eigenen Erzeuger zum Opfer. Als Präsident Roosevelt in den letzten Monaten seines Lebens allmählich zu der Einsicht kam daß er Stalin zu weitgehende Zugeständnisse gemacht hatte, war es zu spät[61]. Das Spiel war in Yalta zugunsten des Kreml entschieden worden: der Kommunismus war dank der amerikanischen Hilfe der eigentliche Sieger des Zweiten Weltkrieges geworden. Ganz Ostmitteleuropa, Polen, die baltischen Staaten, Rumänien, Ungarn, Jugoslawien, die

---

[56] Ebda, S. 37ff.

[57] Ebda, S. 38.

[58] Ebda, S. 6, 66ff.

[59] Joseph E. Davies: Mission to Moscow, New York, 1943, S. XIIIff., 362ff. This Hitler attack, in my opinion, was a Godgiven break in the situation for non aggressor nations and Soviet resistance should be stimulated in every way possible. Ebda, Tagebuch Eintr. v. 7. 7. 41.

[60] Ebda, S. XIV; 428.

[61] Rosenman, a. a. O., S. 537f.; Collier, a. a. O., S. 367.

Tschecho-Slowakei kamen unter kommunistische Herrschaft, darüber hinaus Deutschland bis vor die Tore von Lübeck und Kassel. Vier Jahre nach Kriegsende konnte der Kommunismus auch in China das Siegesbanner aufpflanzen. Das waren die Früchte der amerikanischen Interventionspolitik in Europa und Ostasien[62].

Roosevelt schlug auch die Möglichkeiten der Vermittlung zwischen den Kriegsparteien im Winter 1939/40 aus. Als der amerikanische Ölmagnat William Rhodes Davis im Einverständnis mit Roosevelt sich mit Göring traf, machte dieser den Vorschlag, Roosevelt solle eine Konferenz zur völligen Liquidierung des Versailler Diktats einberufen, eine neue Ordnung schaffen, zu der auch neue, wenn auch verkleinerte Staaten der Polen und Tschecho-Slowaken gehören sollten. Als Davis diesen Vorschlag im Oktober 1939, zur gleichen Zeit, da die Westmächte Hitlers Friedensangebot ablehnten, dem Präsidenten unterbreiten wollte, weigerte sich dieser, ihn zu empfangen. Roosevelt allein könnte die Verwüstung, Erschöpfung und die Zerstörung des kapitalistischen Systems verhüten, sagte Davis zu zwei außenpolitischen Beratern des Präsidenten, Adolf A. Berle und J. P. Moffat. Doch wiesen sie ihn mit Vorwürfen zurück[63].

Der ehemalige amerikanische Botschafter in Brüssel, Cudahy, hob in einem Gespräch mit Hitler folgende amerikanische Beschwerdepunkte am 23. Mai 1941 hervor[64]:

1. die Behauptung, Deutschland wolle die westliche Hemisphäre angreifen;
2. Deutschland bedrohe die amerikanische Wirtschaft durch die scharfe auf Sklavenarbeit beruhende Konkurrenz;

---

[62] Fish, a. a. O., S. 200ff.

[63] Offner, a. a. O., S. 168f.

[64] ADAP, Serie D, 6. 4.–22. 6. 1941, Nr. 524 v. 23. 5. 41. – Ein Gespräch zwischen Ribbentrop und Cudahy hatte bereits am 4. Mai 41 stattgefunden. Ebda, Nr. 451.

3. verwies Cudahy auf die zwölf Milliarden Mark US-Gelder hin, – es handelte sich um die kurzfristigen Anleihen – die zwischen 1925 und 1930 nach Deutschland geflossen seien.

Die erste Behauptung war völlig aus der Luft gegriffen[65]. Selbst wenn Hitler je eine solche Absicht gehabt hätte, so hätten dazu alle rüstungswirtschaftlichen und militärischen Voraussetzungen gefehlt. Die kleine deutsche Marine und die für taktische Zwecke als Mittel der Heeresunterstützung gebaute Luftwaffe waren nicht einmal in der Lage, die Invasion gegen England durchzuführen. Der zweite und dritte Punkt betrafen den Lebensnerv der angelsächsischen Weltmacht: den Handel und die Finanzen. Nach dem Bankrott des Reiches 1931/32 und dem Regierungsantritt Hitlers waren die USA nicht bereit, auf deutsche Vorschläge zu einem Handels- und Wirtschaftsabkommen einzugehen, vielmehr wurde von den Vereinigten Staaten aus der Boykott der deutschen Waren organisiert und durchgeführt. Das Reich hatte kein Gold und keine Devisen, um die Schulden zurückzuzahlen, Waren dafür zu nehmen weigerten sich die USA. Die Ausschaltung der erfolgreichen deutschen Handelskonkurrenz in Südamerika war eines der wichtigsten Kriegsziele der Vereinigten Staaten[66].

Über die Politik der beiden Kriegspräsidenten urteilt der Engländer Basil Collier[67]: „Wollte Präsident Wilson also seine Politik der wohlwollenden Neutralität fallenlassen, so ließ sich das nur mit zwei vernünftigen Gründen rechtfertigen: einmal mit dem Ziel, den Krieg rasch zu beenden, zum andern mit dem Streben, das Gleichgewicht der Kräfte wiederherzustellen oder durch etwas Besseres zu ersetzen. Das erste Ziel wurde hinfäl-

---

[65] Dazu u. a. Wedemeyer, Reports, S. 7, 9: „It did not require any prolonged study of history to learn how false was the popular image of Germany as the most aggressive of nations and recurrent disturber of the peace. Nor did a glance at the map bear out the contention that either Britain or France had been peace-loving. If so, one might ask, how had it come about that they ruled over so great a part of the earth?"

[66] Schröder, a. a. O., S. 137ff., 150ff.

[67] Collier, a. a. O., S. 350f.

lig, als Wilson feststellen mußte, daß die Drohung mit dem Kriegseintritt Amerikas nicht genüge, um die Kriegführenden zur Vernunft zu bringen, ...

Was das zweite Ziel betraf, so hatte Präsident Wilson für das Gleichgewicht der Kräfte nur wenig Verständnis. Wie sein späterer Nachfolger Roosevelt glaubte er, weil der Grundsatz altmodisch, weil er britisch sei, sei er unamerikanisch. Beide Präsidenten hofften, ihn durch eine neue Form des Internationalismus zu ersetzen, bei dem nicht mehr britische Seeherrschaft und politische Erfahrung, sondern die amerikanische Rohstoffbeherrschung und amerikanischer Kredit als wirksamste Sanktionen für den Weltfrieden dienen würden. Auf diese Weise, so glaubten sie, würde den Interessen der Vereinigten Staaten und damit denen der Welt besser Rechnung getragen.

Man greift dem Urteil der Geschichte wohl kaum vor, wenn man sagt, daß beide Präsidenten irrten. ... Das Ergebnis war, daß das Gleichgewicht der Kräfte durch ein Gleichgewicht des Schreckens ersetzt wurde, ..."

Die schicksalsschwere Rolle der USA bei Entstehung, Verlauf und Ausgang des Krieges ist nicht verständlich, wenn man nicht Macht und Einfluß des Judentums berücksichtigt. „Die Vereinigten Staaten waren an Stelle Europas das Zentrum des Judentums geworden", schreibt Murphy, „und die große, einflußreiche jüdische Gemeinde konnte die Regierungsbeamten erheblich unter Druck setzen ...[68]" Der Regierungsantritt Hit-

---

[68] Robert Murphy: Diplomat unter Kriegern, Berlin 1966, S. 475; s. ferner: Nahum Goldmann: Staatsmann ohne Staat, Köln 1970, S. 242ff.; ders.: Das jüdische Paradox, Köln 1978, S. 197ff.; Baruch, The public years; Rosenman: Working with Roosevelt, New York 1952, Frankfurter, Reminisces; Freedman: Roosevelt and Frankfurter; Morton Rosenstock: Louis Marshall, defender of Jewish Rights, Detroit 1965. – Macht und Ansehen beispielsweise des jüdischen Bankhauses Kuhn, Loeb und Co, zu dessen Mitinhabern Schiff gehörte, schildert Harold Nicolson im Zusammenhang mit der Nachricht von der Versenkung der ‚Lusitania'. Sie führte zu erheblichen Kursstürzen in der Wall Street und zu Verlusten von Aktieninhabern. Deshalb herrschte im Bankhaus Morgan eine gereizte Stimmung, über die Nicolson wie folgt berichtet (Zit. nach Simpson, a. a. O., S. 200): Jakob

lers im Januar 1933 wirkte alarmierend auf das gesamte Weltjudentum, indirekt aber auch auf die angelsächsische Welt. Der enge geistige Zusammenhang zwischen Juden und Angelsachsen mit der Bibel als gemeinsamer geistiger Grundlage sei noch einmal hervorgehoben. Das britische Massenblatt „Daily Express" veröffentlichte am 24. März 1933 folgenden Aufruf: „Das israelische Volk der ganzen Welt erklärt Deutschland wirtschaftlich und finanziell den Krieg. Das Auftreten des Hakenkreuzes als Symbol des neuen Deutschlands hat das alte Streitsymbol Judas zu neuem Leben erweckt. Vierzehn Millionen Juden stehen wie ein Mann zusammen, um Deutschland den Krieg zu erklären. Der jüdische Großhändler wird sein Haus verlassen, der Bankier seine Börse, der Kaufmann sein Geschäft und der Bettler seine Elendshütte, um sich in einem heiligen Krieg gegen die Leute Hitlers zusammenzuschließen." Samuel Untermeyer, Präsident der „World Jewish Economic Federation", hielt nach seiner Rückkehr vom jüdischen Weltkongreß in Den Haag im August 1933 eine Rundfunkansprache. Er bedankte sich für den begeisterten Empfang, den er so auffasse, daß er nicht ihm gelte sondern dem Heiligen Krieg in der Sache der Menschheit," in den wir uns eingelassen haben. ... Dieser Krieg muß durchgefochten werden, bis die dunklen Wolken der Blindgläubigkeit, des Rassenhasses und des Fana-

---

Schiff von der Firma Kuhn, Loeb and Co. suchte das Haus 23 Wall Street auf und betrat das Büro des Hauptteilhabers. Mr. J. P. Morgan stand selbst im Zimmer. Mr. Schiff trat etwas scheu auf ihn zu und sprach ihm murmelnd sein Bedauern über die unglückselige Greueltat aus. Mr. Morgan blieb frostig; er machte eine verletzende Bemerkung und drehte sich auf dem Absatz um. Traurig und niedergeschlagen ging der alte Mr. Schiff wieder hinaus. Es folgte ein betretenes Schweigen. „Ich glaube", sagte Mr. Morgan zu seinen Partnern, „ich bin etwas zu weit gegangen. Ich glaube, ich sollte mich entschuldigen." Weiterhin betretenes Schweigen. Dwight Morrow griff nach einem Schreibblock und schrieb darauf die Worte: „Nicht um deinetwillen, sondern um deines Namen willen, oh Haus Israel." Er riß das Blatt ab und reichte es Mr. Morgan hinüber. Dieser las den Text, nickte in völliger Übereinstimmung, nahm seinen Hut und eilte zu Kuhn, Loeb and Co. hinüber, um sich zu entschuldigen.

tismus, die sich über Deutschland, das jetzt ein mittelterliches Hitlerland ist, gelagert haben, zerstreut sind ... denn die Juden sind die Aristokraten der Welt[69]." Der stellvertretende amerikanische Hauptankläger in Nürnberg, Robert Kempner, ehemaliger preußischer Oberregierungsrat, der 1934 aus rassischen Gründen nach den USA ausgewandert war, erklärte dem bekannten deutschen Rechtsanwalt Friedrich Grimm, der deutsch-jüdische Krieg habe schon 1923 mit den antijüdischen Maßnahmen des damaligen bayerischen Generalstaatskommissars Kahr begonnen[70]. Man kann aber den deutsch-jüdischen Krieg auch in das Jahr 1917 zurückdatieren, als die amerikanischen Juden sich mit Erfolg für den Kriegseintritt der USA auf seiten der Alliierten einsetzten. England bezahlte dafür mit der berühmten Balfour-Erklärung vom 2. November 1917, gerichtet an den Londoner Rothschild mit dem Versprechen, den Juden eine nationale Heimstätte in Palästina zu verschaffen[71].

Der Propaganda- und Wirtschaftskrieg gegen Deutschland setzte sofort ein. Bereits im März 1933 veranstaltete der jüdische Oberbürgermeister von New York, La Guardia, einen

---

69 Grieb, Conrad: Uncovering the forces for War, New York 1947, S. 38f.

70 Friedrich Grimm: Mit offenem Visier, Leoni 1960 S. 273.

71 Lückenhaus, a. a. O., S. 85: „Die Juden in Deutschland hatten in der Weimarer Zeit den psychologischen Fehler gemacht, sich allzusehr ins Rampenlicht zu setzen und dadurch der antisemitischen Agitation in die Hand zu spielen. Hinzu kam, daß in den Jahren nach dem Ersten Weltkrieg große Scharen sogenannter Ostjuden – vorwiegend aus Galizien – nach Deutschland geströmt waren und sich hier vielfach zweifelhafter Geschäftsmethoden bedient hatten, die auf das alt eingesessene deutsche Judentum zurückfielen. Immerhin habe ich in den beiden ersten Monaten des neuen Regimes von offiziellen oder inoffiziellen Schritten gegen die in Deutschland lebenden Juden nicht viel gelesen oder gehört. Um so erstaunter war ich, als etwa Mitte März ein längeres Kabel unseres Newyorker Vertreters eintraf, das eine weitverbreitete amerikanische Zeitung als Quelle einer Nachricht über haarsträubende Greuel in Deutschland zitierte. In vielen Städten und Dörfern, so hieß es in der Meldung u. a. würden die Juden systematisch zusammengetrieben und massakriert und ihre Frauen und Töchter mißhandelt und vergewaltigt ..."

Schauprozeß gegen Hitler, in dessen Verlauf Hitler in effigie gehängt wurde. Der Boykott deutscher Waren wurde von Juden propagiert und organisiert. Die erste deutsche Reaktion darauf war der amtlich verordnete 24-stündige Boykott der jüdischen Geschäfte im Deutschen Reich am 1. April 1933. In der oben angeführten Ansprache des Präsidenten der „World Jewish Economic Federation" in den Vereinigten Staaten, Samuel Untermeyer, hieß es diesbezüglich: „Was wir vorschlagen und bereits weitgehend verwirklichen, ist ein rein defensiver Wirtschaftsboykott. Er wird Hitlers Regime unterminieren und das deutsche Volk zur Selbstbesinnung bringen durch die Zerstörung seines Außenhandels, von dem seine Existenz abhängt." Ein „Anti-Nazi Economic Bulletin" wurde herausgegeben mit dem Untertitel: „Official Organ of the Non-Sectarian Anti-Nazi-League to champion human rights"[72]. Die Hoffnung, Hitlerdeutschland wirtschaftlich in die Knie zu zwingen, schlug jedoch fehl infolge der wirksamen handelspolitischen Gegenmaßnahmen des Reichsbankpräsidenten und Reichswirtschaftsministers Schacht. Desto mehr steigerte sich der Propagandakrieg, besonders auch unter dem wachsenden Einfluß der Emigranten aus Deutschland, Österreich und der Tschecho-Slowakei im Jahre 1938. Graf Szembek, Staatssekretär im polnischen Außenministerium, stellte schon im Frühjahr 1935 fest, „daß die Gerüchte von einem bevorstehenden Krieg immer aus der gleichen Quelle kommen, nämlich von Juden und Freimaurern; sie werden durch die Zweite und Dritte Internationale verbreitet[73]." Und im Januar 1939 vermerkte er folgende Äußerung des amerikanischen Botschafters in Warschau, Biddle: „Die Juden und die deutschen Intellektuellen, die dort emigriert sind, inspirieren die amerikanische öffentliche Meinung in einem ungünstigen Sinne gegen das hitlerische Deutschland[74]."

---

[72] S. Anhang, Dok. Nr. 9.

[73] Jan Szembek, Journal 1933–1939, S. 58ff.

[74] Ebda, S. 404.

Die innen-sozial-wirtschaftspolitischen und außenpolitischen Erfolge Hitlers ließen im Jahre 1938 die Erkenntnis, daß man seiner nur durch einen ‚heißen' Krieg Herr werden könne, nach dem Scheitern des Wirtschaftskrieges zur Gewißheit reifen. Graf Potocki, der polnische Botschafter in Washington, äußerte sich zum jüdischen Einfluß in Amerika und besonders auch auf die Regierung Roosevelt in dem oben bereits angezogenen Bericht vom 12. Januar 1939[75]:

„Ferner ist das brutale Vorgehen gegen die Juden in Deutschland und das Emigrantenproblem, die den herrschenden Haß immer neu schüren gegen alles, was irgendwie mit dem deutschen Nationalsozialismus zusammenhängt. An dieser Aktion haben die einzelnen jüdischen Intellektuellen teilgenommen, z. B. Bernard Baruch, der Gouverneur des Staates New York, Lehmann, der neuernannte Richter des Obersten Gerichts Felix Frankfurter, der Schatzsekretär Morgenthau und andere, die mit dem Präsidenten Roosevelt persönlich befreundet sind. Sie wollen, daß der Präsident zum Vorkämpfer der Menschenrechte wird, der Religions- und Wortfreiheit, und er soll in Zukunft die Unruhestifter bestrafen. Diese Gruppe von Leuten, die die höchsten Stellungen in der amerikanischen Regierung einnehmen und die sich zu den Vertretern des „wahren Amerikanismus" und als „Verteidiger der Demokratie" hinstellen möchten, sind im Grunde doch durch unzerreißbare Bande mit dem internationalen Judentum verbunden. Für diese jüdische Internationale, die vor allem die Interessen ihrer Rasse im Auge hat, war das Herausstellen des Präsidenten der Vereinigten Staaten auf diesen „idealsten" Posten eines Verteidigers der Menschenrechte ein genialer Schachzug. Sie haben auf diese Weise einen sehr gefährlichen Herd für Haß und Feindseligkeit auf dieser Halbkugel geschaffen und haben die Welt in zwei feindliche Lager geteilt. Das ganze Problem wird auf mysteriöse Art bearbeitet: Roosevelt sind die Grundlagen in die Hand gegeben worden, worden, um die Außenpolitik Amerikas zu

---

[75] Burckhardt, a. a. O., S. 253ff.

beleben und auf diesem Wege zugleich die kolossalen militärischen Vorräte zu schaffen für den künftigen Krieg, dem die Juden mit vollem Bewußtsein zustreben. Innerpolitisch ist es sehr bequem, die Aufmerksamkeit des Publikums von dem in Amerika immer zunehmenden Antisemitismus abzulenken, indem man von der Notwendigkeit spricht, Glauben und individuelle Freiheit vor den Angriffen des Faschismus zu verteidigen."

Da die Juden die Massenmedien beherrschen, ihre eigentliche Machtstellung in den USA, war es für die Isolationisten nahezu unmöglich, gegen sie aufzukommen. „Anscheinend kann heute in Amerika alles diskutiert werden – bis auf die Judenfrage. Die bloße Erwähnung des Wortes ‚Jude' verursacht einen Sturm", trug Lindbergh am 15. September 1941 in sein Tagebuch ein. Drei Tage später vermerkte er, – 18. September 1941 – Flynn halte es nicht für ratsam, die jüdische Frage anzuschneiden. „Mir fällt es schwer," schreibt Lindbergh, „Flynns Haltung zu verstehen. Er ist ebenso wie ich der festen Meinung, daß die Juden zu den Hauptverantwortlichen gehören, die unser Land in den Krieg zerren ..."

Präsident Roosevelt war seit seiner Zeit als Gouverneur von New York mit einer Anzahl maßgeblicher jüdischer Persönlichkeiten befreundet. Dazu gehörten als seine ständigen Berater vor allem Felix Frankfurter und Samuel Rosenman, der seit 1928 die Reden für Roosevelt ausarbeitete. Rosenman wurde 1932 mit Hilfe Roosevelts „Justice of the Supreme Court of New York State". Er blieb in Roosevelts engster Umgebung bis zum Tode des Präsidenten 1945[76]. Eng befreundet war Roosevelt auch mit Felix Frankfurter, den er 1939 als Richter ins Oberste Bundesgericht berief. Frankfurter (geb. 1894 in Wien) spielte bereits als Berater Präsident Wilsons eine Rolle neben Louis Brandeis, den Wilson in den Obersten Bundesgerichtshof berufen hatte. Beide waren entschiedene Förderer der zionistischen Bewegung[77]. Die bedeutendste jüdische Persönlichkeit als

---

[76] Samuel Rosenman: Working with Roosevelt, New York 1952.

[77] Felix Frankfurter: Reminisces, New York 1960; ferner: Max Freedman:

inoffizieller Präsidentenberater von Wilson bis Kennedy war Bernard Baruch[78]. Er organisierte im Ersten Weltkrieg die amerikanische Kriegsindustrie und begleitete Präsident Wilson nach Versailles als sein Finanzberater. Baruch war maßgeblich beteiligt an der Ausweitung des amerikanischen Rüstungsprogramms für den Zweiten Weltkrieg und war im Krieg die „Graue Eminenz des Kapitols"[79]. Den Ehrentitel „Elder Statesman Number One" führte er länger als irgendein anderer seit Thomas Jefferson[80]. Auch der Gouverneur von New York, Herbert Lehmann, gehörte laut Graf Potocki zum engeren Freundeskreis des Präsidenten. Am bekanntesten von Roosevelts jüdischen Mitarbeitern wurde sein Schatzsekretär Henry Morgenthau jr. durch den von ihm und seinem jüdischen Mitarbeiter Harry Dexter White ausgearbeiteten und nach ihm benannten „Morgenthauplan"[81]. Er schlug darin die Umwandlung Deutschlands in einen Agrarstaat vor. Dieser Plan ging teilweise in die Direktive JCS 1067/6 vom 26. April 1945 ein und bildete die Grundlage der amerikanischen Besatzungspolitik in Deutschland bis Juli 1947. Auch der aus Ungarn stammende Rabbiner Stephen Wise war mit dem Präsidenten eng befreundet. Wise, Gründer des „American Jewish Congress", war eine der einflußreichsten Persönlichkeiten des amerikani-

Roosevelt and Frankfurter. Their correspondence 1938–1945, Boston 1968; s. a. Sherwood, a. a. O., S. 94. Dall, a. a. O., S. 96ff.

78 Bernard Baruch: My own story, New York 1957; ders. The public years, New York 1962; ders.: The Making of the Reparation and Economic sections of the Treaty, New York 1920.

79 Rosenman, a. a. O., S. 335: „I suppose that nearly everybody in top Washington officialdom during the war could say that Baruch was of assistance to him at one time or another ... He had great influence on the Thinking and actions on Capitol Hill." S. 336f. „I know of no private citizen who, in an unofficial capacity, rendered greater service than Baruch did during the war." – Dall, a. a. O., S. 104ff.

80 S. a. Sherwood, a. a. O., S. 113.

81 Henry Morgenthau Jr.: Germany is our Problem, A Plan for Germany, New York 1945. Das Buch enthält das Original des „Planes", den Präsident Roosevelt im September 1944 zur Besprechung mit Churchill auf der Konferenz in Quebec mitnahm. Dall, a. a. O., S. 116ff.

schen Judentums. „Wise war zweifellos der weitaus populärste Jude in den Vereinigten Staaten", schreibt Nahum Goldmann. „Als enger Freund des Präsidenten Wilson hat er zusammen mit Brandeis am meisten dazu beigetragen, dem Zionismus die Sympathien der amerikanischen Regierung zu gewinnen, ohne welche die Balfour-Deklaration undenkbar gewesen wäre[82]." Unter den zwischen 1933–1945 nach Amerika ausgewanderten Juden waren bedeutende und berühmte Wissenschaftler, an ihrer Spitze Albert Einstein und Sigmund Freud. Einstein trug an Präsident Roosevelt die Anregung heran, die Atombombe bauen zu lassen. Bekannte jüdische Physiker, die vielfach aus der Göttinger Schule kamen, waren daran maßgeblich beteiligt, so J. Robert Oppenheimer als „Vater der A-Bombe" und Eduard Teller als „Vater der Wasserstoffbombe". Das Zentrum der physikalischen Forschung verlagerte sich infolge der Judenverfolgung in Deutschland in die USA. Sigmund Freud als Begründer der Psycho-Analyse hat mit seiner Schule auf das amerikanische Denken keinen geringeren Einfluß ausgeübt wie Karl Marx als Begründer des „wissenschaftlichen Sozialismus" auf Lenin, Stalin, Mao Tse-tung, auf den ganzen slawischen Osten und auf China.

Das Interesse an einer Abrechnung mit Hitler-Deutschland hatte daher nicht nur England, sondern auch die Vereinigten Staaten und die Juden. Bereits Ende August 1939 erging eine jüdische Kriegserklärung an Deutschland, einmal auf dem Zionistenkongreß in Genf, dann durch das Schreiben des Zionistenführers Chaim Weizmann vom 29. August 1939 an den britischen Premierminister[83]:

---

[82] Goldmann, Staatsmann ohne Staat, S. 162ff., ders.: Das jüdische Paradox, S. 61ff.

[83] H. G. Adler: Die verheimlichte Wahrheit. Theresienstädter Dokumente, Tübingen 1958, S. 321; ferner: Helmut Sündermann: Das Dritte Reich, Leoni 1961, S. 78f.

Brief Chaim Weizmanns an Premierminister Chamberlain am 29. 8. 1939: „In this Hour of supreme crisis, the consciousness that the Jews have a contribution to make to the sacred values impels me to write this letter. I

„In dieser Stunde höchster Krise treibt mich das Bewußtsein, daß die Juden einen Beitrag zu liefern haben zu den heiligen Werten, diesen Brief zu schreiben. Ich wünsche ausdrücklich die Erklärung zu bestätigen, die ich und meine Kollegen während der letzten Monate machten, und besonders in der letzten Woche: daß die Juden ‚auf seiten Großbritanniens stehen und an der Seite der Demokratie kämpfen werden'. Wir beabsichtigen das in voller Übereinstimmung mit dem allgemeinen Schema der britischen Aktion zu tun und werden uns deshalb in allen großen und kleinen Angelegenheiten der koordinierten Leitung Seiner Majestät Regierung unterstellen. Die Jewish Ageny ist bereit zu sofortigem Übereinkommen zur Nutzung jüdischer Manneskraft, technischer Fähigkeiten und Hilfsquellen. Die Jewish Agency hatte vor kurzem Meinungsverschiedenheiten auf politischem Gebiet mit der Mandatsmacht. Wir wollen diese Differenzen beiseitelassen angesichts der größeren und dringenderen Notwendigkeiten der Zeit. Wir bitten Sie, diese Erklärung in dem Geist anzunehmen, in dem sie gemacht ist."

Dieser Brief Weizmanns war ein Beschluß des im August 1939 in Genf abgehaltenen Zionistenkongresses mit dem Bekennntnis zu Englands Krieg gegen Deutschland. Der Kongreß hatte auch beschlossen, „daß selbst das in jenem Jahr veröffentlichte britische Weißbuch, in dem es starre Quoten für die jüdische Einwanderung nach Palästina festlegte und den

---

wish to confirm in the most explicit manner, the declaration which I and my colleagues made during the last months, and especially in the last week: that the Jews „stand by Great Britain and will fight on the side of the democracies". Our urgent desire is to give effect to these declarations. We wish to do so in a way entirely consonant with the general scheme of British action, and therefore would place ourselves, in matters big and small, under the coordinating direction of His Majesty's Government. The Jewish Agency is ready to enter into immediate arrangement for utilizing Jewish manpower, technical ability, resources etc. The Jewish Agency has recently had differences in the political field with the Mandatory Power. We would these differences to give way before the greater and more pressing necessities of the time. We ask you to accept this declaration in the spirit in which it is made."

Landkauf für die jüdische Siedlung beschränkte, uns nicht davor zurückhalten dürfe, jede gegen Hitler gerichtete Kriegsanstrengung mit allen Kräften zu unterstützen. Die Exekutive der Jewish Agency beauftragte mich," schreibt Dov Joseph, „nach Jerusalem zurückzufliegen, die Leitung der politischen Abteilung bis zur Rückkehr der anderen Mitglieder zu übernehmen und unser Volk auf den unmittelbar bevorstehenden Krieg vorzubereiten ..." Dov Joseph wurde auch beauftragt, Juden für die britische Armee anzuwerben; „wir stellten dreißigtausend Mann auf. ... Das gesamte jüdische Palästina wurde auf seiten der Alliierten mobilisiert ...[84]"

Es ist bemerkenswert, daß die Juden, besonders auch die Zionisten, trotz der doppelzüngigen Politik der britischen Mandatsmacht in Palästina, die ein schwerer Hemmschuh für die jüdische Einwanderung und die Ansiedlung im Heiligen Land war[85], sich sofort und bedingungslos dem englischen Krieg gegen Deutschland anschlossen. Der Brief Weizmanns an Premierminister Chamberlain vom 29. August 1939 läßt ebenso wie das Ergebnis des Zionistenkongresses in Genf im August 1939 erkennen, daß der Krieg gegen Deutschland für die Juden eine beschlossene und feststehende Tatsache war. Das geht auch aus den Verhandlungen von Propst Heinrich Grüber mit dem Londoner Baron Anthony Rothschild über ein Siedlungsprojekt für die Juden in Brasilien hervor. Die Verhandlungen standen bereits kurz vor dem Abschluß, zogen sich aber noch in den August 1939 hinein. Baron Anthony Rothschild antwortete dem Propst, als er die Sprache auf ein Darlehen Rothschilds für die Finanzierung des Auswanderungsplanes für die Juden brachte: „Es hat keinen Zweck, daß wir länger verhandeln, denn in zwei bis drei Wochen haben wir Krieg, dann wird Ihr Plan nicht mehr durchführbar sein[86]."

---

[84] Dov Joseph: Die Belagerung Jerusalems 1948, Frankfurt/Main 1962, S. 13ff.

[85] S. u. a.: Christopher Sykes: Kreuzwege nach Israel, München 1965, passim.

[86] Propst Heinrich Grüber: Erinnerungen aus sieben Jahrzehnten, Köln 1968, S. 118ff., 120. – Als Roosevelts intimer Berater Hopkins im März 1939

Ein Höhepunkt jüdisch-amerikanischer Haßpropaganda gegen Deutschland in den „neutralen" Vereinigten Staaten war das Buch „Germany must perish" von dem jüdischen Verfasser Theodore N. Kaufman, Newark 1941. Kaufmann schreibt, dieser Krieg (1941) sei kein Krieg gegen Hitler und gegen die Nazis sondern ein Krieg zwischen der deutschen Nation und der Menschheit. Ein endgültiges Halt der deutschen Aggression sei das Ziel dieses Krieges. Deutschland habe der Welt einen totalen Krieg aufgezwungen und müsse deshalb eine totale Bestrafung hinnehmen: „Deutschland muß vernichtet werden!" Dieses Ziel sei erreichbar durch die Massen-Sterilisation der gesamten zeugungsfähigen Bevölkerung Deutschlands männlichen und weiblichen Geschlechts[87]. Daß solche Haßgesänge nicht die Ausgeburt eines Einzelgängers waren, sondern ernsthaft von maßgebenden Angehörigen der interventionistischen Richtung erörtert wurden, geht aus dem Tagebuch-Eintrag Lindberghs vom 5. Februar 1942 hervor. Bei einem Abendessen sprach man davon, „was nach dem Krieg mit Deutschland geschehen solle. Der erste Vorschlag dieser Verteidiger der Zivilisation war, daß alle männlichen Deutschen zwischen zehn und sechzig Jahren getötet werden sollten. Nachdem sie das diskutiert hatten, entschieden sie, daß es doch nicht gut möglich sei, man schlug also vor, statt sie zu töten, sie einfach zu sterilisieren."

Nahum Goldmann berichtet über ein gemeinsames Gespräch mit Stephen Wise und Samuel Rosenman, dem Berater des Präsidenten, auf der Terrasse von Rosenmans Haus. Präsident Roosevelt kam im Wagen vorbei und rief den dreien zu: „Könnt Ihr Euch vorstellen, was Goebbels dafür gäbe, ein Foto

---

Bernhard Baruch auf seinem Gut besuchte, um seinen Rat einzuholen, wollte dieser von innenpolitischen Angelegenheiten nichts hören. Baruch erzählte ihm, er stimme völlig mit seinem Freund Churchill überein, der ihm gesagte hatte: „Krieg kommt sehr bald. Wir werden daran beteiligt sein und Sie (USA) ebenso. You (Baruch) will be running the show over there, but I will be on the sidelines over here" Sherwood, a. a. O., S. 113.

[87] Dok. Anhang Nr. 10.

dieser Szene zu bekommen: der Präsident der Vereinigten Staaten empfängt Verhaltensmaßregeln von den drei Weisen von Zion[88]." Weizmann erklärte auf dem Jüdischen Weltkongreß in New York am 3. 12. 42: „Wir leugnen es nicht und haben keine Furcht, die Wahrheit zu bekennen, daß dieser Krieg unser Krieg ist und zur Befreiung des Judentums geführt wird. ... Stärker als alle Fronten zusammen ist unsere Front, die Front des Judentums. Wir geben diesem Krieg nicht nur unsere ganze finanzielle Unterstützung, auf der die gesamte Kriegsproduktion basiert, wir stellen diesem Krieg nicht nur unsere volle propagandistische Macht zur Verfügung, die die moralische Triebkraft zur Aufrechterhaltung dieses Krieges ist. Die Sicherung des Sieges baut sich hauptsächlich auf der Schwächung der gegnerischen Kräfte ... auf. Und wir sind das trojanische Pferd in der Festung des Feindes. Tausende in Europa lebende Juden sind der Hauptfaktor bei der Vernichtung unseres Feindes ...[89]"

Im Herbst 1941, drei Monate vor dem amerikanischen Kriegseintritt, fand in Moskau ein jüdischer Kongreß statt, an dem nicht nur die russischen Juden, sondern auch führende jüdische Persönlichkeiten aus aller Welt teilnahmen. Dort riefen die Juden zum Krieg gegen das Deutsche Reich auf[90].

---

88 Goldmann, Das jüdische Paradox, S. 211.

89 Zit. nach: „Deutsche Hochschullehrerzeitung", Tübingen 1967, 15. Jg. Nr. 3, S. 10ff.: „Die Teilnahme der Juden am Zweiten Weltkrieg und ihre Mitverantwortung an der Endlösung der Judenfrage."

90 Heinrich Härtle, Deutsche und Juden, S. 297.

Vom Kriegsausbruch September 1939 bis zum Kriegseintritt der USA Dezember 1941

Hitler machte nach dem Polenfeldzug den Westmächten in seiner Rede vom 5. Oktober 1939 ein Friedensangebot; es wurde abgelehnt. Nach dem gewonnenen Westfeldzug wiederholte er sein Friedensangebot an England; die britische Regierung lehnte wieder ab. Churchill äußerte zu einem Jugendfreund in der zweiten Hälfte des Jahres 1940: „Ich bräuchte nur einen Finger zu rühren und ich könnte den Frieden haben, aber ich will ihn nicht[1]." Winston Churchill, in der Regierung Chamberlain Erster Lord der Admiralität, wurde als Kriegs-Premierminister ab Mai 1940 zur Symbolfigur der antideutschen Kriegspartei mit dem Ziel der Vernichtung des Deutschen Reiches. Soweit eine Einzelperson mit der britischen Kriegspolitik und Kriegszielsetzung identifiziert werden kann, ist es in erster Linie Churchill. Der „mid-Victorian-Imperialist" führte einen dreißigjährigen Krieg gegen das deutsche Volk, von 1914 an gerechnet[1a]. Er war bereit, den Preis für die Vernichtung des Deutschen Reiches zu zahlen: die Auflösung und Zerstörung des Britischen Weltreiches. Seit 10. Mai 1940 Premierminister, verhinderte er einen Friedensschluß nach der Niederlage Frankreichs. Eine starke Gruppe im Foreign Office und im Unterhaus sowie britische Industrielle traten angesichts des Zusammenbruchs Frankreichs für Verhandlungen mit Berlin ein. Sie streckten Friedensfühler durch schwedische Vermittlung nach Deutschland aus; Churchill unterband sie sofort[2]. Er

---

[1] Der Generalkonsul in Genf an das Auswärtige Amt am 5. 12. 1940. Inhalt: Englische Nachrichten. ADAP, Serie D, Bd. IX, 2 4. Bd., 2. Halbband, Nr. 453, S. 661.

[1a] Churchill an Stalin am 20. 2. 1944. Correspondence, Bd. I, 201ff. Nr. 243: „Regarding, as I do, this war against German aggression as all one and as a thirty-years' war from 1914 onwards, ..." – S. a.: Russell Grenfell: Bedingungsloser Haß? Die deutsche Kriegsschuld und Europas Zukunft, Tübingen 1954, S. 103ff., 118ff.; Hesse, a. a. O., S. 121ff.

[2] S. dazu die im Dok. Anhang Nr. 11 angeführten Berichte des italienischen Botschafters in Stockholm. – Die „Frankfurter Allgemeine Zeitung", Nr. 210 v. 10. September 1965 brachte einen Bericht unter dem Titel: „Kompromißfriede mit Hitler. Enthüllungen des schwedischen Diplomaten Prytz. Aufsehen in Großbritannien." Daraus geht auch hervor, daß London die schwedi-

war entschlossen, den Krieg weiterzuführen und konnte sich gegenüber der Friedenspartei auf die sichere Zusage uneingeschränkter amerikanischer Unterstützung berufen. Damit brachte er die friedensbereite Gruppe zum Schweigen. Vermutlich hatte die britische Regierung auch eine geheime Zusage aus Moskau, in den Krieg gegen Deutschland ein Jahr später einzugreifen, wenn die russischen Rüstungen fertig seien[3].

Churchill und Roosevelt waren sich darin einig, daß um keinen Preis ein Verhandlungsfriede mit Deutschland geschlossen werden dürfe. „Sieg um jeden Preis“ war Churchills Devise in vollem Bewußtsein, daß nur mit einer aktiven Beteiligung Amerikas am Krieg und einem Ausverkauf des Britischen Weltreiches dieser Sieg errungen werden könnte. Churchill und seine Regierung opferten mit dem Entschluß, den Krieg weiterzuführen, im Sommer 1940 bewußt Englands Existenz als unabhängige Macht[4]. Roosevelt fürchtete nichts mehr als einen Verhandlungsfrieden, weil er darin ein zweites „München“ sah[5]. Churchills Politik bot den Amerikanern die Möglichkeit, aus Englands Notlage Nutzen zu ziehen und die britische Weltmacht zu demütigen, ein lang-ersehnter Wunsch der Amerikaner. „Von 1940 bis zum Ende des Zweiten Weltkrieges und danach bildete Amerika, nicht Rußland, die lauernde Drohung

---

sche Regierung unter Druck setzte mit der Auflage, das Telegramm des schwedischen Botschafters in London vom Juni 1940, in dem er über den britischen Friedensfühler berichtete, geheimzuhalten. Prytz hatte darin über das Gespräch des britischen Staatssekretärs Butler mit ihm berichtet. Das Gespräch fand am Tage der französischen Kapitulation statt.

Ribbentrop erwähnte in seiner Unterredung mit Mussolini vom 19. September 1940 eine Vermittlungsaktion des schwedischen Königs, der einen Brief an Hitler gerichtet hatte. Dieser war aber darauf nach dem Bekanntwerden von Churchills Ablehnung nicht mehr eingegangen. ADAP, Serie D, 1. 9.–13. 11. 40, S. 97–105, Rom den 20. 9. 40.

[3] Ber. d. ital. Botschafters in Ankara, Nr. 402 v. 13. 8. 1940, DDI, Nona Serie Bd. V, S. 387, Nr. 402, Dok. Anhang Nr. 12.

[4] Barnett, Corelli: The Collapse of British Power, London 1972, S. 588.

[5] Sherwood, a. a. O., S. 126; 183: „So far as he (Roosevelt) is concerned, there is absolutely nothing important in the world today but to beat Hitler.

für die britischen Interessen, die Churchill, in seiner leidenschaftlichen Besessenheit, Deutschland zu besiegen, nicht erkannte[6]."

So fiel die Entscheidung über den Ausgang des Zweiten Weltkrieges bereits im Jahre 1940: sie lag in den Händen des britischen Kriegspremierministers Winston Churchill. Er gewann den „Sieg um jeden Preis", um den Preis der Zerstörung des Britischen Weltreiches und des weltweiten Sieges des Kommunismus[7].

Die Seemacht England führte den Krieg gegen Deutschland in der herkömmlichen Weise: als Koalitions-, als Einkreisungs- als Zermürbungskrieg. Die Hauptlast der militärischen Kämpfe am Festland überließ es seinen Bündnispartnern, in diesem Falle Polen und Frankreich, seine wirksamste Kriegswaffe war als Seemacht von jeher die Blockade, der Hunger das klassische Mittel angelsächsischer Politik, den Gegner niederzuzwingen. Mit Hunger betrieb England seit Jahrhunderten den größten Genocid der neueren Geschichte Europas am irischen Volk; mit Hunger beherrschte es Indien. Mit Hunger hatte es entscheidend zur Niederlage Deutschlands im Ersten Weltkrieg beigetragen. Durch den deutsch-russischen Nichtangriffspakt war die Hungerblockade in ihrer Wirkung freilich eingeschränkt; aber die überseeischen Zufuhren Deutschlands konnte die britische Flotte doch wirksam unterbinden. Die Blockade bezog nicht nur Lebensmittel, sondern alle kriegswichtigen Rohstoffe ein. Deshalb bereitete England im Verein mit Frankreich auch die Besetzung Norwegens vor, um die

[6] „Churchill' policy therefore provided the Americans with the opportunity firstly, of prospering on British orders, and secondly, of humbling British world power, a long-cherished American ambition. From 1940 to the end of the Second World War and after, it was America, not Russia, which was to constitute that lurking menace to British interests which Churchill, in his passionate obsession with defeating Germany, failed to perceive." Barnett, a. a. O., S. 589.

[7] „Churchill succeeded in winning the war and losing the peace. The only victors were Stalin and communism. As a result, the British Empire was smashed instead of Germany. What a tragedy!" Fish, a. a. O., S. 53.

schwedische Eisenerzzufuhr, die über Narvik ging, zu unterbinden. So brach England als erste Macht die norwegische Neutralität; Hitler kam mit seinem Unternehmen „Weserübung" um knapp 24 Stunden den Briten zuvor. Am Abend des 8. April 1940 erklärte Außenminister Koht im vollbesetzten Storting in Oslo, die Westmächte hätten durch die Verminung der norwegischen Gewässer und die Kaperung der „Altmark" die norwegische Neutralität gebrochen[8]. Churchill ist auch der verantwortliche Mann für den uneingeschränkten Luftkrieg gegen die Zivilbevölkerung; er erteilte kurz nach seinem Regierungsantritt dazu den Befehl[8a]. Ferner ließ er am 3. Juli 1940 die französische Flotte nach dem Zusammenbruch Frankreichs, seines Verbündeten, überfallen und zusammenschießen; mehrere tausend französische Seeleute fanden dabei den Tod. Am 7. Dezember 1940 schrieb er an Präsident Roosevelt, England sei bald nicht mehr in der Lage, die amerikanischen Lieferungen zu bezahlen[9]. Der Brief war die Bankrotterklärung des Britischen Weltreiches. Die fünfzig amerikanischen Zerstörer, die Großbritannien im September 1940 erhalten hatte, wurden bereits mit Stützpunkten kompensiert. Da England seine Schulden aus der Zeit des Ersten Weltkrieges an die USA noch nicht beglichen hatte, konnte es den Zweiten Weltkrieg, den es gegen Deutschland führte, ebenfalls nur mit Schulden finanzieren. Die Amerikaner vertraten den Standpunkt, England sollte, um seine Schulden zu begleichen, seine Kapitalanlagen in der neuen Welt flüssig machen, ehe es seine Zahlungsunfähigkeit erkläre. Die britischen Kapitalanlagen wurden auf neun bis achtzehn Milliarden Dollar geschätzt[10]. Präsident Roosevelt antwortete auf Churchills Hilferuf mit seiner „Gartenschlauchrede" vom

---

8 Koht im Storting: „Die Westmächte tragen den Krieg in norwegisches Gebiet hinein, weil diese meinen, den Krieg auf diese Weise leichter gewinnen zu können." Zwischen Storting und Downing Street, Oslo, o. J., S. 25, 27.

8a Chamberlin, a. a. O., S. 62.

9 Roosevelt and Churchill, Dok. Nr. 35, S. 122 ff. Churchill bezeichnet selbst diesen Brief als eines der wichtigsten Schreiben, das er je verfaßte und absandte. S. Churchill: Their finest hour, S. 554 ff.

10 Offner, a. a. O., S. 184.

29. Dezember 1940. Er verkündete die Notwendigkeit weitestgehender Unterstützung Englands und des Britischen Empire als Speerspitze des Widerstands gegen die nazistischen Welteroberungspläne. Die Achsenmächte seien eine „unheilige" Allianz mit der Absicht, die menschliche Rasse zu beherrschen und zu versklaven. Deshalb verkündete er den „nationalen Notstand" und nannte Amerika das „Arsenal der Demokratie"[11]. Das Leih- und Pachtgesetz vollendete den Prozeß, den Churchill mit der Umwandlung Englands in einen amerikanischen Satelliten-Kriegsstaat begonnen hatte[12]. Churchill, selbst halber Amerikaner der Herkunft nach, trat für eine Union des Britischen Commonwealth mit den USA ein. Ein Jahr nach seinem Hilferuf vom 7. Dezember 1940, am 26. Dezember 1941, sprach er unmittelbar nach dem Kriegseintritt der USA als erster Premierminister Englands und des Britischen Weltreiches vor dem amerikanischen Kongreß; es war der Schwanengesang des Britischen Weltreiches. Der Unterschied zwischen Churchill und Chamberlain bestand darin, daß nun Washington anstelle von Berlin der Brennpunkt der britischen Politik geworden war und der amerikanische Präsident anstelle des deutschen Führers Empfänger von britischen Zugeständnissen wurde[13].

Göring äußerte in Nürnberg über Hitler, er habe „merkwürdigerweise immer an einen Frieden mit England geglaubt"[14]. Dieser dogmatische Glaube war die Wurzel seines eigenen und Deutschlands Verhängnisses im Zweiten Weltkrieg. Auf dem Höhepunkt des militärischen Triumphes im Mai und Juni 1940

---

[11] Ebda, S. 193; ferner: Freedman: „Roosevelt and Frankfurter", Kap. S. 509–574: „The Arsenal of Democracy".

[12] Barnett, a. a. O., S. 592; dort heißt es weiter unten: die militärischen Erfolge der Briten waren nicht Kundgebungen britischer imperialer Macht auf einem neuen Zenith, sondern Manifestationen amerikanischer Macht.

[13] Barnett, a. a. O., S. 588.

[14] Broß, a. a. O., S. 188. – Laut einer Mitteilung Ribbentrops an Hesse hielt Hitler einen Erfolg seines Stellvertreters Heß mit dem Flug nach England für möglich. Hesse, a. a. O., S. 246.

verspielte er den Krieg, weil er aus diesem Glauben heraus die entscheidenden strategischen Fehler beging[14a]: er ließ das britische Expeditionskorps bei Dünkirchen entkommen in der Hoffnung, dadurch „schneller zu einer Übereinkunft mit England zu gelangen“[15]. Und so unterließ er es auch, über die Pyrenäen durchzustoßen durch Spanien und Gibraltar zu erobern[16]. Spanien hätte keinen Widerstand leisten können, wenn die deutschen Divisionen weitermarschiert wären nach Gibraltar, denn es ‚besaß nicht die Mittel, um zehn deutsche Divisionen aufzuhalten; aber wir haben sie mit Diplomatie festgehalten‘, sagte der spanische Botschafter in Vichy[17]. Infolge seines Wunschdenkens, zu einem raschen Frieden mit England zu gelangen, hatte er auch nichts für die Invasion in Großbritannien übrig. Brauchitsch wie Halder äußerten nach dem Kriege die Ansicht, der ernste Wille zur Landung in England habe Hitler offensichtlich gefehlt, weil er anscheinend „auf eine

---

[14a] Hesse, a. a. O., S. 242, zählt drei Fehler Hitlers auf: 1. Das Entkommenlassen der britischen Armee bei Dünkirchen; 2. den Abbruch des Luftkampfes über England; 3. das Verbot der Zusammenarbeit zwischen Luftwaffe und Marine im U-Bootkrieg.

[15] Walter Warlimont: Im Hauptquartier der deutschen Wehrmacht, Frankfurt 1962, S. 114, Anm: Rundstedt an Warlimont im Jahre 1949: „Hitler hat bei einem späteren Besuch bei der Heeresgruppe A geäußert, daß er gehofft hätte, schneller zu einer Übereinkunft mit England zu gelangen, wenn er das britische Expeditionskorps entkommen ließe“. Der britische Militärschriftsteller Liddell Hart weist in seinem Buch „Jetzt kann man es sagen“, 1948 erschienen, in dem Kapitel: „Wie Hitler Frankreich schlug und England rettete (S. 131 ff.) nach, daß Hitler gegen den Willen seiner Generale das britische Expeditionskorps entkommen ließ zusammen mit einigen französischen Divisionen in der Meinung, durch diese großzügige Handlung England für einen Frieden geneigter zu stimmen. Zit. nach Sven Hedin: Ohne Auftrag in Berlin, Berlin 1950 S. 145, Anm. – Hesse, a. a. O., S. 214: „Der Führer hat“, sagte Hewel zu Hesse, „persönlich eingegriffen, um die Engländer bei Dünkirchen entkommen zu lassen.“

[16] Ramon Serrano Suñer: Zwischen Hendaye und Gibraltar, Zürich 1948, S. 194: „. . .; es steht fest, daß die Deutschen mitten auf dem Marsch innehielten, und die Früchte des großen Sieges nicht zu pflücken verstanden . . .“

[17] Äußerungen des spanischen Botschafters in Vichy, Don José Lequerica. Zit. nach Murphy, a. a. O., S. 91. Hesse, a. a. O., S. 243.

Einigung im Verhandlungswege" hoffte[18]. Hitler und Mussolini waren beide im Juni 1940 angesichts des französischen Zusammenbruchs von einer raschen Beendigung des Krieges überzeugt. Deshalb erfolgte die italienische Kriegserklärung am 10. Juni 1940. Der Entschluß Mussolinis zum Kriege, gegen den Willen des Königs und der Militärs, ist vermutlich auf geheime Nachrichten über britische Friedensfühler durch schwedische Vermittlung zurückzuführen; anders ist er schwer erklärbar. Als der italienische Staatsschef und sein Außenminister Graf Ciano am 18. Juni ihren Besuch in München abstatteten, fanden sie Hitler und Ribbentrop in Friedensstimmung vor. Auf Cianos Frage an Ribbentrop, wofür sich die Reichsregierung entscheide, antwortete der Reichsaußenminister spontan: „für Frieden!" Ciano drückte in seinen Tagebüchern widerwillig seine Bewunderung für Hitler aus, weil der Kanzler nach einem so überwältigenden Sieg eine ungewöhnliche Mäßigung und einen ausgeprägten Friedenswillen zeigte[19]. Das deutsche Staatsoberhaupt wirkte daher in diesem Sinne auf die beiden italienischen Gäste ein, besonders ihre Forderungen gegenüber Frankreich zu beschränken. So kam es, daß ein strategisch so wichtiges Gebiet wie Tunis von Frankreich nicht verlangt wurde. Mussolini hatte die Bedenken des Marschalls Badoglio in der Hoffnung auf eine baldige Friedenskonferenz daher mit der Antwort abgetan: „Was wollen Sie, der Krieg ist in drei Monaten zu Ende![20]" Die handgreiflichen Friedensaussichten im Sommer 1940 machte Churchill zunichte, gestützt auf geheime Zusagen Amerikas und vermutlich auch Rußlands. So weit der Wille eines einzelnen für die Fortsetzung des Krieges maßgebend sein konnte und damit für die Auslieferung des Abendlandes an Amerika und Rußland, ist der britische Kriegspremier der Hauptverantwortliche. Wieder, wie im Ersten Weltkrieg, entschloß sich die britische Führung, aus Haß gegen

[18] Westphal, a. a. O., S. 59. S. a. Hesse, a. a. O., S. 236ff. über Luftkrieg.
[19] Ciano, Diaries, Eintr. v. 18. und 19. Juni 1940.
[20] Enno von Rintelen: Mussolini als Bundesgenosse, Tübingen 1951, S. 88.

Deutschland, das europäische Schicksal den außereuropäischen Mächten zu überantworten. Um so tragischer ist die Haltung Hitlers: er trat in seinem Gespräch mit Mussolini und Ciano nachdrücklich für die Erhaltung des Britischen Weltreiches ein, weil er darin einen wichtigen Ordnungsfaktor sah[21]. Das eigentliche strategische Dilemma Hitlers nach dem Sieg über Westeuropa war „die Schwäche der deutschen Rüstung", „die fehlende Vorbereitung für einen Weltkrieg". Der Kriegseintritt Italiens erwies sich rasch als eine wachsende Belastung für Deutschland infolge der wirtschaftlichen und militärischen Schwäche des Achsenpartners und der Ausdehnung des Krieges auf das Mittelmeer und Nordafrika[22]. Da die beiden Achsenmächte keinen Kriegsplan hatten und für die Fortsetzung des Krieges in keiner Weise vorbereitet waren, verschlechterte sich bald ihre strategische Lage. Mussolinis „Parallelkrieg" scheitere binnen eines halben Jahres. Hitler unternahm im Herbst 1940 eine diplomatische Offensive, um im Zusammenhang mit dem im September abgeschlossenen Dreimächtepakt (Deutschland, Italien, Japan) eine Koalition der Festlandsmächte gegen die angelsächsischen Seemächte zustandezubringen, durch Einbeziehung Frankreichs, Spaniens und Rußlands. Nachdem dieser Versuch gescheitert war, entschloß er sich zum Feldzug gegen Rußland.

Der Entschluß zu einem Präventivkrieg war verständlich angesichts der rücksichtslosen Annexionspolitik Rußlands zwischen 1939 und 1941 und der Forderungen, die Molotow bei seinem Berliner Besuch im November 1940 vorgetragen hatte. Moskau hatte die Bindung der deutschen Wehrmacht im Westen dazu benützt, gegen Finnland den Winterfeldzug 1939/40 zu führen und im Sommer 1940 Litauen, Lettland, Estland,

---

[21] Ciano, Diaries, Eintr. v. 18. u. 19. 6. 40. – „Es ist eine hochinteressante Tatsache, das Hitler, der Europäer, eine großzügigere und wohlwollendere Auffassung vom Britischen Empire hatte als Präsident Roosevelt, der Amerikaner." Grenfell, a. a. O., S. 251;

[22] George Kent in: The American Historical Review, vol. 76, Nr. 2, April 1971, S. 495f.

Beßarabien und die Nordbukowina sich einzuverleiben. Da die Bukowina nie zu Rußland gehört hatte ebensowenig wie der Nordzipfel der Moldau, den die Russen ebenfalls besetzt hatten, handelte es sich hier um „eine Verletzung der deutsch-sowjetischen Vereinbarungen“[23].

Zu Beginn des Ostfeldzuges erwies sich Moskau als der eigentliche gebietsmäßige Gewinner des seit September 1939 vollzogenen Kriegsgeschehens. In diesen eineinhalb Jahren hatte Rußland folgende Gebiete annektiert:

Ostpolen:	182000 qkm
Litauen:	57353 qkm
Estland:	47717 qkm
Lettland:	66040 qkm
Beßarabien und Nordbukowina:	60365 qkm
Finnische Gebiete:	46800 qkm
	487101 qkm

Stalin, der „eiskalte Erpresser“, wie Hitler ihn richtig nannte, hatte also vom 1. 9. 39 bis 22. 6. 41 einen Gebietsgewinn von der Größe des Deutschen Reiches nach 1919 (467302 qkm) eingeheimst, mit 23 Millionen Einwohnern. Bei seiner Ansprache vor 200 Offizieren der Frunse-Akademie am 4. Mai 1941 führte er in gehobener Stimmung aus: „Die Sowjetregierung will mit allen zur Verfügung stehenden diplomatischen Mitteln versuchen, einen bewaffneten Konflikt mit Deutschland zumindest bis zum Herbst hinauszuzögern, weil es um diese Jahreszeit für einen deutschen Angriff zu spät sein wird. Dieser Versuch kann gelingen, kann aber auch fehlschlagen. Wenn er gelingt, wird der Krieg mit Deutschland fast unvermeidlich im Jahre 1942 stattfinden, und zwar unter viel günstigeren Bedingungen, da die Rote Armee dann ganz ausgebildet sein wird[24].“

Die britische Regierung erklärte sich in ihren dem Kreml am 22. Oktober 1940 unterbreiteten Vorschlägen zur Besserung

[23] Hilger, a. a. O., S. 298.

[24] Alexander Werth: Rußland im Krieg 1941–1945, München 1965, S. 106f.

der britisch-sowjetrussischen Beziehungen bereit, die Souveränität Moskaus in den oben genannten eroberten Gebieten anzuerkennen, wenige Wochen vor dem Besuch des sowjetrussischen Außenministers Molotow in Berlin![24a]

Gerüchte über einen bevorstehenden deutsch-russischen Krieg waren seit Beginn des Jahres 1941 weit verbreitet. Der amerikanische Unterstaatssekretär Sumner Welles verständigte bereits im Januar 1941 den russischen Nachrichtendienst. Churchill telegraphierte an Roosevelt am 15. Juni, im Falle eines deutschen Angriffs auf Rußland werde England den Sowjets Hilfe leisten. Roosevelt sagte seine Unterstützung in dieser Hinsicht zu[25]. Churchills Begeisterung für seinen neuen Bundesgenossen Stalin ging so weit, daß er auf Bezahlung britischer Lieferungen verzichtete und sie „auf der gleichen Grundlage der Kameradschaft wie die amerikanische Lend-Lease Bill“ spendete[25a].

Die von Molotow in Berlin vorgetragenen russischen Forderungen waren in Umfang und Ausmaß erschreckend und für Deutschland unannehmbar. Moskau zählte praktisch ganz Südosteuropa zu seiner Interessensphäre, wobei es besonders Bulgarien und die türkischen Meerengen hervorhob. Im Norden betrachtete es Finnland als selbstverständlich ihm zugehörig. Darüber hinaus bekundete Molotow aber auch Interesse an den Ostseezugängen Kattegat, Skagerrak, Großem und Kleinem Belt und am Öresund[26]. Der russische Aufmarsch an der deutschen Ostgrenze nahm in der ersten Jahreshälfte bedrohli-

---

24a Maiski, a. a. O., S. 625.

25 Offner, a. a. O., S. 205.

25a Correspondence, Bd. I, S. 22f. Nr. 11 v. 4. 9. 41 Churchills Antwort auf Stalins Brief v. 3. 9. 41. S. a. Churchill: The Second World War, III, S. 405f: „6. In your first paragraph you used the word ‚sell‘. We had not viewed the matter in such terms and have never thought of payment. Any assistance we can give you would better be upon the same basis of comradeship as the American Lendlease Bill, of which no formal account is kept in money.“

26 Allard, a. a. O., S. 259ff.

che Formen an. Nach einer Äußerung der sowjetrussischen Gesandtin in Stockholm, Frau Kollontai im Mai 1941, waren „zu keinem Zeitpunkt der russischen Geschichte“ „an der Westgrenze Rußlands stärkere Truppenkontingente zusammengezogen worden als jetzt“[27].

Die Anlage der russischen Truppen-Konzentration deutete auf die Vorbereitung eines Angriffs hin. Vermutlich war ein solcher für Herbst 1941 oder Frühjahr 1942 geplant[28].

Die Imponderabilien des Krieges spielten der deutschen Planung für 1941 aber einen bösen Streich durch den mißglückten Griechenlandfeldzug Italiens. Gegen den Willen der deutschen Führung wurde dadurch Südosteuropa ins Kriegsgeschehen unmittelbar einbezogen. Die Briten landeten ein Expeditionskorps in Griechenland und bedrohten mit ihrer Luftwaffe die rumänischen Ölfelder, von denen die gesamte Kriegführung der Achsenmächte abhing. Der Putsch in Belgrad vom 27. März 1941, veranlaßt durch amerikanische Machenschaften[29] und unterstützt von Rußland[30] erzwang zusätzlich zu dem Feldzug gegen

---

[27] ADAP, Serie D, XII, 2 6. 4.–22. 6. 41, Nr. 527, S. 693, Ber. des deutschen Gesandten Prinz zu Wied aus Stockholm.

[28] KTB/OKW, II, 2. Halbband, S. 1287ff.: Aussagen gefangener sowjetrussicher Offiziere, aufgez. v. Botschaftsrat Hilger am 8. 8. 42; ferner: Hilger: Wir und der Kreml, S. 307f. – S. a. Erich Helmdach: Überfall? Der sowjetisch-deutsche Aufmarsch 1941. 3. A. Neckargemünd 1976, S. 28ff., 45, 53ff.

[29] Am 24. März 1941 ließ Roosevelt folgende Mitteilung dem jugoslawischen Ministerpräsidenten Zvetkovich zukommen, als er Kenntnis von den jugoslawischen Verhandlungen über einen Beitritt zum Antikominternpakt erhalten hatte: „Falls die jugoslawische Regierung mit Deutschland ein Abkommen schließt, das den Interessen Englands und Griechenlands, die für die Freiheit aller kämpfen, abträglich ist, wird sich der Präsident genötigt sehen, die jugoslawischen Guthaben zu sperren und die amerikanische Politik gegenüber Jugoslawien völlig zu revidieren.“ Chamberlin, a. a. O., S. 100f.; Hedin: Amerika im Kampf der Kontinente, S. 122f.

[30] Am 5. auf 6. April schloß Moskau mit der neuen jugoslawischen Regierung ein Bündnis. Undurchsichtig ist, ob der Kreml den Umsturz selbst mit veranlaßte. Auffallend bleibt der rasche Bündnisabschluß mit eindeutig deutschfeindlichem Charakter.

Chaim Weizmann

Felix Frankfurter

Henry Morgenthau jr.

Bernard Baruch

Josef W. Stalin und Außenminister W. Molotow

General Douglas MacArthur empfängt den japanischen Kaiser Hirohito

Der japanische Ministerpräsident Hideki Tojo vor dem alliierten Gerichtshof

Griechenland auch einen gegen Jugoslawien. Ein solcher war vor dem 27. März nicht ins Auge gefaßt und daher nicht vorbereitet[31], er mußte binnen weniger Tage improvisiert werden. Der Balkanfeldzug verlief glänzend, aber er brachte eine fatale zeitliche Verschiebung des Angriffstermins auf Rußland um sechs Wochen mit verhängnisvollen Folgen. England und die USA sagten den Russen unmittelbar nach dem Ausbruch des deutsch-russischen Krieges ihre Hilfe zu, und so floß bald in zunehmendem Maße ein unermeßlicher Strom von Kriegsmaterial und Lebensmitteln vor allem aus Amerika nach Rußland und ermöglichte Stalin das Durchstehen der lebensgefährlichen Krise 1941/42. Ohne die massiven amerikanischen Lieferungen hätte Rußland den Kampf gegen Deutschland nicht durchhalten können. Stalin wäre zum Verhandeln gezwungen gewesen, nachdem er die ernährungsmäßig lebenswichtige Ukraine vorübergehend verloren hatte[32].

Der Kriegseintritt der USA erfolgte schließlich durch die „Hintertür" in Ostasien[33]. Nach der Kündigung des Handelsvertrages mit Japan von 1911 im Juli 1939, die dann im Früh-

---

[31] Neubacher, a. a. O., S. 131.

[32] „Ohne die materielle Hilfe Amerikas hätte die russische Armee ihre Niederlagen 1942 nicht überlebt. Dies ist auch meine persönliche Erfahrung aus den Kaukasusoperationen des Spätsommers 1942." Geyr von Schweppenburg, a. a. O., S. 78. – Über die rasch einsetzende britisch-amerikanische Hilfe s. b. „Correspondence between the chairman of the Council of Ministers of the USSR and the Presidents of the U.S.A. and the Prime Ministers of Great Britain during the great patriotic war of 1941–1945", 2Bde, Moscow 1957. Demnach gingen bereits im August 1941 die ersten Lieferungen von Rohstoffen und Kriegsmaterial nach Rußland, laut einem Brief Churchills an Stalin v. 1. August mehrere Schiffsladungen Gummi. Bereits am 12. 7. 1941 wurde die Moskauer Übereinkunft zwischen England und Rußland geschlossen. Mit Schreiben v. 4. 11. 1941 bedankte sich Stalin bei Roosevelt für eine zinslose Anleihe in Höhe von einer Milliarde Dollar für Munition und Rohstoffe. Bd. I, Nr. 1–7 Briefe Churchills v. 8. 7., 10. 7., 18. 7., 21. 7., 26. 7., 28. 7., 1. 8. Nr. 8 Gemeinsamer Brief Churchills und Roosevelts v. 15. 8. an Stalin.

[33] Bruce R. Bartlett; Cover-Clp: The Politics of Pearl Harbor, 1941–1946 New York 1978, passim. Fish, a. a. O., S. 131 ff., 143 ff.; Offner, a. a. O., S. 133 ff.; Ch. Tansill: Die Hintertür zum Krieg, Düsseldorf 1956, passim.

jahr 1940 wirksam wurde, setzte die amerikanische Regierung Japan unter steigenden wirtschaftlichen Druck. China dagegen erhielt bereits 1940 500 Millionen Dollar von den USA. Die fortlaufende japanische Offensive gegen China mit der Besetzung immer neuer Gebiete veranlaßte Washington, darauf hinzuweisen, daß es an seinen Vertragsrechten mit China festhalte und die von den Japanern gewaltsam vollzogenen Änderungen nicht anerkenne. Das galt besonders auch für den japanischen Satellitenstaat Mandschukuo. Ab 1938 wurde bereits die Flugzeugausfuhr nach Japan mit einer Art „moralischer Blockade" belegt, indem die Firmen darauf aufmerksam gemacht wurden, daß die Flugzeuge zur Bombardierung der Zivilbevölkerung mißbraucht würden. Derartige „moralische" Bedenken hatte die amerikanische Regierung während des Krieges nicht, als sie den Massenmord an der Zivilbevölkerung in Deutschland und Japan durch Bombenangriffe systematisch betrieb. Im Dezember 1939 wurde dann die Ausfuhr von Flugbenzin nach Japan blockiert. Am stärksten wirkte sich auf die japanische Wirtschaft die Verhängung des amerikanischen Schrott- und Ölembargos im Jahre 1940 aus. Dieser Würgegriff war für das rohstoffarme und von Einfuhren abhängige Land auf die Dauer unerträglich. Zu den vorbereitenden Kriegsmaßnahmen der USA in Ostasien gehörte der Aufbau der ABCD-Front[34]: Amerika, das Britische Weltreich, China und Holländisch-Indien (Dutch-Indies), das nicht mehr in der Lage war, sich zu verteidigen, schlossen sich zusammen zum gemeinsamen Kampf gegen die japanischen Vorherrschaftsbestrebungen in Ostasien. Roosevelt forderte als Voraussetzung für eine Entspannung im Juli 1941 den Rückzug der japanischen Truppen aus Indochina. Ende Juli 1941 ließ der Präsident die chinesischen und japanischen Guthaben in den USA einfrieren und legte damit den Handel mit Ostasien lahm. Holländisch-Indien und Großbritannien schlossen sich dem amerikanischen Vorgehen an. Da die japanische Kriegsindustrie von der Öl- und Rohstoffzu-

[34] Offner, a. a. O., S. 188f.

fuhr aus Südostasien abhing, war Japan damit „an die Wand" gestellt. Verhandlungsbemühungen der Japaner, die zu weitgehenden Zugeständnissen bereit waren, wurden von Washington stillschweigend übergangen[35]. Am 26. November 1941 ließ der amerikanische Präsident im Einvernehmen mit den übrigen Mitgliedern der ABCD-Front Tokio wissen, daß eine Lockerung oder gar Aufhebung der Wirtschaftssanktionen erst in Frage komme, wenn Japan China ganz geräumt habe. Dieses Ultimatum Roosevelts, ohne Wissen des Kongresses abgesandt, gab den Ausschlag für den japanischen Entschluß zum Krieg[36]. Das hatte der Präsident beabsichtigt. Den schwarzen Peter des Losschlagens schoben die Amerikaner den Japanern zu[37], wie die Briten den Deutschen. Der japanische Angriff auf Pearl Harbor am 7. Dezember 1941, von dem die amerikanische Regierung infolge der Kenntnis des geknackten japanischen Geheim-Codes wußte, brachte die USA in den Krieg[38]. Am 11. Dezember erfolgte dann die Kriegserklärung Berlins und Roms an die Vereinigten Staaten; vom gleichen Tag war das Abkommen der Dreierpaktmächte zur gemeinsamen Kriegführung datiert. Die Kriegserklärung der Achsenmächte ist unverständlich, denn sie waren dazu nicht verpflichtet. Anscheinend wollte Hitler damit den Japanern einen Gefallen erweisen[38a]. Sie war ohne Zweifel ein schwerer politischer Fehler, obwohl sie bedeutungslos und eine papierene Angelegenheit war. Es gab keine deutschen Pläne für einen Krieg gegen Amerika[39]; dazu hätten auch alle wirtschaftlichen, technischen und rüstungsmäßigen

---

35 Fish, a. a. O., S. 133ff.

36 Ebda, S. 138ff.; Dall, a. a. O., S. 197.

37 Offner, a. a. O., S. 236; Wedemeyer, a. a. O., S. 8f.; Fish, a. a. O., S. 139ff.

38 Bartlett, a. a. O., S. 135ff. Fish, a. a. O., S. 139f., 146ff. Dall, a. a. O., S. 235ff.

38a „Ohne Ribbentrop zu fragen, verfügte er auf Grund seiner Zusage an Oshima die Kriegserklärung an die Vereinigten Staaten, weil er fand, daß seine Ehre als Verbündeter der Japaner ihn zu einem solchen Schritt zwänge. Ribbentrop war darüber schockiert." Hesse, a. a. O., S. 262.

39 Offner, a. a. O., S. 244; Wedemeyer, a. a. O., S. 7: „We now know, thanks to exhaustive examination of the German secret archives at the time of the

Voraussetzungen gefehlt. Auch die geplante militärische Zusammenarbeit der Dreierpaktmächte war ein reines Luftschloß, aus den gleichen Gründen.

„Heute sitzen wir alle im gleichen Boot mit ihnen und den Völkern des Empire's und es ist ein Schiff, das nicht untergehen wird und nicht untergehen kann", telegrafierte Roosevelt am 8. Dezember 1941 an Churchill. Dieser antwortete tags darauf: „Jetzt, wo wir uns, wie Sie sagen, im gleichen Boot befinden, würde es für uns nicht weise sein, eine weitere Konferenz abzuhalten? Wir könnten den ganzen Kriegsplan überprüfen im Licht der Wirklichkeit und der neuen Tatsachen, ebenso wie die Probleme der Produktion und ihrer Verteilung ...[40]" Japan war für einen langen Krieg gegen die USA nicht gewappnet. Zur Führung eines Blitzkrieges war es nach Ansicht Admiral Nomuras nur sechs Monate in der Lage. Am Mark der ostasiatischen Inselmacht zehrte seit Juli 1937 der Chinakrieg schon über vier Jahre, ehe der Kampf mit den Vereinigten Staaten begann. Der mehrfachen Beanspruchung als See-Land- und Luftmacht war Japan kriegswirtschaftlich und rüstungsmäßig nicht gewachsen, weil seine hochentwickelte Industrie rohstoffmäßig weitgehend von Einfuhren abhing. Das erdrückende Übergewicht der Amerikaner an kriegswichtigen Rohstoffen, sowie in der See- und Luftrüstung gab schließlich den Ausschlag trotz hervorragender militärischer Leistungen der Japaner. Auf dem Gebiet der Ernährung wirkte sich die Abhängigkeit des Landes von den Einfuhren besonders empfindlich aus. Im Sommer 1941 gewann ein deutscher Auslandskorrespondent, der zu dieser Zeit dort eintraf, den Eindruck, „daß die breiten Massen die unterste Ernährungsstufe bereits erreicht und teilweise schon unterschritten hatten"[41].

Nuremberg trials, that there were never any plan of attack on the United States. On the contrary, the tons of documents examined prove, that Hitler was all along intent on avoiding war with the USA." S. a. Chamberlin, a. a. O., S. 68.

[40] Roosevelt and Churchill, a. a. O., S. 168f. Dok. Nr. 86, 87.

[41] Lückenhaus, a. a. O., S. 215.

Präsident Roosevelt hatte bereits für Montag, den 1. Dezember 1941, den japanischen Angriff erwartet. „Das Problem war", so vermerkte Kriegsminister Stimson in seinem Tagebuch, „wie wir sie in die Lage manövrieren konnten, den ersten Schuß abzufeuern, ohne zuviel Gefahr für uns selbst in Kauf zu nehmen. Es war ein schwieriges Geschäft"[42].

Präsident Roosevelt hatte das Ultimatum, das Japan in den Krieg trieb, der Kenntnis des Kongresses vorenthalten; erst nach Pearl Harbour wurde es bekanntgegeben. Er und Churchill erzwangen den Krieg mit Japan, um Amerika in den Krieg gegen Deutschland zu führen[43].

Churchill triumphierte am 15. Februar 1942 vor dem Unterhaus[44]. „Wenn ich die Macht der Vereinigten Staaten und ihre ungeheueren Hilfsmittel überblicke und daran denke, daß sie jetzt mit uns darin sind, mit dem British Commonwealth of Nations, alle zusammen, wie lange es auch bis zu Sieg oder Tod dauern mag, dann glaube ich, es gibt keine andere Tatsache in der ganzen Welt, die damit zu vergleichen wäre. Das ist es, wovon ich geträumt, was ich erstrebt und wofür ich gearbeitet habe – jetzt ist es Wirklichkeit geworden." Wenige Monate nach dieser triumphierenden Erklärung Churchills im Unterhaus äußerte sich ein chinesischer Diplomat gegenüber Sven Hedin über den Krieg[45]:

„Dieser Krieg ist kein Krieg im alten Sinne des Wortes. Es ist, als ob ein Erdbeben stattgefunden hat, wodurch ein ganz neuer Menschenschlag hervorgewachsen ist. Die Männer, die jetzt Englands Schicksal in ihrer Hand haben, sind verblendet und vom ersten Weltkrieg angesteckt. Sie führen Krieg nach denselben Prinzipien wie damals und merken nicht, daß eine neue

---

42 Stimson in seinem Tagebuch: „The problem was how we should manoeuver them into the position of firing the first shot without allowing too much danger to ourselves". Bartlett, a. a. O., S. 49f. Reman Morin: East Wind Rising, New York 1960, S. 353; Offner, a. a. O., S. 236.

43 Fish, a. a. O., S. 141.

44 Chamberlin, a. a .O., S. 144.

45 Sven Hedin: Ohne Auftrag in Berlin, S. 267.

Zeit sich Bahn bricht und daß das Alte, Veraltete, nicht mehr taugt. Deswegen müssen neue, junge, weitsichtige Männer die Führung übernehmen wie 1933 in Deutschland. Diese werden eine Vereinbarung mit Deutschland zur Rettung Europas gegen Rußland und Amerika erwirken. Nur auf diese Weise wird das Britische Imperium und Europa vor dem Untergang bewahrt werden können. Geschieht das nicht, geht die englische Herrschaft unter, wird Europa ein Raub Rußlands, das in fünf oder zehn Jahren nach diesem Krieg mit unerhörter Kraft zurückkehrt."

Die „Schuld“-Frage

Im Zwange der Welt weben die Nornen,
sie können nichts wenden noch wandeln.
(Richard Wagner)

Der Erste Weltkrieg

„Il Guerrone! Il Guerrone!“ Der große Krieg! Der große Krieg! war der Alpdruck, unter dem Papst Pius X (1903–1914) seit Jahren in Vorahnung der kommenden Ereignisse litt. Den Gebildeten, soweit sie sich mit Fragen der Weltpolitik befaßten, war schon lange klar, daß die gewaltigen Spannungen des imperialistischen Zeitalters sich früher oder später in einer Katastrophe ungeahnten Ausmaßes entladen würden. Deshalb waren schon in der Julikrise 1914 alle Regierungen der maßgebenden Staaten Europas darauf bedacht, die Verantwortung der Gegenseite rechtzeitig zuzuschieben. Das war der Sinn der verschiedenen Farbbücher der vom Kriegsausbruch unmittelbar betroffenen Staaten. Auch in den breiten Massen war das dumpfe Gefühl eines heraufziehenden Unglücks weit verbreitet; nicht zuletzt deshalb wurde der Ausbruch des Krieges wie die Entladung eines Gewitters zunächst als Erleichterung empfunden, der Krieg wie eine Erlösung begrüßt. Niemand konnte Umfang und Ausmaß des Krieges in zeitlicher und räumlicher Hinsicht absehen, noch weniger Maß und Grad der ungeheueren Opfer und Leiden, die er den betroffenen Völkern auferlegte. Mit zunehmender Dauer des Kampfes wuchsen mit den Opfern und Leiden auch Haß und Rachegefühle. Sie wurden systematisch genährt durch eine planmäßige Propaganda zur Verteufelung der Feinde. Führend war in dieser Hinsicht die Kriegsgreuel-Propaganda des britischen Presselords Northcliffe, der Deutschland nichts Ebenbürtiges entgegenzusetzen hatte. Die beiden deutschen Mittelmächte befanden sich in der Lage einer belagerten Festung; die Welt ringsum war feindlich, und der Chor des von England und Frankreich aus organisierten Hasses, besonders gegen Deutschland, gewann bald eine solche Lautstärke, daß in seinem Orkan die Stimmen der Vernunft, der Gerechtigkeit, des christlichen Geistes untergingen. Aus der jahrelang aufgepeitschten Stimmung der entfesselten Leidenschaften der Rache und des Hasses heraus erklären sich die Art und Weise der Be- und Mißhandlung der Besiegten durch übermütige Sieger nach dem alten Grundsatz „Vae Victis", aus ihr die „Friedens"bedingungen und die Absicht, die alleinige Verantwortung für den Krieg, seine Leiden und Folgen dem Besiegten anzulasten, ihn zum Verbrecher zu stempeln und aus der Völkergemeinschaft auszustoßen. Vergleicht man die Friedensschlüsse von 1814/15 mit denen von 1919, so ergibt sich die traurige Erkenntnis, daß die Grundlagen der europäischen Staatengesellschaft und Völkergemeinschaft im Jahre 1919 nicht nur verändert, sondern von den Siegermächten weitgehend zerstört wurden. Der Versailler „Vertrag" – wie auch die „Verträge" von St. Germain und Trianon – war ein Straffriede, zielte auf die dauernde Niederhaltung des Besiegten hin und verwies ihn durch die Nichtzulassung zum Völkerbund in eine Paria-Lage. Vor allem brachen die Pariser Vorortsverträge, an der Spitze das Versailler Diktat, mit der europäischen Überlieferung der völkerrechtlichen Friedensamnestie. „Kriegsschuld", „Kriegsverbrechen" sind völkerrechtswidrige Begriffe, die das Völkerrecht bis dahin nicht kannte. Für die Beurteilung des Ersten Weltkrieges gilt das maßgebliche Völkerrecht des Rechtes auf Kriegführung als allgemeines Souveränitätsrecht.

Alle Parteien der Weimarer Nationalversammlung mit Ausnahme der Unabhängigen Sozialdemokraten lehnten sich empört gegen den Kriegsschuldparagraphen auf. Alle Regierungen der Weimarer Republik führten einen unermüdlichen Kampf gegen diese moralische Belastung des deutschen Volkes.

Im In- wie im Ausland, im neutralen, wie im ehemals feindlichen, entstand ein weitverbreitetes Schrifttum teils publizistischer, teils wissenschaftlicher Art um die Frage der Kriegs„schuld". Mit dem Abklingen der aufgewühlten Leidenschaften trat an die Stelle der Verurteilung und Verdammung allmählich die Vernunft. Eine revisionistische Geschichtsforschung und Geschichtsschreibung entstand; das größte Verdienst hatten daran die Amerikaner. Nach einem Jahrzehnt der unaufhörlichen Diskussion kam man allmählich zu einem abgeklärten und ausgewogenen Urteil. Es konnte nur dahingehend gefällt werden, daß die Schwarz-Weiß-Malerei „Schuldig“ „Unschuldig“, wie sie unter dem Druck der Kriegspropaganda entstanden war, fallengelassen werden mußte. Die nüchterne Überlegung allein schon legte den Gedanken nahe, daß alle Mitbeteiligten „mit-schuldig“, mitverantwortlich waren. Die Frage war nur die der gerechten Verteilung der Verantwortung, der „Mit-schuld“. Der Untersuchungsausschuß der Weimarer Nationalversammlung und des Deutschen Reichstags kam abschließend im Jahre 1930 zu folgendem Urteil[1]:

„Um einen Gradmesser für die Verantwortlichkeiten der verschiedenen Mächte zu erlangen, kann man auch sagen:

Der erste Anschlag auf den Weltfrieden war der Mord von Sarajevo (Serbien-Rußland; Österreich-Ungarn).

Der Zweite Anschlag auf den Weltfrieden waren das Ultimatum und die Kriegserklärung an Serbien (Österreich-Ungarn und Deutschland). Der dritte und entscheidende Anschlag auf den Weltfrieden war die russische allgemeine Mobilmachung (Rußland-Frankreich-England). Danach erscheint von den Großmächten Rußland als der Hauptschuldige an erster Stelle; dann Österreich-Ungarn; dann kommen die anderen drei Mächte.“

In den „Schlußbetrachtungen“ heißt es abschließend:

„An den tieferen und allgemeinen Ursachen haben alle 1914 in den Krieg verwickelten Mächte, außer Belgien, aber einschließlich Italiens, Rumäniens und Bulgariens, ihren Anteil ... Ich stelle daher aus mir zwingend erscheinenden Gründen Ruß-

---

[1] Das Werk des Untersuchungsausschusses der Verfassungsgebenden Deutschen Nationalversammlung und des Deutschen Reichstags 1919–1930. Die Vorgeschichte des Krieges. 11. Band. Gutachten des Sachverständigen Hermann Lutz. Die europäische Politik in der Julikrise 1914. Berlin 1930, S. 451 ff.

land(-Serbien) an die Spitze der Schuldigen und weise der Donaumonarchie den zweiten Platz zu ... Von England läßt sich vor allem sagen, daß es die Entscheidung über Krieg und Frieden unter den Großmächten in der Hand hielt, daß diese Machtfülle auch eine entsprechende Verantwortung gegenüber den Völkern Europas in sich schloß, und daß es zwar eine Reihe von Vermittlungsvorschlägen machte, diese aber durch die Ermutigung der Russen zur Mobilmachung gegen Österreich-Ungarn und durch andere Maßnahmen selbst durchkreuzt hat ... sollte die allgemeine Feststellung genügen, daß, wie zu den tieferen – so auch zu den unmittelbaren Ursachen des Weltkriegs Deutschland, England und Frankreich, um in der alphabetischen Reihenfolge zu bleiben, je ihren gemessenen Anteil beigetragen haben[2]."

Auch die revisionistische Geschichtsforschung und -schreibung der USA kam um diese Zeit zu einem ähnlichen Abschlußergebnis. 1931 erschien von dem amerikanischen Historiker M. H. Cochran das Buch „Germany not guilty in 1914" (Boston 1931), neueste Auflage 1972, mit einem Vorwort von Harry E. Barnes und einer neuen Einführung von Henry M. Adams. Infolge der antideutschen Kriegspropaganda des Zweiten Weltkrieges ist die Kriegsschuldlüge des Ersten Weltkrieges erneut wieder hochgespielt worden. Prof. Adams hat sich in seiner glänzenden Einführung damit kritisch befaßt. Es handelt sich um das Werk des italienischen Publizisten Luigi Albertini, 1942/43 in Mailand herausgebracht, und hernach auch in englischer Sprache veröffentlicht. Albertini suchte erneut die Richtigkeit der Behauptungen der Sieger von 1918 zu beweisen, stellt sich also auf den Standpunkt der Sieger: der Besiegte ist alleinschuldig; Beweis: er hat den Krieg verloren. Albertini mußte zwar zugeben, daß die deutsche Regierung keinen Krieg plante, wie die Sieger 1919 unterstellten. Er schiebt dem Reich aber die Hauptverantwortung dafür zu, daß durch die deutsche Unterstützung der österreichischen Politik gegenüber Serbien

---

[2] Ebda, S. 535 f.

aus einem lokalen ein allgemeiner Konflikt wurde. Auf Albertini fußen Fritz Fischer mit seinem Werk „Griff nach der Weltmacht", 1961 erschienen und dessen Mitarbeiter Immanuel Geiß mit seinen zwei Bänden „Julikrise und Kriegsausbruch 1914", 1963/1964 veröffentlicht. Schon der Titel des Buches von Fischer ist unsachlich: „Weltmacht" war das kaiserliche Deutschland nach der damals allgemein gültigen politischen und geschichtswissenschaftlichen Terminologie. Es fällt auf, daß die Bücher von Fischer und Geiß zu einer Zeit erschienen, als nach dem Ende des „Kalten Krieges" eine neue Welle antideutscher Hetze ab 1960 in Gang gesetzt wurde. War dieses Zusammentreffen Absicht oder Zufall?

Professor Adams hat in der erwähnten Einführung zur Neuauflage des Werkes von Cochran in souveräner Weise die Unwiderlegbarkeit der Ergebnisse der amerikanischen Geschichtsforschung nachgewiesen. Der spanische Botschafter in Petersburg, Graf Cartagena, der im Jahre 1914 die zum Krieg führenden Ereignisse in der russischen Hauptstadt erlebte, urteilt in seinen Erinnerungen, die 1934 erschienen[3]: Heutigen Tages können „kaum noch irgendwelche Zweifel über die Entstehung des Krieges und die Schuld am Kriege bestehen." „Die volle Verantwortung trifft Rußland. Der von den Serben unter Mitwissen der Regierung und der ‚Cerna Ruka' oder Schwarzen Hand begangene Mord von Sarajevo war in Belgrad mit Unterstützung russischer Militäragenten ausgeheckt worden. Wenigstens ist mir das von glaubwürdigen Personen versichert worden." In diesem Zusammenhang wurde der Name eines Offiziers genannt, der später Kriegsminister unter Kerenski war[4]. Der spanische Diplomat fällte auch über die Rolle Englands ein zutreffendes Urteil. England trat „unter dem Vorwande des deutschen Einmarsches in Belgien seinerseits in den Krieg ein.

---

[3] Graf Cartagena, Erinnerungen, S. 91.

[4] S. dazu: Hans Übersberger: Das entscheidende Aktenstück zur Kriegsschuldfrage 1914, In: Auswärtige Politik, Heft 7, Juli 1943; Georg Franz: Erzherzog Franz Ferdinand und die Pläne zur Reform der Habsburger Monarchie, München 1943, S. 115.

Ich betone ‚unter dem Vorwande', weil heute die Beweise dafür vorhanden sind, daß England sich auch am Kriege beteiligt hätte, wenn der Einfall in Belgien nicht stattgefunden hätte"[5].

Diese Feststellungen eines neutralen Diplomaten bestätigen jene neutraler Historiker wie Stegemann und Kjellén: Deutschland hatte vor dem Kriege keinen Kriegsplan und keine Kriegsabsicht. Es führte den Krieg als nackten Existenzkampf gegen die gewaltige Übermacht des Dreiverbandes. Auch der Schweizer Historiker J. R. von Salis hat in seinem 1964 veröffentlichten Buch „Die Ursachen des Ersten Weltkrieges" dieses Forschungsergebnis neuerdings bestätigt. Abschließend kann festgestellt werden: das Deutsche Reich war weder allein „schuldig" noch hauptverantwortlich für den Ausbruch des Ersten Weltkrieges.

Die Hauptverantwortung lag bei Rußland: seine imperialistische, die großserbische Agitation fördernde Politik wurde von der panslawistischen Bewegung bestimmt. Die Mitverantwortung tragen der Reihenfolge nach England, Österreich-Ungarn, Frankreich, Deutschland.

Der Zweite Weltkrieg

„Die Frage, warum es zum neuen Weltkrieg kam, ist nicht nur damit zu beantworten, daß die Grundlage in den Friedensverträgen von 1919 gelegt wurde, oder in der Niederhaltung Deutschlands und seiner Verbündeten nach dem Ersten Weltkriege, oder in der Fortsetzung der uralten Politik Großbritanniens und Frankreichs. Der entscheidende Anstoß kam von jenseits des Atlantischen Ozeans," schreibt Sven Hedin[1].

---

[5] Graf Cartagena, a. a. O., S. 89f.; Vladimir Dedijer: Die Zeitbombe, Wien 1967, S. 726ff., 731ff.

[1] Hedin, Amerika im Kampf der Kontinente, S. 54.

„Wir leben im Jahrhundert des kleinen Mannes", meinte der britische Gewerkschaftsführer und zeitweilige britische Außenminister Ernest Bevin. „Das Jahrhundert des kleinen Mannes" ist das Jahrhundert der Demokratie, des Nationalismus, des Sozialismus, des Kollektivismus, das amerikanische Jahrhundert, und das Jahrhundert des ‚Reduktionismus'. Durch die antideutsche Propaganda vor, im und nach den beiden Weltkriegen wurde besonders von den beiden angelsächsischen Weltmächten der Menschheit weisgemacht, Deutschland sei der Weltstörenfried, Deutschland wolle die Welt erobern und versklaven. Im Ersten Weltkrieg wurde der Kaiser als die „hunnische Bestie" hingestellt, im und nach dem Zweiten Weltkrieg Hitler. Die „Schuld"frage ließ sich für die Sieger von 1945 viel leichter und radikaler lösen als 1918/19. Damals blieb immerhin noch das Deutsche Reich bestehen und seine Vertreter, amtliche wie nichtamtliche, konnten die Sache des Reiches und des deutschen Volkes verfechten und verteidigen. Diese Möglichkeit nahmen die Sieger 1945 dem besiegten deutschen Volk. Sie zerstörten das Deutsche Reich, schleuderten das deutsche Volk in ein vorstaatliches Sklavendasein zurück – Arbeit, Leben und Eigentum aller Deutschen standen, laut Churchill, in der vollen Verfügungsgewalt der Sieger. Sie hatten es auch nur noch mit einem „kopflosen" Deutschland zu tun, wie Churchill zynisch feststellte, nachdem man die letzte geschäftsführende Reichsregierung unter Großadmiral Dönitz verhaftet hatte. Das deutsche Volk, auf Gnade und Ungnade den Siegermächten ausgeliefert, konnte nun ungehindert auch geistig und seelisch manipuliert, im Sinne der Sieger „umerzogen" werden, gemäß der im Krieg schon verfochtenen Kollektivschuldthese. Die Sieger zwangen das besiegte Volk nicht nur dazu, ihr Weltbild anzuerkennen, sondern auch dazu, die von ihnen vorgeschriebene Formulierung, mit der es die Niederlage anzunehmen hat, zu seiner eigenen zu machen. Das besiegte Volk wurde dazu „umerzogen", die eigenen Handlungen mit den Augen der siegreichen Feinde zu betrachten, zu be- und zu verurteilen. Und so war es einfach, dem deutschen Volk den Glauben aufzuzwingen, daß es den Diktator Adolf Hitler gewählt, ihm zugestimmt und zugejubelt habe, und daß dieser der allein Schuldige am Ausbruch des Zweiten Weltkrieges sei. Für ihn haftet kollektiv das deutsche Volk.

Für den unvoreingenommenen, der Siegerpropaganda nicht verfallenen, nüchternen und kritischen Beobachter aber gilt, was oben über die „Schuld"frage des Ersten Weltkrieges gesagt wurde: an einer solchen Katastrophe sind alle Mitbeteiligten mitverantwortlich. Es ist auch völlig ausgeschlossen, daß ein einzelner allein, wie schon festgestellt wurde, ein solches Unglück hervorrufen kann, selbst wenn er den bösen Willen und große Macht hat. Der Erste Weltkrieg ging auch nicht als „Iswolski-Krieg" in die Geschichte ein, weil der russische Botschafter sich frevelhafter Weise brüstete, das sei ‚sein Krieg'. Ebensowenig kann man vom Zweiten Weltkrieg sagen, er sei Hitlers Krieg, oder Stalins Krieg, oder Roosevelts Krieg oder Churchills Krieg, so viel oder so wenig Mitverantwortung die Genannten an dem Unheil auch tragen mögen. Selbst die Summe ihres Wirkens reicht nicht aus, um damit erschöpfend Ursachen und Anlaß zu erklären. Die Imponderabilien, wie Bismarck die unwägbaren Kräfte nannte, „Seine Majestät der Zufall" wie König Friedrich der Große sagte, die allbekannten und für das allgemeine Geschehen im menschlichen Leben maßgebenden Triebe und Leidenschaften wie Neid, Furcht, Haß, Zwangsvorstellung, Panikstimmungen, Wahnglaube, Macht- und Größenwahn bestimmen weit mehr das Menschenschicksal, als böser Wille und bewußte Absicht. Die einzelnen an den Schalthebeln der Macht sind selbst von den Imponderabilien getrieben, sind vielfach unter ihrem Zwang Handelnde. Der Zweite Weltkrieg, seine Entstehung, sein Verlauf, sein Ergebnis, ist ohne den Ersten Weltkrieg nicht verständlich, denn er war die zwangsläufige Folge davon. Es gibt unzählige Zeugnisse aus dem Munde der maßgeblichen Politiker der Siegermächte von 1918/19, von einsichtigen Männern der Wirtschaft, der Wissenschaft, die damals schon darauf hinwiesen, daß aus dieser Drachensaat der Pariser Vororts„verträge" ein neuer Krieg hervorgehen würde. Hier sei nur noch die Aussage des britischen Militärschriftstellers Fuller angeführt:

„So wurde unter dem Donner der Geschütze der Erste Weltkrieg begraben und der Zweite gezeugt: denn obwohl man die Spuren der tiefsten Ursachen des letzteren – so wie auch des ersteren – über Dampfmaschinen und Kontorhäuser bis zu den Instinkten des Urmenschen zurück verfolgen kann, so war seine unmittelbare Ursache doch der Vertrag von Versailles. Und dies nicht wegen der Härte des Vertrags, auch nicht wegen des Mangels jeglicher Klugheit darin sondern einfach deshalb, weil er die Waffenstillstandsbedingungen vom 11. November 1918 verletzte. Es ist wichtig, dies im Gedächtnis zu behalten, denn durch diese schimpfliche Behandlungsweise wurde es Hitler ermöglicht, ganz Deutschland hinter sich zu sammeln und jeden Vertragsbruch, den er beging, in den Augen des deutschen Volkes zu rechtfertigen[2]."

Fuller wies damit auf den Fluch der bösen Tat, die fortzeugend stets Böses muß gebären, hin, nämlich auf den Wortbruch der Alliierten, die ihr Versprechen, die vierzehn Punkte Wilsons zu befolgen, nicht einhielten. Diesem Wortbruch folgten weitere, nachdem sie die Unterschrift unter das Versailler Diktat mit vorgehaltener Pistole abgepreßt hatten: den ersten, von den Siegern selbst zugegebenen und festgestellten Vertragsbruch begingen die Franzosen und Belgier mit der Besetzung des Ruhrgebiets. Ein weiterer Wort- und Vertragsbruch war das Nichteinhalten der Zusage der allgemeinen Abrüstung nach der deutschen. Der Vorwurf der Vertragsuntreue, der Rechtsverletzung, den England zum „moralischen" Anlaß für den Zweiten Weltkrieg, für seine Kriegserklärung vom 3. September 1939 nahm, fällt mit voller Wucht auf die Siegermächte selbst zurück, besonders auf England. Es verletzte den Versailler „Vertrag" auf die groteskeste Weise im Jahre 1935, zwei Monate nach dem feierlichen Protest der drei Siegermächte England, Frankreich,

---

[2] General-Major J. F. C. Fuller: Der Zweite Weltkrieg 1939–1945, Wien 1950 S. 12.

Italien in Stresa gegen die einseitige Aufhebung der Abrüstungsklausel des Versailler Diktates durch die Wiedereinführung der Wehrpflicht in Deutschland am 16. März 1935 mit dem Flotten-Abkommen, das es am 18. Juni 1935 mit Deutschland schloß. Und als England 1938 zusammen mit Frankreich die Tschecho-Slowakei zur Abtretung der sudetendeutschen Gebiete zwang, war das nicht ein eklatanter Bruch von Treu und Glauben durch die Westmächte gegenüber dem Retortenstaat, den sie 1918/19 auf so unnatürliche Weise gezeugt hatten? Von England aus war es eine moralisch-politische Rechtsverletzung als Garant dieses Staates im Rahmen des Völkerbundes, von Frankreich darüber hinaus eine krasse Vertragsverletzung seines Bündnisses mit der Tschecho-Slowakei. Dieses wort- und vertragsbrüchige Verhalten und Vorgehen der beiden Hauptgaranten der „Friedens"-ordnung von 1919 war für den Kreml entscheidende Triebfeder, sich Deutschland anzunähern.

Die Revision der Pariser Vororts„verträge" war die Leitlinie der deutschen Politik seit 1919. Sie strebte logischer- und zwangsläufiger Weise nicht nur die Verwirklichung des Selbstbestimmungsrechtes des deutschen Volkes an, sondern im Zusammenhang damit die Neuordnung des mitteleuropäischen Raumes. Eben das wollte England um keinen Preis zugestehen. Der Leitgedanke der britischen Politik war, seit die Inselmacht im siebzehnten Jahrhundert aufstieg, das „Gleichgewicht der Kräfte". Jede Festlandsmacht, die das „Gleichgewicht" störte, wurde unerbittlich niedergekämpft: Spanien, Holland, Frankreich, Deutschland. Obwohl das Britische Weltreich infolge des Ersten Weltkrieges nicht mehr in der Lage war, seine Hegemonialstellung in der Welt allein aufrechtzuerhalten, war seine Führung nicht gewillt, unhaltbare Stellungen zu räumen und sich den veränderten Machtverhältnissen anzupassen. Das hätte in Europa bedeutet, daß sie die führende Stellung Deutschlands im Mittel- und Südosteuropa hätte anerkennen müssen. Dazu war sie nicht bereit, obwohl sie wußte, daß sie der gleichzeitigen Bedrohung der Hegemonialstellung auf dem

Festland durch das Deutsche Reich, der Mittelmeerstellung durch Italien, der Fernostposition durch Japan nicht standhalten konnte. Die britische Regierung entschied sich daher für den Vernichtungskrieg gegen Deutschland, um jeden Preis, auch um den Preis des Verlustes des Empire. Frankreich ließ sich, widerwillig, von London in den Krieg hineinreißen. Die Kriegspartei in England, die sich aus Teilen der konservativen Führungsschichten, aber auch aus Angehörigen der Liberalen und der Arbeiterpartei zusammensetzte, hätte sich nicht durchgesetzt, zum mindesten im Jahre 1939, wenn sie nicht die Rückenstärkung von der USA-Regierung erhalten hätte.

Die Regierung Roosevelt hatte sich nach dem Scheitern ihrer innenpolitischen Reformpläne zu einer interventionistischen Außenpolitik im Jahre 1937 entschlossen. Sie stand mit der Regierung Chamberlain auf gespanntem Fuß, weil sie die Appeasement-Politik vollkommen ablehnte. Die Triebfedern für die Kriegstreiberei des amerikanischen Präsidenten waren vielfältig: an erster Stelle standen Machtwille und Sendungsbewußtsein, das amerikanische Jahrhundert zu verwirklichen, die ganze Menschheit mit dem „American Way of Life" zu „beglücken". Die USA waren durch ihre Einmischung in den europäischen Krieg 1917 zur Führungsmacht der Welt aufgerückt. Das Scheitern der Dollardiplomatie durch die Weltwirtschaftskrise hatte weltpolitische Veränderungen hervorgerufen, die die amerikanische Hegemonialstellung ernsthaft bedrohten: die Krise des kapitalistischen Systems zwang die amerikanische Regierung zu wirtschaftspolitischen Maßnahmen mit staatlichen Eingriffen, die die monopolartige Machtstellung der amerikanischen Kapitalisten, der Trusts, Konzerne, Banken ernsthaft gefährdete[2a]. Der entschlossene Widerstand dieser Mächte veranlaßte die Regierung, auf die Durchführung und Vollendung des „New Deal" zu verzichten. Sie hätte angesichts dieses

---

[2a] S. d. u. a.: Friedrich Lenz:Die Krisis des Kapitalismus in den Vereinigten Staaten, Stuttgart 1944, passim; Hedin, Amerika S. 55ff., 164ff.,184ff.

schmählichen Versagens abdanken müssen. Roosevelt fand wie jeder ehrgeizige Politiker den Ausweg, die innenpolitischen Schwierigkeiten außenpolitisch zu ventilieren. Dadurch gewann er die kapitalistischen Kräfte für sich, weil sie im Krieg wie schon 1914 das große Geschäft sahen. Er gewann die Anglophilen, die von einer Zusammenfassung der angelsächsichen Welt unter amerikanischer Führung träumten, und vor allem traten die Juden für ihn ein, den „Vorkämpfer der Freiheit und der Demokratie". Der radikale Antisemitismus in Deutschland bot eine bequeme Handhabe, die Menschheitsrechte als gefährdet hinzustellen, weil dort eine kleine jüdische Minderheit bedroht war. Da die Juden den Apparat der öffentlichen Meinung in den USA nahezu monopolartig beherrschen, war es für sie leicht, den Präsidenten als den „Vorkämpfer der Menschheitsrechte" hinzustellen, die Erziehung zum Krieg auf ‚moralischer' Ebene durchzuführen als einen Kampf für Zivilisation gegen Barbarei. Eine wesentliche Rolle als Kriegsgrund spielten auch die Finanz- und Handelsinteressen. Die USA waren durch die Einstellung der Schuldenzahlungen von seiten der europäischen Schuldnerstaaten schwer betroffen und nicht gewillt, auf die Amortisation und die Zinsen widerspruchslos zu verzichten. Dazu kam, daß Deutschland sich dem Würgegriff des amerikanischen Boykotts ab 1934 mittels des „Neuen Plans" von Reichsbankpräsident und Reichswirtschaftsminister Schacht erfolgreich entzog. Es verlagerte das Schwergewicht seines Aussenhandels nach Südosteuropa auf dem Wege der Waren-Verrechnungs-Abkommen: deutsche Industrie-Erzeugnisse gegen Agrarerzeugnisse und Rohstoffe. Dadurch wurde nicht nur der amerikanische Außenhandel empfindlich getroffen, sondern auch der britische und im Zusammenhang damit die britische Vormachtstellung in diesem Raum. Die Interessen der beiden angelsächsischen Weltmächte waren gleichermaßen in verschiedener Weise durch den unabhängigen Einzelgang der deutschen Außenwirtschaft betroffen, die sie durch den gewonnenen Krieg und die Deutschland auferlegten finanziellen und wirtschaftlichen Lasten in ihren Griff bekommen hatten. Jetzt entzog sich das nationalsozialistische Deutschland dieser wirtschaftlichen und finanziellen Abhängigkeit; es wurde unabhängig. Das war für die angelsächsischen Kapitalmächte unerträglich, denn der Weltkrieg hätte damit für sie seinen Sinn verloren. Und der Sinn war eben gewesen, die starke deutsche Wirtschaft zu unterwerfen und in Abhängigkeit von den britischen und amerikanischen Kapitalisten zu bringen. Deshalb war ein neuer Krieg notwendig, natürlich auf ‚moralischer Ebene', denn bei den Amerikanern decken sich nach den Worten eines ihrer Präsidenten die moralischen mit den materiellen Interessen.

Die USA als Hauptvertreter des Kapitalismus und Imperialismus neben dem Britischen Weltreich verkörpern die liberalistische Reaktion des neunzehnten Jahrhunderts gegen die soziale Umwälzung des zwanzigsten Jahrhunderts. In der alten Welt hatte die soziale Revolution sich weiterentwickelt zu autoritären und sozialistischen Systemen in Rußland, in der Türkei, in Deutschland, in Portugal, in Italien und anderen Staaten, sei es in der marxistischen Form des Sozialismus, oder in der nationalsozialistischen oder in der faschistischen, zum autoritären System des Staatskapitalismus in den genannten unterschiedlichen Ausdrucksformen. Die angelsächsische Welt als Geburtsstätte und Ausgangspunkt des liberalistischen und kapitalistischen Wirtschaftssystems suchte ihre weltbeherrschende Stellung zu bewahren mittels des Ersten Weltkrieges. Aber sie konnte, wie der Umsturz in Rußland 1917/18, in Italien 1922, in Deutschland 1933 zeigte, das Rad der Entwicklung nicht aufhalten. Nun versuchte sie ihre bedrohte Weltherrschaft durch einen neuen Krieg wiederherzustellen[3]. Als im nationalsozialistischen Deutschland die Synthese von Kapital und Arbeit, die Harmonie von Bürgertum und Arbeiterschaft, die Betriebsgemeinschaft von Arbeitgebern und Arbeitnehmern in

---

[3] S. Dazu u. a.: Gary Allen: Die Rockefeller Papiere, Wiesbaden 1976. Derselbe: Die Insider, Wiesbaden 1975. Dall, a. a. O., S. 80ff., 160ff. 280ff. Brackenhausen, Quina von: Council of Foreign Relations, Euskirchen 1977.

den Fabriken, die Zusammenarbeit von Industrie und Landwirtschaft mit Garantie des Eigentums und freier Entfaltung des Unternehmertums unter staatlicher Aufsicht im Interesse des Volksganzen binnen weniger Jahre zwischen 1933 und 1939 hergestellt worden war, sah man in London, New York und Washington darin eine größere Bedrohung als im bolschewistischen Rußland. So verbanden sich die angelsächsischen Weltmächte mit Sowjetrußland als dem nach ihrer Meinung kleineren Übel gegen das große, das Hauptübel, das nationalsozialistische Deutschland. Auch der Krieg gegen Japan wurde im Interesse des amerikanischen Handels geführt; es ging um die Beherrschung der ostasiatischen Märkte, die von Japan bedroht wurden. Präsident Roosevelts weltpolitische Absichten und Zielsetzungen gehen am besten aus einem Memorandum des Kardinals Spellman hervor, der mit Roosevelt auf vertrautem Fuße stand[4]. In diesem Memorandum über ein Gespräch zwischen dem Kardinal und dem Präsidenten am 3. September 1943 werden die Absichten des Präsidenten wie folgt dargestellt: Die Welt soll unter den „Großen Vier" (USA, China, Großbritannien, Rußland) aufgeteilt werden:

China erhält den Fernen Osten, die USA den Pazifik. „Großbritannien und Rußland erhalten Afrika bzw. Europa. Aber da Großbritannien vorwiegend koloniale Interessen hat, darf angenommen werden, daß Rußland Europa beherrschen wird". „Die europäischen Völker werden die russische Herrschaft ertragen müssen, in der Hoffnung, daß sie nach zehn oder zwanzig Jahren in der Lage sein würden, mit den Russen gut zusammenzuleben. Schließlich hofft er (Roosevelt), daß die Russen vierzig Prozent des kapitalistischen Systems übernehmen und die Kapitalisten nur sechzig Prozent ihres Systems behalten werden, so daß eine Verständigung möglich wird. Dies ist auch Litwinows Meinung." Roosevelt und Churchill sind sich über die Aufteilung Deutschlands in verschiedene Staaten einig. Deutschland „wird keine Zentralregierung mehr haben, son-

[4] Robert I. Gannon: Kardinal Spellman, Neuenbürg 1963, S. 189–192.

dern unter der Oberherrschaft der großen Vier, vor allem Rußlands, stehen. Einen Friedensvertrag wird es nicht geben, ..."

Präsident Roosevelt trieb 1939 England in den Krieg gegen Deutschland; diese nüchterne Feststellung traf der britische Premierminister Chamberlain mit dem Satz: „Amerika und das Weltjudentum haben England in den Krieg gegen Deutschland getrieben."

Zwei Jahre später erreichte er die aktive Beteiligung der USA am Krieg, indem er Japan zum Losschlagen zwang mit seiner Politik der wirtschaftlichen Erdrosselung. Der amerikanische Senator Gerald P. Nye, der den Untersuchungsausschuß über die Hintergründe des Kriegseintritts der USA im Jahre 1917 geleitet hatte, äußerte sich am 27. April 1941 über die Rooseveltsche Politik:

„Wir werden von denselben Mächten zum Narren gehalten, die uns im Weltkrieg zum Narren gehalten haben ... Unser Volk muß jetzt oder später zahlen und teuer zahlen für die Hilfe, die wir England geben, und für unsere eigene Verteidigung. Washington weiß, daß wir einmal zu zahlen haben werden, und es muß einen echten Krieg schaffen, um alle diese Ausgaben zu rechtfertigen. Wenn wir je in diesen Krieg verwikkelt werden, so wird er von den künftigen Geschichtsschreibern nur mit einem Namen bezeichnet werden, ‚der Krieg des Präsidenten', weil jeder seiner Schritte seit seiner Rede in Chikago auf den Krieg hinlenkte[5]."

Die Verschuldung Europas an Amerika gibt Aufschluß über Kriegsziel und Kriegszweck der USA:

Aufgebracht durch die Zahlungseinstellung der europäischen Schuldnerstaaten, voran England und Frankreich um die Jahreswende 1932/33[6], beschloß der Kongreß 1934 eine Debt Default Act, betreffend die Anleihen an oder den Kauf von Sicherheiten oder Obligationen durch Nationen, die ihre Kriegsschul-

---

[5] Hedin, Amerika im Kampf der Kontinente, S. 100f.

[6] Offner, a. a. O., S. 69.

den nicht bezahlt hatten. Diese Schulden aus dem Ersten Weltkrieg wurden nie bezahlt: am 30. Juni 1948 betrug die Restschuld der siebzehn europäischen Schuldnerstaaten für den Ersten Weltkrieg 11230500000 Dollar. Davon belief sich die britische Restschuld auf vier Milliarden 368 Millionen Dollar, die französische Restschuld auf drei Milliarden 863 Millionen Dollar. England erhielt im Zweiten Weltkrieg von den USA Rüstungs- und Wirtschaftshilfe in Höhe von dreißig Milliarden 753,304 Millionen Dollar, Rußland für elf Milliarden 141 Millionen Dollar. Die Gesamtverschuldung der verbündeten Mächte an die USA für den Zweiten Weltkrieg belief sich am 31. Dezember 1945 auf 46517298000 Dollar. Die Gesamtverschuldung Europas für beide Weltkriege betrug 1948 die astronomische Summe von 80000000000 Dollar[7].

Es handelt sich bei diesen Größenordnungen um Beträge, die niemals zurückbezahlt werden konnten und können. Das bedeutet also die dauernde finanzielle Versklavung der Schuldner an die amerikanische Gläubigermacht.

Ein wahres Satyrspiel sind die gegenseitigen Beschuldigungen der Siegermächte untereinander, den Zweiten Weltkrieg vom Zaune gebrochen zu haben. Moskau war in das innereuropäische Kräftespiel durch das Bündnis mit Frankreich und der Tschecho-Slowakei seit 1935 aktiv eingeschaltet. Man darf auch nicht übersehen, daß Sowjetrußland 1934 in den Völkerbund aufgenommen wurde, dem zu diesem Zeitpunkt Deutschland und Japan nicht mehr angehörten. 1940 wurde es wegen seines Angriffskrieges gegen Finnland aus dem Völkerbund wieder ausgeschlossen. Die USA als die Initiatoren des Völkerbundes waren ihm von Anfang nicht beigetreten. Nachdem die Westmächte 1938 die Tschecho-Slowakei im Stich gelassen hatten, begann Stalin eine vorsichtige Revision seiner Außenpolitik. Getrieben von dem berechtigten Verdacht, daß England nach altgewohnter Weise neben anderen Kontinentalstaaten auch Rußland als ‚Degen‘ gegen Deutschland zu gewinnen

---

[7] Encyclopaedia Britannica, Bd. 23, 1964, „War Finance“.

suche[8], streckte er Fühler nach Berlin zur Verbesserung der Beziehungen aus. Maßgebend war seine Rede auf dem achtzehnten Parteitag der KPdSU am 10. März 1939. Vorausgegangen waren verbesserte Kontakte zur Erweiterung und Vertiefung der Handelsbeziehungen. Als die Briten ab März 1939 mit fieberhafter Panik die Einkreisung Deutschlands betrieben und aus reichem Füllhorn ihre Garantieerklärungen an alle möglichen Staaten ausstreuten, sah der Kreml darin seinen Verdacht bestätigt, daß London Kanonenfutter für seinen geplanten Krieg gegen das Deutsche Reich suchte. Die Verhandlungen der britischen und der in ihrem Fahrwasser segelnden französischen Regierung mit Warschau, Bukarest, Belgrad, Ankara machten die sowjetrussische Regierung nur noch mißtrauischer. Sie war darauf bedacht, den Spieß gegenüber London umzudrehen: nämlich einen Krieg zwischen den Westmächten und Deutschland zu fördern, um dann, wenn die Kombattanten sich bis zur Erschöpfung abgerungen hatten, reiche Ernte einzuheimsen, für den Kommunismus und die territoriale Ausdehnung Rußlands. So hielt der Kreml zwei Eisen im Feuer: er verhandelte gleichzeitig mit den Westmächten und mit Berlin. Um den Krieg zu entfachen, im obigen Sinne, entschied er sich für das Nichtangriffsabkommen mit Deutschland, dessen wesentliche Bestandteile für Deutschland die wirtschaftlichen Abmachungen, für den Kreml aber das geheime Zusatzabkommen über die vierte Teilung Polens war. Ohne das Abkommen mit Rußland hätte Hitler vor Polen und England zurückweichen müssen. So gehört Stalin zu den Vätern des Zweiten Weltkrieges, nicht weniger wie Hitler, Roosevelt, die britische, die französische, die polnische Regierung. Stalin hatte damit die Gefahr einer friedlichen Regelung der deutsch-polnischen Streitigkeiten gebannt und verhindert, daß Polen zu einem Verbündeten Deutschlands gegen Sowjetrußland wurde. Der Kriegseintritt der Westmächte brachte Deutschland in fatale Abhängigkeit von Moskau und ließ den Kreml hoffen, die Fahne der roten

---

[8] Maiski, a. a. O., S. 494ff.

Revolution in Bälde in Berlin aufpflanzen zu können. Hitler war sich des satanischen Spiels des Kreml wohl bewußt. Er versuchte bis zum letzten Augenblick, den Streit mit Polen auf friedlichem Wege zu regeln durch sein großzügiges Verhandlungsangebot vom 29. August, scheiterte aber am Kriegswillen Polens und Englands.

Moskau schob die Schuld am Ausbruch des Krieges den Westmächten mit gutem Grund in die Schuhe, jedenfalls in der Zeit bis zum Ausbruch des deutsch-russischen Krieges. So erklärte Stalin am 29. November 1939 gegenüber dem Hauptschriftleiter der „Prawda“:

„1. Nicht Deutschland hat Frankreich und England angegriffen, sondern Frankreich und England haben Deutschland angegriffen und damit die Verantwortung für den gegenwärtigen Krieg auf sich genommen;
2. Nach dem Ausbruch der Feindseligkeiten hat Deutschland Frankreich und England Friedensvorschläge gemacht und die Sowjetunion hat die Friedensvorschläge Deutschlands öffentlich unterstützt, weil sie dachte und immer noch denkt, ein rasches Ende des Krieges würde die Lage aller Länder und Völker radikal erleichtern;
3. Die herrschenden Kreise Frankreichs und Englands haben beide Deutschlands Friedensvorschläge und die Bemühungen der Sowjetunion nach rascher Beendigung des Krieges in verletzender Weise zurückgewiesen. Das sind die Tatsachen[9].“

Die Sieger haben 1945 die „Alleinschuld“ am Zweiten Weltkrieg Adolf Hitler angelastet und damit im Sinne der Kollektivschuldthese dem deuschen Volk. Die Nürnberger Schauprozesse, ein jüdischer Racheakt nach Moskauer Muster unter amerikanischer Regie, waren kollektiv gegen die deutschen Führungsschichten gerichtet und boten das makabre Bild mit den Siegermächten als Ankläger und Richter. Die dort gefällten

---

[9] Zit. nach Johann W. Brügel: Stalin und Hitler, S. 167, Nr. 180; S. 181f., Nr. 201; ferner: Adolf von Thadden, Die Erbschaft der Giganten, Leoni 1976, S. 170.

Urteile wurden Richtlinie für das Geschichtsbild und die Geschichtsschreibung des Zweiten Weltkrieges und seiner Vorgeschichte. Anklage, Verurteilung und Verdammung bestimmen die Betrachtungsweise, die Kriegspropaganda wurde zur Leitlinie der geschichtlichen Darstellung und zum Maßstab für die Beurteilung und Behandlung des besiegten Volkes. Das bisher gültige Völkerrecht wurde beiseite geschoben und das Faustrecht der Sieger an seine Stelle gesetzt, bestimmt von Haß und Rachsucht besonders auch der Emigranten. Worin lag die „Schuld" Hitlers und damit des deutschen Volkes?

Die Außenpolitik des Dritten Reiches stand wie die der Weimarer Regierungen unter dem Vorzeichen der Revision der Friedensdiktate von Versailles und St. Germain, wobei sich die Ungarn zur Revision des Diktates von Trianon anschlossen. Die Revision der Diktate von Versailles und St. Germain betraf in gleicher Weise das deutsche Volk. Sie beschränkte sich nicht auf das Selbstbestimmungsrecht, sondern auch auf die Neuordnung des mitteleuropäischen Raumes im Sinne der führenden Stellung des deutschen Volkes in diesem, seinem Lebensraum. Das Selbstbestimmungsrecht des deutschen Volkes konnte Hitler auf friedlichem Wege im Jahre 1938 erwirken: der Anschluß Deutsch-Österreichs im März 1938 war ein eindeutiges Bekenntnis des ganzen deutschen Volkes zum staatlichen Zusammenschluß im Großdeutschen Reich. Auch das Streben der Sudetendeutschen lag auf der gleichen Ebene; hatten sie doch 1918 ebenso wie die Deutsch-Österreicher und mit ihnen zusammen das Bekenntnis zum Reich abgelegt. Das wurde von den Westmächten 1938, wenn auch widerwillig, anerkannt und zugebilligt. Mit dem Zusammenschluß aller Deutschen im Reich aber war der geheiligte Grundsatz der britischen Festlandspolitik, das Gleichgewicht der Kräfte verletzt, denn das Gleichgewicht war damit zerstört. Damit stand für die angelsächsischen Weltmächte, England wie die USA, die Notwendigkeit des Krieges zur Niederwerfung Deutschlands 1938 fest.

Für die deutsche Regierung war die Frage, was mit der restlichen Tschecho-Slowakei geschehen solle, die nach der neuen

Grenzziehung nicht mehr lebensfähig war. Die Slowaken strebten wie die Sudetendeutschen, die ihnen 1918 versprochene aber von den herrschenden Tschechen vorenthaltene Autonomie nach dem Erfolg der Sudetendeutschen mehr denn je an. Da auch Polen und Ungarn an der Auflösung des Retortenstaates interessiert waren, konnte der völlige Zerfall gar nicht auf die Dauer aufgehalten werden. Das stellte auch der britische Premierminister im Unterhaus am 15. März 1939 fest, nämlich, daß die Tschecho-Slowakei durch inneren Zerfall zugrunde gegangen sei. Aus welchen Gründen immer die militärische Besetzung von Böhmen und Mähren nach der Unabhängigkeitserklärung der Slowakei erfolgte, außenpolitisch erwies sie sich als schwerer Fehler. Vermutlich hatte in diesem Falle der Österreicher Hitler von der strategischen mitteleuropäischen Warte aus gehandelt in der Meinung, er könne diese mitteleuropäische Frage als interne deutsche Angelegenheit lösen. Die Reaktion des westlichen Auslandes aber zeigte, daß man in London, Paris und Washington auf keinen Fall gewillt war, ihm freie Hand zu gewähren. Die britische Antwort auf Hitlers Schritt nach Prag war die einseitige Garantieerklärung an Polen, die auch Frankreich unterzeichnete. Sie war ohne Zweifel der schwerste Fehler der britischen Diplomatie in der neueren Geschichte, denn sie legte die Entscheidung über Krieg und Frieden in die Hände Polens. Ob England in Europa in einen Krieg einzutreten hatte, wurde in Warschau entschieden. Das war umso grotesker, als es keinen Beweis für eine Bedrohung Polens von deutscher Seite gab und von der deutschen Regierung auch keine Gebietsforderungen gegenüber Polen erhoben worden waren. Der deutsche Angriff auf Rußland, von Hitler als Präventivkrieg gegen einen von ihm befürchteten russischen Angriff unternommen, um England den letzten „Kontinentaldegen" aus der Hand zu schlagen – hier wandelte er in den Spuren Napoleons! – veränderte natürlich das Bild der Kriegsschuldfrage aus der Moskauer Warte ins Gegenteil, für die Zeit des Einvernehmens mit den Westmächten und den USA zum gemeinsamen Kampf gegen das Deutsche Reich. Nach dem Sieg brachen die Gegensätze der unnatürlichen Allianz rasch auf. Die Folge davon war, daß Moskau die Verantwortung für den Zweiten Weltkrieg wieder den Westmächten anlastet, die ihrerseits den Kreml beschuldigen, durch sein Abkommen mit Hitler diesem die Bahn zum Krieg geebnet zu haben. Beide haben recht; beide sind in gleichem Maße verantwortlich für den Ausbruch des Krieges, mehr als Hitler. Der „Papst" der sozialistischen Welt, Karl Marx, wies während des Krimkrieges (1853–1856) auf die Ziele der russischen Politik hin und charakterisierte sie treffend mit folgenden Worten:

„... Die russische Politik ist unwandelbar. Ändern können sich Rußlands Methoden, seine Taktik, seine Manöver; aber der Polarstern der russischen Politik – die Beherrschung der Welt – ist ein Fixstern ... Der russische Bär wird sicher zu allem fähig sein, solange er weiß, daß die anderen Tiere, mit denen er umgeht, zu nichts fähig sind ... Es wird darauf hinauskommen, daß die als natürlich erscheinende Grenze Rußlands von Danzig oder vielleicht Stettin bis nach Triest verläuft[10]."

Der sowjetrussische Marschall Alexander Wassiljewski machte im Jahre 1974 wieder die Westmächte verantwortlich für den Ausbruch des Zweiten Weltkrieges anläßlich des Erscheinens einer neuen zwölfbändigen „Geschichte des Zweiten Weltkrieges".

Die gegenseitigen Beschuldigungen der Siegermächte, der Amerikaner und der Briten auf der einen, der Russen auf der anderen Seite beweisen jedenfalls, daß Hitler im Kraftfeld der Weltpolitik und der Weltmächte weit mehr Objekt als Subjekt war. 1914 wie 1939 war die Frage für Deutschland, ob es sich als führende Macht in Mitteleuropa, als selbständige Macht mit eigengesetzlicher Lebensweise zwischen den beiden Weltmächten im Westen und im Osten, zwischen den Angelsachsen und den Slawen unter russischer Führung würde behaupten

---

[10] Karl Marx als Korrespondent der „New York Daily Tribune" aus London. Zit. n. Thadden, a. a. O., S. 186f.

können. Hitler war sich dessen vollauf bewußt. Seine Außenpolitik war darauf ausgerichtet, durch ein Bündnis mit dem Britischen Weltreich die Bedrohung durch das bolschewistische Rußland auszuschalten, Deutschland die Vorherrschaft auf dem Festland zu sichern und die Seeherrschaft den Angelsachsen zu überlassen. In diesem Sinne äußerte er sich wörtlich am 11. August 1939 gegenüber dem Danziger Völkerbundskommissar Burckhardt[11]:

„Alles was ich unternehme, ist gegen Rußland gerichtet; wenn der Westen zu dumm und zu blind ist, um dies zu begreifen, werde ich gezwungen sein, mich mit den Russen zu verständigen, den Westen zu schlagen, und dann nach seiner Niederlage mich mit meinen versammelten Kräften gegen die Sowjetunion zu wenden. Ich brauche die Ukraine, damit man uns nicht wieder wie im letzten Krieg aushungern kann."

Burckhardt schließt sein Buch mit den Worten[12]: „Von jetzt an sah der Westen nur den einen Gegner: Deutschland. Auf beiden Seiten der Fronten des Zweiten Weltkriegs wurden größte menschliche Leistungen, höchste Taten des Muts und der Treue vollbracht, gleichzeitig wurden Verbrechen begangen, deren Grauen in der Erinnerung der Menschheit unaustilgbar vorhanden sein wird als unheimliches Mahnmal. Während der Jahre des Kampfes und über den Kampf hinaus hat man nicht begriffen, daß hinter der Episode des Nationalsozialismus die eigentliche Entscheidung erst einsetzte."

Die westlichen Alliierten begriffen nicht, worum es ging; als ihnen die Einsicht dämmerte, war es zu spät. So wurden die Gewinner des Zweiten Weltkriegs der Kommunismus und der Zionismus. Hitler hatte das richtig vorausgesehen: in seiner Rede am 30. Januar 1944 sagte er u. a., in diesem Kriege könne es nur einen Sieger geben: Deutschland oder Rußland. Mit dem Sieg Rußlands errangen das Slawentum und der Kommunismus den vollen Triumph; die angelsächsischen Weltmächte erwie-

---

[11] Burckhardt, a. a. O., S. 348.
[12] Ebda, S. 353.

sen sich als ihre Steigbügelhalter. Hatte sich Präsident Wilson als „Zertrümmerer Mitteleuropas" ausgezeichnet, so errang sein späterer Nachfolger Roosevelt den traurigen Ruhm, der Zertrümmerer Europas zu sein. Eben dies zu verhindern, hatte sich Hitler zur Aufgabe gesetzt. Er ist gescheitert, Deutschland konnte sich zwischen den westlichen und östlichen Weltmächten nicht behaupten. Bei diesem Ergebnis der beiden Weltkriege, durch das Deutschland zum Niemandsland und zum strategischen Vorfeld der beiden Weltmächte wurde, kann kaum von „Schuld" sondern nur von Schicksal die Rede sein. Die deutsche Regierung wollte 1939 den Krieg nicht, weder gegen Polen, geschweige denn gegen die Westmächte. Aber die britische Regierung war entschlossen, die bis 1939 auf friedlichem Wege erfolgte Revision weiter nicht mehr zuzulassen. Hitler forderte von Polen keine Gebietsrückgabe, sondern nur das Selbstbestimmungsrecht für die deutsche Stadt Danzig unter voller Wahrung der wirtschaftlichen Interessen Polens. Die mögliche Einigung zwischen Deutschland und Polen wurde bewußt von England hintertrieben. Unter amerikanischem Druck trieb England Polen in den Krieg gegen Deutschland. So wie am Ausbruch des Ersten Weltkrieges die Hauptverantwortung die unter dem Einfluß der panslawistischen Bewegung stehende Regierung Rußlands trägt, so trägt die Hauptverantwortung am Ausbruch des Zweiten Weltkrieges die amerikanische Regierung Roosevelt als treibende Kraft hinter der britischen und polnischen Kriegspartei[13]. Das Ergebnis dieser Kriegstreiberei, der zweimaligen Intervention der USA in Europa, faßte am besten der amerikanische Diplomat und Historiker George Kennan mit den Worten zusammen: „Dadurch, daß wir den

---

[13] Der amerikanische Historiker Harry Elmer Barnes urteilt über die interventionistische Politik: „There is conclusive evidence drawn from authentic Polish documents and Roosevelt's assurances to Anthony Eden on his visit to Washington in December 1938 and his statement to Edward Benes at Hyde Park in May 1939, that the United States would surely enter any European war against Hitler, and also what we know of the Tyler-Kent case. If it were not for Mr. Roosevelt's pressure on Britain, France and

Russen erlaubt haben, Königsberg zu annektieren und Wien und Weimar zu besetzen, haben wir das Äußerste getan, um zweitausend Jahre europäischer Geschichte ungeschehen zu machen."

Die tiefer liegenden Ursachen des Zweiten Weltkrieges sind weitgehend mit jenen des Ersten Weltkrieges identisch: Industrialisierung, Bevölkerungsvermehrung, welterobernder Ausdehnungsdrang vor allem der Angelsachsen (Briten und Amerikaner) und der Russen. Liberalismus, Industrialismus, Kapitalismus, Imperialismus sind angelsächsisch-jüdischen Ursprungs und bestimmen den Gang des Menschheitsgeschehens seit dem beginnenden neunzehnten Jahrhundert. Die gesellschaftliche Umwälzung im zwanzigsten Jahrhundert zielt auf die Überwindung der Weltherrschaft der kapitalistischen Bourgeosie angelsächsischer Prägung hin mit verschiedenen sozialistischen Formen. Der Sozialismus ist, wie Oswald Spengler feststellte, das zwangsläufige Endstadium des Kapitalismus. Mit dem Sieg des Jahres 1918 erreichte die angelsächsische Weltherrschaft in ihren politischen, wirtschaftlichen und geistigen Ausdrucksformen des Liberalismus, des Kapitalismus, des Imperialismus, der parlamentarischen Demokratie ihren absoluten Höhepunkt. Er wurde schon in den gleichen Jahren bedroht durch die sozialistischen Umwälzungen in Osteuropa und für kurze Zeit auch bereits in Mitteleuropa. Von der Warte der angelsächsisch-jüdischen Weltmächte, des Britischen Weltreiches und seiner Tochtermacht, der Vereinigten Staaten aus, galt es, die Bedrohung ihrer Weltherrschaft durch das nationalsozialische Deutschland, das sich wirtschaftlich von ihnen unabhängig gemacht hatte und die Vorherrschaft auf dem europäischen Fest-

---

Poland, his commitments to them before September, 1939, and the irresponsible antics of his agent-provocateur William C. Bullitt, there would probably have been no war in 1939. Any European war that broke out in the years to come would have been a war of Germany against Russia. This would have fatally weakened the two great totalitarian powers and left the free western democracies in control of the destinies of civilization." Zit. nach Fish, a. a. O., S. 115.

land anstrebte, durch den Zweiten Weltkrieg zu beseitigen. Die entscheidenden Triebkräfte zum Zweiten Weltkrieg gingen daher von London, Washington und New York aus. In ihrem Kielwasser schwamm Frankreich. Es mußte die Welt und das Erbe der Französischen Revolution, der Zwillingsschwester der Amerikanischen Revolution, verteidigen, die Welt des Westens, der Freiheit, der Gleichheit, der Brüderlichkeit, des enthemmten Individualismus und des Liberalismus. Der Staatssekretär im polnischen Außenministerium, Graf Szembek, urteilte über die kriegstreibenden Kräfte im Sommer 1939[14]:

„Im Westen gibt es alle Arten von Elementen, die klar zum Kriege treiben: die Juden, die großen Kapitalisten, die Kanonenhändler. Sie stehen heute vor einer glänzenden Konjunktur: sie haben eine entzündbare Stelle gefunden: Danzig, und eine Nation, die bereit ist zu kämpfen: Polen. Sie wollen Geschäfte auf unserem Rücken machen. Die Zerstörung unseres Landes würde sie gleichgültig lassen. Im Gegenteil, später müßte man alles wieder aufbauen und sie würden dabei Gewinne erzielen. Sie behandeln uns wie die Neger, die nur arbeiten müssen, um ihr Kapital zu vermehren. Sie fürchten bei uns nur eine Person: Beck."

Der Anlaß zum Zweiten Weltkrieg war, ähnlich wie jener des Ersten Weltkrieges, ein anscheinend zufälliger, jedoch auch schicksalhaft, weil es jedes Mal sich um einen örtlichen Konflikt an der deutsch-slawischen Volkstums- und staatlichen Machtgrenze handelte. London und Washington verhinderten mit Absicht einen friedlichen deutsch-polnischen Ausgleich, und hetzten die Polen in den Krieg gegen Deutschland. Der nationale Größenwahn machte die Polen blind; sie wollten unabhängige Großmacht zwischen Deutschland und Rußland spielen. So tauschten sie eine deutsche Vorherrschaft in Mitteleuropa mit einer sowjetrussischen Herrschaft über ganz Ost-, Südost- und den größeren Teil Mitteleuropas einschließlich Polens und Mitteldeutschlands ein.

---

[14] Szembek, Eintr. v. 7. 7. 39, S.475 f.

Einen nicht abschätzbaren Anteil an der Verantwortung für den Ausbruch beider Kriege trägt die sogenannte „Öffentliche Meinung". Das Aufputschen der breiten Massen durch die Presse und die anderen Massenmedien mittels falscher, zielgesteuerter Gerüchte, durch den Ehrgeiz von sensationshungrigen Journalisten und Berichterstattern, die bewußte Beeinflussung der verantwortlichen Politiker und maßgeblichen Beamten in den Regierungsämtern, spielten und spielen eine fatale Rolle in Zeiten der Spannungen und Konflikte. Angesichts der Macht der „Öffentlichen Meinung" besonders in den angelsächsischen Ländern ist der unheilvolle Einfluß kaum überschätzbar, umsomehr als es sich um eine anonyme oder jedenfalls von anonymen Kräften gesteuerte Macht handelt. Der „Erziehung zum Krieg" widmete Wirsing in seinem aufschlußreichen Buche „Der maßlose Kontinent" ein eigenes Kapitel. Das amerikanische Volk wurde durch eine zielgesteuerte Propaganda in den Krieg „hineingelogen". So schrieb 1938 der Engländer Sidney Rogerson in einer Broschüre: „Propaganda im nächsten Krieg": „Es wird wesentlich schwerer sein, die Vereinigten Staaten davon zu überzeugen, daß sie unsere Partei nehmen. Dazu wird der Glaube an eine ausgesprochene Bedrohung Amerikas notwendig sein, eine Bedrohung, die durch Propaganda jedem einzelnen Bürger nahegebracht werden muß, ehe Amerika noch einmal die Waffen zu einem Krieg aufnimmt, der außerhalb der Vereinigten Staaten geführt werden muß[15]." Simon Newman weist in seiner grundlegenden Studie über die Wende der britischen Politik im März 1939 auf die unerfreuliche Rolle eines jungen Pressemannes namens Ian Colvin, Korrespondent der „New Chronicle" in Berlin hin; dieser brüstete sich, den Umschwung der britischen Politik durch seine Berichterstattung wesentlich mit verursacht zu haben. Er spielte auch

---

[15] Zit. nach Wirsing, a. a. O., S. 249 ff. – General Wedemeyer dazu: „It was by false propaganda that a strongly emotional warlike attitude was gradually engendered in this nation prior to World War I and World War II. Reports, S. 88.

als Mittelsmann der deutschen Opposition gegen Hitler eine dunkle Rolle[16].

Der Danziger Völkerbundskommissar Burckhardt berichtet, sein Versuch, auf Wunsch Hitlers, den dieser ihm persönlich am 11. August 1939 geäußert hatte, ein persönliches Gespräch zwischen dem Reichskanzler und einer führenden britischen Persönlichkeit, z. B. hatte Hitler gemeint, Marschall Ironside, zu vermitteln, sei durch die Eitelkeit und Sensationsgier eines jungen Journalisten zum Scheitern gebracht worden. Dieser hatte im „Paris Soir" über Burckhardts vertrauliches Treffen mit dem Kanzler vom 11. August berichtet und „ebenso sensationelle als unwahre Einzelheiten beigefügt". Burckhardt war darüber tief niedergeschlagen, denn „diese Nachricht machte die Hoffnungen, die ich an die Aussprache auf dem Obersalzberg geknüpft hatte, zunichte[17]." Der irische Historiker Williams widmete in seiner hier angezogenen Studie über den März 1939 ein besonderes Augenmerk der „Öffentlichen Meinung". Er kam zum Abschluß seiner Studie zu folgendem Ergebnis[18]: Hinsichtlich der Ereignisse nach dem 17. März 1939 war Hitler weitgehend „a passive agent". Nicht was er tat oder forderte, war für die Fehleinschätzungen der britischen Diplomatie verantwortlich; für diese müssen seine Aktionen vor dem 15. März in Betracht gezogen werden. Der Kurs, den die Diplomatie in jener Periode einschlug, wurde großenteils davon bestimmt, was die öffentliche Meinung aus jenen Handlungen

---

[16] Newman, a. a. O., S. 182 ff.

[17] Burckhardt, a. a. O., S. 346 ff.

[18] „But one of the conclusions of this paper is that as far as events after March 17 were concerned, Hitler was in one very important sense a passive agent. It was not what he was actually doing or asking which was responsible for the miscalculations of British diplomacy; and for these his actions prior to March 15 have to be taken into account. But it was what public opinion made of those actions that in great part determined the course in which diplomacy was moved in that period. And in the last resort that public opinion, reflected in the press at London and Paris no less than in Warsaw explains the haste with which the Anglo-Polish agreement was concluded." Williams, a. a. O., S. 192.

gemacht hatte. Letzten Endes erklärt jene öffentliche Meinung, die sich in der Londoner und Pariser Presse nicht weniger widerspiegelte als in der Warschauer, die Hast, mit der das Britisch-Polnische Übereinkommen geschlossen wurde.

Rückschau und Ausblick

Wägt man, wie beim Ersten Weltkrieg, die Verantwortung der beteiligten Staaten an Entstehung und Ausbruch des Zweiten Weltkrieges ab, so ergibt sich folgendes Bild: Die beiden angelsächsischen Weltmächte England und Amerika tragen als kriegstreibende Kräfte die Hauptverantwortung. Es folgt Polen, das wider bessere Einsicht aus Größenwahn bewußt den Krieg herausforderte[19]. Dann folgen der Reihe nach Sowjetrußland, Frankreich und Deutschland. Bei der Urteilsbildung spielt der Standpunkt des Beobachters, ob er für Veränderung oder Beharrung im politischen Leben eintritt, die ausschlaggebende Rolle. Da die Veränderung das wesentliche Kennzeichen der Lebensentwicklung ist, kann es keinen Zweifel geben, daß die positive Einstellung dazu die richtige ist. Von dieser Warte aus urteilte der Engländer E. H. Carr richtig, wenn er, wie oben schon erwähnt, feststellte[20]: „Der Gebrauch oder der angedrohte Gebrauch von Gewalt zur Aufrechterhaltung des status quo kann moralisch schuldhafter sein als der Gebrauch oder angedrohte Gebrauch der Gewalt, den status quo zu ändern."

‚Schicksale ergründen' betrachtete der Altmeister der deutschen Geschichtsschreibung im zwanzigsten Jahrhundert, Friedrich Meinecke, als Sinn und Aufgabe der Geschichtswissenschaft. Der Mensch kann sein Schicksal nicht steuern, nicht lenken, am allerwenigsten selbst bestimmen, er kann es nur erfüllen. Lediglich das „Wie" des Erfüllens steht ihm offen, aber auch das nur in bestimmten Grenzen. Bis zu welchem Grade ein einzelner Mensch, eine Regierung, ein Staat, ein Volk an seinem Schicksal mitwirken kann, läßt sich rational nicht ermessen. Das europäische und das Menschheitsschicksal im zwanzigsten Jahrhundert, das nach außen durch die beiden Weltkriege bestimmt scheint, ist nicht das Werk einzelner Machtmenschen, einzelner Regierungen. Sie sind selbst diesem

[19] Der sowjetrussische Botschafter in London, Maiski, a. a. O., S. 508, bescheinigte der polnischen Regierung „politische Blindheit und Leichtsinn".

[20] E. H. Carr: The twenty years' Crisis, London 1939, S. 264f.: „The use or the threatened use of force to maintain the status quo may be morally more culpable than the use or threatened use of force to alter it."

Schicksal unterworfen. Bei beiden Weltkriegen beschränkte sich der willentliche Einfluß der Menschen im wesentlichen auf den Ausbruch der Kriege. Unvermeidbar waren beide; nur das „Wann" und das „Wie" ist in beschränktem Maße dem Einfluß der Politiker und Regierungen der beteiligten Staaten freigestellt. Bei den verwickelten Verhältnissen des modernen Lebens und den vielfältigen, ineinander verflochtenen Beziehungen der Großmächte ist es unmöglich, daß ein einzelner Mensch, selbst wenn er die Absicht hat, aufgrund seiner amtlichen Stellung über die entsprechende Macht verfügt, allein eine solche Katastrophe, wie es die beiden Weltkriege waren, verursachen kann. Es liegt nicht im Bereich der Möglichkeiten eines einzelnen, die höhere Gewalt, die über dem menschlichen Tun und Lassen steht, wie ein Deus ex machina ein- oder auszuschalten, denn er ist ihr selbst unterworfen. Und so wenig man den Ersten Weltkrieg als „Iswolski-Krieg" bezeichnen konnte und bezeichnet hat, so wenig kann man den Zweiten Weltkrieg, den „Roosevelt-Krieg", den „Stalin-Krieg", den „Churchill-Krieg" oder gar, was durch die Sprachregelung der Siegermächte von 1945 vorgeschriebene Mode geworden ist, „Hitlerkrieg" nennen. Es ist nach obigen Feststellungen so gut wie ausgeschlossen, daß Hitler seine große innen- und sozialpolitische Aufbauleistung, seine außenpolitischen Erfolge des Jahres 1938 durch einen leichtfertig vom Zaun gebrochenen Krieg im Jahre 1939 hätte aufs Spiel setzen wollen. Sein Ehrgeiz war vielmehr darauf gerichtet, das letzte Grenzproblem, das die Sieger durch ihre Diktate 1919 geschaffen hatten, das deutsch-polnische, ebenso auf friedliche Weise durch einen großzügigen Ausgleich zu lösen und damit die Revision der Friedensdiktate von Versailles und St. Germain endgültig abzuschließen. Ein deutsch-polnisches Dauerbündnis war als Grundlage für die mitteleuropäische Neuordnung und als Schutzwall gegen das bolschewistische Rußland gedacht. Alle seine Gegner im In- und Ausland aber waren gerade wegen seiner auf friedlichem Wege erzielten Leistungen und Erfolge entschlossen, nachdem alle diplomatischen, wirtschaftlichen und propagandistischen

Druckmittel versagt hatten, ihm nun, weil es nicht mehr anders ging, durch einen großen Krieg Einhalt zu gebieten, ihn zu beseitigen und sein Aufbauwerk zu zerstören. Triebfedern waren Neid, Haß, Furcht vor weiteren Erfolgen Hitlers. Alle Bemühungen der deutschen Regierung, auf friedlichem Wege einen dauerhaften Ausgleich mit Polen zu schaffen, scheiterten am polnischen Größenwahn und an der Entschlossenheit der angelsächsischen Weltmächte, mit Polen als Werkzeug den Krieg gegen Deutschland vom Zaun zu brechen. Drei Gründe zwangen Hitler zum Losschlagen: 1. die polnische Generalmobilmachung, 2. die unerträglich gewordene Lage der Volksdeutschen in Polen und 3. das Abkommen mit Moskau vom 23. 8. 1939.

An die Stelle des Gleichgewichts der Kräfte haben die Sieger das Gleichgewicht des Schreckens gesetzt und beschwören die Gefahr eines dritten Weltkrieges herauf. Darüber urteilte der stellvertretende chinesische Ministerpräsident Deng Xiaoping anläßlich des Besuches des amerikanischen Präsidenten Gerald Ford am 1. Dezember 1975: „... Die verschiedenen Grundwidersprüche in der Welt spitzen sich von Tag zu Tag zu. Die Faktoren sowohl für die Revolution als auch für den Krieg wachsen deutlich an. Staaten wollen die Unabhängigkeit, Nationen wollen die Befreiung, Völker wollen die Revolution. Diese Strömung unserer Zeit nimmt noch mehr an Kraft zu. Insbesondere ist die Dritte Welt hervorgetreten und hat an Stärke gewonnen ... Andererseits wird das Ringen um die Welthegemonie immer heftiger, und Europa ist der strategische Schwerpunkt dieses Ringens. Dieses fortgesetzte Ringen muß zu einem neuen Weltkrieg führen. Das ist unabhängig vom Willen der Menschen ...“

„Unabhängig vom Willen der Menschen“; das gilt für den ersten und zweiten Weltkrieg genau so wie für den dritten. Die beiden Weltkriege sind nur verständlich als Teil der „Weltrevolution“. Diese aber ist noch nicht abgeschlossen, sondern geht weiter. Die „Weltrevolution“ ist nicht nur im klassen-kämpferischen Sinne zu verstehen. Der Ausdruck stammt auch nicht von Karl Marx, sondern wahrscheinlich hat ihn Heinrich Heine als erster gebraucht. Sie ist die große Umwälzung des gesamten menschlichen Lebens in allen Lebensbereichen durch die modernen Geschichtsmächte der Maschinentechnik, der Naturwissenschaft, der Industrie, der sprunghaften Bevölkerungsvermehrung seit der Wende vom achtzehnten zum neunzehnten Jahrhundert. In diesem Sinne kann man sie als übergeschichtlichen Vorgang bezeichnen, weil es für diese Veränderungen keinen geschichtlichen Vergleich gibt. Sie ist aber in gewissem Sinne auch ein außergeschichtlicher Vorgang geworden. Wenn Geschichte „Geschehen" durch den Menschen ist, so ist die „Weltrevolution" im obigen Sinne wohl durch menschliches Wissen und durch menschlichen Willen in Gang gesetzt worden. Sie wurde aber durch menschlichen Wahn und durch Fortschrittsbesessenheit so beschleunigt, daß sie eigengesetzlich geworden ist und vom Menschen nicht mehr gesteuert werden kann. Der Mensch ist daher selbst zum Objekt seines Götzen, der Maschine, geworden. Es hätte wohl der Weisheit eines Gottes bedurft, um diese seit dem beginnenden neunzehnten Jahrhundert einsetzenden Veränderungen zum Guten zu lenken. Aber die Fortschritte in Naturwissenschaft und Technik machten den Menschen so überheblich, daß er der mephistophelischen Versuchung „Eritis sicut Deus" verfiel. Dieser apokalyptische Charakter der Entwicklung äußerte sich in der ersten Hälfte des zwanzigsten Jahrhunderts in den beiden Weltkriegen. Wird sich zum Ende des Jahrhunderts die Prophezeiung Heinrich Heines erfüllen, die er 1842 wie folgt niederschrieb:

Ausgehend von den revolutionären Bewegungen der französischen Hauptstadt würde „der gräßlichste Zerstörungskrieg" „die beiden edelsten Völker der Civilisation in die Arena" rufen „zu beider Verderben; ich meine Deutschland und Frankreich." Die „große Wasserschlange" England könne sich in ihr „ungeheueres Wassernest" zurückziehen und Rußland in seine ungeheuren Steppen und Eisgefilde. Deutschland und Frankreich würden ihre Existenz einbüßen. Das wäre aber „nur der erste Akt des Spektakelstücks, gleichsam das Vorspiel. Der zweite Akt ist die europäische, die Welt-Revolution, der große Zweikampf der Besitzlosen mit der Aristokratie des Besitzes, und da wird weder von Nationalität noch von Religion die Rede sein; nur ein Vaterland wird es geben, nämlich die Erde, und nur *einen* Glauben, nämlich das Glück auf Erden. Werden die religiösen Doktrinen der Vergangenheit in allen Landen sich zu einem verzweiflungsvollen Widerstand erheben und wird etwa dieser Versuch den dritten Akt bilden? Wird gar die alte absolute Tradition nochmals auf die Bühne treten, aber in einem neuen Kostüm und mit neuen Stich- und Schlagwörtern? Wie würde dieses Schauspiel schließen? Ich weiß es nicht; aber ich denke, daß man der großen Wasserschlange am Ende das Haupt zertreten und dem Bären des Nordens das Fell über die Ohren ziehen wird. Es wird vielleicht alsdann nur *einen* Hirten und *eine* Herde geben, ein freier Hirt mit einem eisernen Hirtenstabe und eine gleichgeschorene, gleichblökende Menschenherde? ... Die Zukunft riecht nach Juchten, nach Blut, nach Gottlosigkeit und nach sehr vielen Prügeln. Ich rate unseren Enkeln, mit einer sehr dicken Rückenhaut zur Welt zu kommen."

Dokument 1

Englische Europakarte von 1877

Dokument 2

General Albert Wedemeyer: Reports.

New York 1958

Seite 13f.

In the debunking postwar era of the twenties it was generally recognized that Germany's "war guilt" was a one-sided conception, and that the fundamental cause of the war had been Anglo-German industrial and trade rivalry. As John Maynard Keynes wrote in his famous book, The Economic Consequences of the Peace, England had fought to destroy a trade rival as in each preceding century.

Just as President Roosevelt spurred us on to war by raising false fears concerning our security, so back in 1910 during the British election campaign Mr. Balfour, leader of the Conservative opposition, tried to win by telling the electors that England was in danger – as Winston Churchill, then a liberal, said at the time, "to raise a panic without reason, a policy of trying to raise ill-will between two nations without cause."

Seite 13/14

That Balfour did not look with disfavor on the idea of provoking war with Germany is indicated by a conversation between him and U.S. Ambassador Henry White, who was sent by the State Department to London from Italy to confer at a time when the Anglo-German trade war was at its height. As recorded by the American historian, Allan Nevins, in his book Henry White, Thirty Years of American Diplomacy, the conversation was as follows:

Balfour (somewhat lightly): "We are probably fools not to find a reason for declaring war on Germany before she builds too many ships and takes away our trade."

White: "You are a very high-minded man in private life. How can you possibly contemplate anything so politically immoral as provoking a war against a harmless nation which has a good a right to a navy as you have? If you wish to compete with German trade, work harder."

Balfour: "That would mean lowering our standard of living. Perhaps it would be simpler for us to have a war."

White: "I am shocked that you of all men should enunciate such principles."

Balfour (again lightly): "Is it a question of right or wrong? Maybe it is just a question of keeping our supremacy."

The eminent British military historian, Major General J. F. C. Fuller, remarks with reference to this recorded conversation that its interest does not lie simply in the evidence it affords of Balfour's unprincipled cynicism. Its significance lies in the fact that "the Industrial Revolution had led to the establishment of an economic struggle for existence in which self-preservation dictated a return to the ways of the jungle. The primeval struggle between man and beast had been replaced by the industrial struggle between nation and nation in which all competitors were beasts."

Seite 14

"All that I had ever learned in my studies of history, the centuries of bloody struggle in Europe up to and including World War I, and the conditions or circumstances leading up to the conflagration just ignited in Europe, caused me to oppose an untimely American intervention in World War II. However, as a professional soldier, it was not within the sphere of my responsibility under our type of government to make decisions concerning war or peace. It was my job to anticipate developments and continuously make plans so that my country would be prepared for any contingency which fate, politicians, or power-drunk leaders might precipitate.

Thus I became the Victory Program planner of a war I did not want. Once engaged in my assigned task, I devoted all my energies to working up a plan calculated to bring our enemies to their knees in the shortest possible time and in a way that would leave us in an advantageous position at the peace table to work for a world in which America would be menaced no more."

Seite 35

"My early thinking, influenced by Father in discussions at home before World War I, and confirmed by additional information obtained later through reading and discussions, had led me to believe that we were propagandized into World War I. Knowing about the concocted propaganda, both stories and photographs, which was used to create hatred against the German people during the 1914 war, I was naturally skeptical about the information then being disseminated by all of the belligerent nations."

Seite 35

"Mr. Genau asked if I believed in totalitarian governments, and I assured him that I was unequivocally opposed to Fascism or any other form of dictatorship. I added that I believed bolshevism or communism to be a far greater menace to our country's security than Nazism or Fascism. There was ample evidence that Nazism was more localized as a national movement, whereas communism was a ruthless international conspiracy with the clearly stated objective of communizing the world."

Dokument 3

Stegemann: Geschichte des Krieges S. 341f.

„Ein fesselnder Beleg aus englischem Munde liegt in Gestalt eines Gerichtsurteils vor, das am 21. Dezember 1915 vom obersten Appellhof Englands gefällt worden ist. Es handelt sich um einen Rechtsstreit zwischen einer deutschen und einer englischen Handelsgesellschaft.

Eine deutsche Firma hatte Jahre vor Kriegsausbruch mit einer englischen Aktiengesellschaft einen Vertrag geschlossen, wonach die Gesellschaft ein Abfallprodukt ihrer australischen Bergwerksbetriebe, nämlich Zinkkonzentrate, auf Jahre hinaus regelmäßig an die deutsche Firma zu liefern hatte. In dem Vertrage war vorgesehen, daß er, wenn seine Ausführung durch höhere Gewalt oder ähnliche Ursachen verhindert werde, nur suspendiert sein und nach Wegfall des Hindernisses wieder in Kraft treten sollte. Die englische Gesellschaft wollte nun den Krieg benutzen, um sich ihrer Lieferungspflicht für immer zu entziehen und die freie Verfügung über ihre Produkte zurückzuerlangen. Sie ist deshalb darum eingekommen, den Vertrag entgegen den darin enthaltenen ausdrücklichen und unzweideutigen Bestimmungen wegen des Krieges als aufgelöst zu erklären.

Der Appellhof beim Supreme Court of Judicature hat dem Verlangen durch Urteil vom 21. Dezember 1915 stattgegeben. Die Begründung ist in einem längeren Aktenstück niedergelegt und durchaus logisch, wenn man die Voraussetzung annimmt, daß England den Krieg im wesentlichen als Handelskrieg zur „Behauptung seiner Welthandelsherrschaft" betrachtet hat, die mit der politischen Vormachtstellung Englands über See unlöslich verflochten ist. Dem englischen Urteil seien folgende Beweisstellen entnommen:

"In the Supreme Court of Judicature, Court of Appeal.

Royal Courts of Justice.
Tuesday, 21st December 1915.

Before
Lord Justice Swinfen Eady.
Lord Justice Phillimore &
Lord Justice Pickford.
Zinc Corporation Limited.
V.
H .... & others.

The effect of such an agreement as the present one, dealing with an important commercial product on a very large scale, is to prevent the resources of the country from being developed, and labour from being employed, and the value of the mineral from being realized, and the proceeds utilized in the best interest of the country. Moreover, the result of preserving intact for the Defendants (as the agreement purports to do), all concentrates on the floors, in the vats, or otherwise made ready by the Plaintiffs would be to enable the Defendants upon the conclusion of peace to resume their trade as speedily and in as great volume as possible, and so to diminish the *effect of the war on the commercial prosperity of the enemy country, which it is the object of this country during the war* to destroy. To recognise such a contract, and to give effect to it by holding that it remained legally binding upon the contracting parties would be to defeat the object of this country in crippling the commerce of the enemy. "It would be to undo by British tribunals the work done for the nation by its naval or military forces."

(Per Lord Lindley, Appeal Cases 1912, page 507.) Such an agreement is in my opinion void, as tending to assist the King's enemies. To carry out such an agreement during the war, and to withdraw goods from commerce, and preserve them for the enemy after the war, is little removed from actually trading with the enemy ..."

Hier wird also klar und kalt ausgedrückt, daß die Zerstörung des feindlichen Handels das englische Kriegsziel bildet, und gesagt:

„Wenn die Klägerin, wie es der Antrag bezweckt, alle von ihr aufbereiteten Konzentrate für die Beklagten zurückstellte, so würden diese in der Lage sein, bei Friedensschluß ihren Handel so schnell und in so großem Umfang wie möglich wieder aufzunehmen; damit würden aber die *Wirkungen des Krieges auf die kommerzielle Blüte des feindlichen Landes abgeschwächt, deren Zerstörung das Ziel unseres Landes während des Krieges ist.* Einen solchen Vertrag anzuerkennen und ihm Wirksamkeit zu geben durch die Annahme, daß er für die Vertragsteile rechtsverbindlich geblieben sei, hieße das Ziel dieses Landes, die Lähmung des feindlichen Handels, vereiteln. Es hieße durch britische Gerichte das Werk wieder ungeschehen machen, das für die Nation von ihren See- und Landstreitkräften vollbracht worden ist."

Dokument 4

Fr. Nitti: Europa am Abgrund, Frankfurt/Main, 1923.

„*Vorrede.*

„*Das Friedlose Europa*", das in Italien im November 1921 erschien, wurde sofort übersetzt und in vielen Hunderttausenden von Exemplaren verbreitet: fünfzehn Übersetzungen sind bereits veröffentlicht, und andere sieben in Druck.

„*Der Niedergang Europas*", obschon in Italien erst im Dezember 1922 erschienen, ist bereits bei der vierzehnten Übersetzung und in England beim vierten Neudruck angelangt.

Daß diese beiden Bücher in allen Ländern, auch den fernsten, leidenschaftlich gelesen worden sind, hat seinen Grund darin, daß nach so langer Kriegszeit und so langem Gewaltzustand zum ersten Male wieder von Frieden und Gerechtigkeit gesprochen wurde. Die Menschheit ist ihres Leidens müde und sieht mit Schaudern, daß die Verbrecherpolitik der Friedensverträge und die auf sie gestützte Politik der Lüge nur neue Kriege und neue Umwälzungen vorbereiten. Hat nicht Clemenceau in der französischen Kammer erklärt, die Verträge seien nichts anderes als eine Fortsetzung des Krieges in anderer Form?

Unter den politischen Vertretern der Entente bin ich der erste gewesen, der gewagt hat, die Wahrheit zu sagen und die ungerechte Gewalttätigkeit der Sieger bei ihrem Namen zu nennen. Von dem Augenblick an, da ich als Ministerpräsident Italiens den Vertrag von Versailles unterschreiben mußte, habe ich mich dank den Ententekonferenzen, an denen ich teilnahm, davon überzeugt, daß man nicht den Frieden wollte, sondern nur darauf ausging, Deutschland zu erwürgen und zu zerstückeln; und was die Sieger hierbei bestimmte, war nicht nur der Haß und die Rachsucht, sondern vor allem auch die Furcht, Deutschland stärker als je wieder auferstehen und kraft seiner machtvollen Arbeitsfähigkeit seinen Platz auf dem Weltmarkt zurückerobern zu sehen!

Ich habe für den deutschen Imperialismus der Vorkriegszeit sowie für die prahlerische Politik Wilhelms II. stets nur das Gefühl entschiedener Abneigung gehabt. Auch da Deutschland noch mit uns verbündet war, habe ich selbst als Minister niemals mit meinem Urteil über die plumpe Politik zurückgehalten, die dem deutschen Volke die Sympathie der demokratischen Völker gekostet und es am Tage der Entscheidung allein gelassen hat. Ich halte jedoch Deutschland um dessenwillen keineswegs für den einzigen Verantwortlichen am Kriege: alle Großmächte Europas haben, wenn auch mit Unterschied, teil an dieser Verantwortung; aber die Deutschen sind doch zu einsichtig, um nicht zu wissen, daß die Abneigung, von der sich Deutschland in der Stunde der Gefahr umgeben sah, nicht bloß Ausfluß des in seinem Urteil befangenen Konkurrenzneides gewesen ist. Die grobe Anpreisung der bloßen Gewalt, das geringschätzige Aburteilen über die Demokratie, die Mißachtung aller freieren Formen, kurz all das, was die kaiserliche Politik kennzeichnete, konnte überall nichts anderes als Mißtrauen und Abneigung wecken.

Ich gehörte also zu denen, die den Fall des deutschen Militärismus als ein Glück für die Kultur und als eine Wohltat für den Frieden betrachteten. Und als dann Italien in den Krieg eintrat, habe ich meine ganze Pflicht getan und nach Caporetto mehr als jeder andere den Widerstand organisiert und die Mittel zur Fortsetzung des Krieges aufgebracht.

Aber ich glaubte dabei, daß die feierlichen Verkündungen der Entente und die ebenso feierlichen Verpflichtungen, die Wilson im Namen Amerikas eingegangen, den unverletzlichen Charakter des Heiligen an sich hätten; ich glaubte, daß der Krieg uns tatsächlich den Frieden und eine für Sieger und Unterlegene gleiche Gerechtigkeit bringen sollte; ich glaubte aufrichtig, nicht nur für das Gedeihen der Kultur, sondern auch für das Wohl der Deutschen selbst zu kämpfen, die nach meiner Meinung in freieren Formen bedeutend günstigere Bedingungen für die Entwicklung ihres nationalen Genius gefunden hätten.

Aber die Friedensverträge, im Hasse geboren, sind fast ausschließlich nach Frankreichs Willen ausgestaltet worden, und dieser Wille war nur eines: Deutschland demütigen, es erwürgen und zerstückeln. Die Reparationspolitik ist der verabscheuenswürdigste Betrug, den die moderne Geschichte verzeichnet. Ganz Europa ist balkanisiert worden und droht nunmehr in der künstlich geschaffenen Zerrüttung unterzugehen.

Wie Verbrechen Verbrechen zeugt und im Irrtum neuer Irrtum keimt, so ist einer ersten Gewalttat eine unendliche Folge neuer Gewalttaten erwachsen. Europas Niedergang ist nur zu kleinem Teile Nachwirkung des Krieges; in der Hauptsache ist er die Folge der Verträge und der Verbrechen, die bei Ausführung oder vielmehr bei fortgesetzter Verletzung derselben begangen worden sind.

Als diese Überzeugung sich meiner bemächtigte, vollzog sich in mir eine tiefe moralische Krisis und ich wurde mir bewußt, daß es meine Pflicht als Italiener, als Mensch und als Politiker von Ehre sei, die Wahrheit auszusprechen. Und so habe ich denn, zuerst im Dezember 1919 auf der Konferenz von London, auf den wirtschaftlichen Unsinn und die moralische Nichtswürdigkeit der Reparationen hingewiesen. Ich erklärte in aller Ausführlichkeit, daß die Wiederaufnahme der wirtschaftlichen Beziehungen die erste Lebensbedingung für alle sei und demgegenüber der Gewinn der Reparationen auf null eingeschätzt werden müsse. Ich habe mich dann später der willkürlichen Besetzung deutschen Gebietes entgegengestellt und Wilson, der leider am Ende seiner Präsidentschaft war, auf unsere Verpflichtungen hingewiesen. Ich wußte, daß meine Haltung mir schmerzliche Erfahrungen bereiten werde, daß ich jeder Art Verleumdung preisgegeben und auf jede mögliche Weise bekämpft werde.

Aber das hat mich nicht zurückzuhalten vermocht; im Gegenteil, da ich von der Regierung zurücktrat, war ich entschlossen, alles zu tun, damit die ganze

Welt die Wahrheit erfahren solle. Und so bin ich nun wieder zur Feder zurückgekehrt und habe in der internationalen Presse, vor allem in Amerika, in meinen Büchern, Reden und Artikeln jenes Zeugnis für die Wahrheit abgelegt, das meinem tiefsten sittlichen Glauben entspricht.

Zuerst stand ich allein, aber dann haben sich aus England, aus Amerika, aus allen neutralen Ländern mächtige Stimmen mit der meinigen vereinigt. Lloyd George, der bei der Vorbereitung des Vertrags von Versailles sich den schwersten Ungerechtigkeiten zwar widersetzt und einige von ihnen auch zu vermeiden gewußt hatte, bei seinen ersten Besprechungen mit mir jedoch noch unentschlossen war, ist jetzt ohne Rückhalt auf die Seite der Wahrheit getreten. Amerika, das sich von Europa gesondert hatte, – und wer sucht nicht die Gesellschaft Gewalttätiger zu meiden – beginnt seine moralische Verantwortung zu fühlen. Die einsichtigsten Männer der Politik, des Handels und der Finanz, zu lange getäuscht von einer perfiden Propaganda der Lüge, die die Deutschen als Barbaren und das Ufer des Rheins als die Grenze der Kultur darstellt, sie alle sind auf dem Wege zu begreifen, welches denn eigentlich die wahren Forderungen und Notwendigkeiten des Friedens sind.

Frankreich, das Belgien und Polen unter seiner Kontrolle hält und einen Kreis kleiner Vasallenstaaten um sich gebildet hat, befolgt eine Politik, die eine dauernde Bedrohung der europäischen Kultur bedeutet. Nachdem es während des Krieges die Grundsätze des Rechts, der Gerechtigkeit und Humanität angerufen und den Beistand aller freien Völker gefunden hat, verrät es nun eine Gier nach imperialer Herrschaft, die ohnegleichen und um vieles brutaler ist als alles, was man den Deutschen als Absicht zugeschrieben.

Der Vertrag von Versailles ist an sich schon undurchführbar, und doch ist er auf jede Weise noch belastet worden. Nicht genug, Deutschland durch den grotesken Danziger Korridor in zwei Teile zerrissen zu haben, das Verbrechen „Oberschlesien" mußte noch dazu kommen!

Nicht genug an der scheußlichen Besetzung des Rheins, neue Besetzungen mußten ihr folgen und folgen ihr täglich! Deutschland hat in Befolgung des Vertrages entwaffnet, und England und Italien haben ihre Rüstungen eingeschränkt. Gleichwohl hält Frankreich, dem Stand seiner Finanzen und der geringen Zahl seiner Bevölkerung zum Trotz, das größte Heer auf Kriegsfuß, das je ein modernes Land in Friedenszeiten gehalten hat. In Washington hat es sich der Herabsetzung der Unterseeflotte, in Genua, dem Wunsche Lloyd Georges entgegen, jeder Erörterung der Abrüstungsfrage widersetzt. Jeden Tag vermehrt es – gegen wen? – seine Mittel zum Angriff und vor allem – gegen wen? – seine Luftflotte.

Die Besetzung der Ruhr entspricht dem Programm der französischen Eisenindustrie, und die sogen. schuldhafte Nichterfüllung Deutschlands in Sachen der Reparationen ist nichts als ein Vorwand. Die französische Plutokratie strebt nach der Kontrolle über das Eisen und die Kohle des festländischen Europas und demnach mit Hilfe der Vasallenstaaten nach der Hegemonie.

Poincaré hat gesagt, es sei falsch, daß Frankreich die Ruhr zu kontrollieren strebe, und ebenso geleugnet, daß irgendwer in Frankreich daran denke, Deutschland eines Teiles seines Gebietes zu berauben. Wenn Poincaré von den Deutschen spricht, hält er alles und jedes für erlaubt; er wird sogar humoristisch. Denn hat er nicht behauptet, die Besetzung deutscher Gebiete müsse lang, ja unbestimmt lang sein, da den unbestimmten langen Besetzungen das deutsche Volk sich leichter anpasse, während kurzzeitige nur erbitterten?

Was an der Saar geschehen ist, ist kein beruhigender Präzedenzfall. Ich kann sogar versichern, daß die Besetzung der Ruhr, die von der Eisenindustrie seit langem gewünscht und vorbereitet war, Teil eines Programms ist, das auch die Lostrennung des Rheinlands und die Autonomie Bayerns in sich einschließt. Seit 1919 sind wir angegangen worden, in Bayern und anderen deutschen Staaten diplomatische Vertretungen einzurichten, wie wenn sie nicht Teile des Reiches bildeten. Während der Vorbereitungen zum Versailler Vertrag haben der Minister Tardieu und General Foch die Abtrennung des Rheinlands gefordert, und ein höchst bezeichnendes militärisches Dokument, der Bericht einer zur Truppeninspektion an den Rhein gesandten französischen Militärkommission, hat bereits alle Maßregeln angegeben, die die Annexion der Saar, die Lostrennung des Rheinlands und die Kontrolle über die Ruhr einleiten sollen. Der Bericht trägt das Datum vom 25. Mai 1922.

Viele angesehenen Vertreter der französischen Plutokratie und Politik sind der Meinung, die „starke Faust" sei das einzige Mittel, Deutschland niederzuhalten, und die Freiheit sei eine Lebensbedingung zwar für die anderen Völker, aber nicht für Deutschland. Nach dieser Logik könnte man auch die These aufstellen, daß man die Verträge straflos im Frieden verletzen dürfe, wenn die Deutschen sie im Kriege verletzt haben. In dieser ganzen Politik der Gewalt steckt, von den Interessen der Eisenindustrie abgesehen, ein tiefer psychologischer Irrtum . . ."

„Die beiden Bücher des ehemaligen italienischen Ministerpräsidenten Francesco Nitti: „Das friedlose Europa" und „Der Niedergang Europas" haben seit ihrem ersten Erscheinen in der ganzen zivilisierten Welt berechtigtes Aufsehen erregt. Ein Mann, der selbst die Geschicke eines der Siegerstaaten geleitet hat, fand aus Verantwortungsgefühl den Mut, den Irr- und Wirrsinn des Versailler Vertrags schonungslos vor dem Weltgewissen bloßzulegen. Der wünschenswerten Verbreitung des Inhalts in allen Volkskreisen hat bisher der hohe Herstellungspreis entgegengestanden. Der Verlag hat sich deshalb entschlossen, die beiden Werke gekürzt in einer „Volksausgabe" zusammenzufassen. Der Verfasser hat dieser Ausgabe eine Einleitung gewidmet, die an die jüngsten politischen Vorgänge, an den Einbruch Frankreichs und Belgiens ins Ruhrrevier, anknüpft. Neben der Volksausgabe behalten die beiden Einzelbände als überragende politische Zeitdokumente ihren dauernden Wert."

Copyright 1923 by Frankfurter Societäts-Druckerei G.m.b.H.,
Abteilung Buchverlag, Frankfurt am Main.

Dokument 5

Friedrich Hoßbach: Zwischen Wehrmacht und Hitler, Wolfenbüttel 1949, S. 217ff.

„Beilage III.

Die Entstehungsgeschichte der Niederschrift[1] *vom 10. November 1937*

Die Niederschrift über die Sitzung ist durch mich einige Tage nach dem 5. November 1937 im Gebäude des Reichkriegsministeriums vorgenommen und mit dem Datum des 10. November 1937 versehen worden. Es ist mir nicht mehr erinnerlich, ob ihre Anfertigung an einem oder an mehreren Tagen erfolgt und ob sie daher am 10. November 1937 begonnen und beendet worden ist. Mit Gewißheit ist die „Niederschrift" eine nachträgliche schriftliche Aufzeichnung des Inhaltes der Besprechung, aber kein während dieser geführtes Protokoll gewesen. Mit Absicht habe ich s. Zt. von der Bezeichnung „Protokoll" als formal und sachlich unzutreffend abgesehen. Als Grundlage dienten mir meine während der Besprechung gemachten stichwortartigen Notizen und mein Gedächtnis. Da ich über keine stenographischen Fertigkeiten verfüge, war ich zu einer wortgetreuen und vollinhaltlichen Wiedergabe der Sitzung nicht in der Lage. Es lag in der Natur der Sache, daß mit der Niederschrift in erster Linie die möglichst vollständige Erhaltung der Hitlerschen Ausführungen bezweckt war, während die Diskussion nur kürzere Erwähnung fand und zwar nicht zuletzt deswegen, weil ich sie in ihrer zeitweisen Erregtheit und in der Folge von Rede und Gegenrede nicht so zuverlässig in Stichworten festzuhalten vermochte, daß ihre spätere Wiedergabe wahrheitsgetreu möglich gewesen wäre. Die Niederschrift nahm ich aus eigener Entschließung, nicht auf Veranlassung eines anderen Menschen vor. Sie ist nach bestem Wissen und Gewissen sowie im vollen Bewußtsein der damit übernommenen Verantwortung, aber auch in der Erwartung erfolgt, daß sie gegebenenfalls Abänderungen oder Ergänzungen durch Hitler selbst erfahren würde. Das wesentliche der Hitlerschen Ausführungen festgehalten zu haben, davon war ich überzeugt. Sie ist durch mich handschriftlich in einem einzigen Exemplar angefertigt worden. Es sind von ihr weder durch mich noch auf meine Veranlassung durch andere Abschriften hergestellt worden. Dagegen hat – wie ich erst später erfuhr – ein Offizier meine Originalniederschrift vom 10. 11. 1937 beim Sichten von Akten der Wehrmacht im Winter 1943/44 in Liegnitz gefunden, eine Abschrift von ihr anfertigen lassen und sie einem Verwandten zu treuen Händen übergeben; von dieser Seite ist sie einer Besatzungsmacht ausgehändigt worden. Es ist mir unbekannt, ob die

---

[1] Bei den Verhandlungen vor dem Internationalen Militärgerichtshof in Nürnberg und in Veröffentlichungen als „Hoßbach-Protokoll" bezeichnet."

Abschrift oder mein handschriftliches Original, das ich seit November 1937 nicht wieder gesehen habe, dem Internationalen Militärgerichtshof zu Nürnberg als Anklagematerial gedient hat. Die Original-Niederschrift vom 10. 11. 1937 trug als Unterschrift nur meinen Namen. Sie ist auch von keinem der Sitzungsteilnehmer durch Unterschrift anerkannt gewesen, sie war ferner mit Ausnahme von Blomberg keinem der Sitzungsteilnehmer durch mich zur Kenntnis gebracht worden. Ich habe sie dem Generalfeldmarschall von Blomberg persönlich übergeben. Dieser hat sie gelesen und, soweit mir erinnerlich, mit seinem Anfangsbuchstaben „Bl" abgezeichnet und endgültig in seinen Gewahrsam genommen. Aus einer mir gemachten Äußerung des damaligen Generals der Artillerie Wilhelm Keitel, des ersten Ratgebers Blombergs, glaubte ich entnehmen zu können, daß letzterer mit der inhaltlichen Abfassung einverstanden gewesen ist. Ob ich die Niederschrift dem Generalobersten v. Fritsch vorgelegt habe, wie es bei seiner Anwesenheit in Berlin mit Sicherheit geschehen wäre, ist fraglich, da er am 10. 11. 1937 eine längere Erholungsreise nach Ägypten angetreten hatte. Sicher dagegen ist, daß ich sie dem General der Artillerie Beck, dem damaligen Chef des Generalstabes des Heeres, zur Einsicht übergeben habe, obwohl er nicht an der Sitzung teilgenommen hatte. Auf Beck, mit dem ich den Verlauf und Inhalt der Besprechung vom 5. 11. 1937 mündlich erörterte, hatte der Inhalt meiner Niederschrift einen „niederschmetternden" Eindruck hervorgerufen, dem er auch in längeren kritischen schriftlichen Bemerkungen Ausdruck gegeben hat. Hitler meldete ich das Vorhandensein der Niederschrift und habe ihn angesichts ihrer Bedeutung zweimal in einem Abstand von mehreren Tagen gebeten, sie durchzulesen, was er zu meiner Überraschung jedoch mit der Begründung ablehnte, er habe vorderhand keine Zeit. Mit seinem Einverständnis blieb die Niederschrift nunmehr endgültig im Besitz des Reichskriegsministers. Das ablehnende Verhalten Hitlers fiel mir sofort auf, hatte er doch noch kurze Zeit zuvor, am 5. 11. 1937, seinen Ausführungen die bedeutsame Bezeichnung eines „politischen Testaments" beigelegt, und nun schien ihm die Abfassung und der Verbleib des „Testaments" gleichgültig zu sein.

Die Besprechung am 5. 11. 1937 verlief in der Reihenfolge, daß Hitler an Hand von vorher durch ihn selbst niedergeschriebenen Notizen seine politischen Ansichten ruhig und leidenschaftslos entwickelte, daß daran eine Diskussion und zum Schluß eine verhältnismäßig kurze Erörterung rüstungstechnischer Belange sich anschloß. Durch den am Anfang und im Vordergrund stehenden politischen Teil trat eine unerwartete Änderung und Ausdehnung der Sitzung ein, so daß die in der Reichskanzlei wartenden Sachverständigen auf dem Rüstungsgebiet gar nicht mehr zu der Besprechung – wie beabsichtigt – hinzugezogen und unverrichteter Dinge entlassen wurden. Hitler nahm seine eigenen Notizen nach Schluß der Besprechung mit sich fort; ich habe sie nicht eingesehen und daher auch nicht als Grundlage für die Niederschrift vom 10. 11. 1937 verwenden können.

Aus den vorher erwähnten Gründen habe ich es leider unterlassen müssen, die Diskussion in ihrer Vollständigkeit festzuhalten. Es besteht aber kein Zweifel, daß sie weit ausgedehnter war, als ich sie am 10. 11. 1937 ausgeführt habe.

Die Diskussion nahm zeitweilig sehr scharfe Formen an, vor allem in einer Auseinandersetzung zwischen Blomberg und Fritsch einerseits und Göring andererseits, an der Hitler sich vorwiegend als aufmerksamer Zuhörer beteiligte. Der Anstoß der strittigen Fragen ist mir nicht mehr erinnerlich. Mit Genauigkeit ist mir jedoch im Gedächtnis haften geblieben, daß die Schärfe des Gegensatzes in der Sache und in der Form ihren Eindruck auf Hitler nicht verfehlt hatte wie ich aus seinem Mienenspiel entnehmen konnte. Seiner ganzen Einstellung nach mußte das Verhalten Blombergs und Fritschs dem Führer deutlich gemacht haben, daß seine politischen Gedankengänge nur nüchterne, sachliche Gegenäußerungen anstatt Beifall und Zustimmung gefunden hatten. Und er wußte zur Genüge, daß die beiden Generale jeder unsererseits herausgeforderten kriegerischen Verwicklung ablehnend gegenüberstanden. Es ist vor der Geschichte eine Unterlassungssünde meinerseits, daß die Stellungnahme Blombergs und Fritschs bei der Besprechung am 5. 11. 1937 nicht im vollständigeren Umfange und nicht in der tatsächlich erfolgten dialektischen Schärfe in meiner Handschrift vom 10. 11. 1937 aufgeführt worden ist.

Inwieweit der in Beilage II aufgeführte Wortlaut des sogenannten „Hoßbach-Protokolls" mit der am 10. 11. 1937 verfaßten Original-Niederschrift übereinstimmt, kann ich aus der Erinnerung heute mit Sicherheit nicht mehr feststellen. Die Methode des inneren und äußeren Aufbaus der Abhandlung, der Stil, einzelne Redewendungen und beträchtliche Teile des mir noch gegenwärtigen Inhaltes lassen mich nach reiflicher Prüfung zu der Ansicht gelangen, daß in summa die Beilage II eine Wiedergabe des Originals darstellt. Bei der Bewertung der Niederschrift vom 10. 11. 1937 als zeitgenössisches Dokument bleibt zu berücksichtigen, daß sie kein während der Verhandlung aufgenommenes wortgetreues Protokoll, sondern eine nachträgliche, inhaltliche Darstellung ist, die der Anerkennung der Sitzungsteilnehmer entbehrt.

Dokument 6

„Die Nachhut" 2422 vom 8. 1. 1973

„Das Stalin-Hitler-Abkommen 1939

Durch Zufall stieß ich beim Studium der Akten des Deutschen Nachrichtendienstes (Abt. IIIb, Chef: Oberst Nicolai), welche die Zeit des 1. Weltkrieges umfassen, auf ein Dokumentenfaszikel der militärischen Abwehr des 2. Weltkrieges, das wohl aus Versehen oder bei Verlagerung in den anderen Komplex hineingeraten ist. Es handelt sich um einen V-Mann-Bericht vom 22. Juni 1941 (UdSSR Nr. 80). Daraus geht einwandfrei hervor, mit welchen Absichten Stalin den Vertrag vom August 1939 in Wirklichkeit geschlossen hat.

Hier der Wortlaut mit einem Hinweis auf die Zusammenhänge:

„Am Abend des 19. August 1939, des Tages, an dem Stalin das deutsch-sowjetische Abkommen unterzeichnet hat, erläuterte er in einer eiligst zusammenberufenen Geheimsitzung des Politbüros die Motive seiner Politik. Stalin sagte u. a.: „Wenn die Sowjets einen Allianzvertrag mit Frankreich und Großbritannien abschließen, so wird Deutschland sich gezwungen sehen, vor Polen den Rückzug anzutreten und mit den Westmächten einen modus vivendi suchen. Auf diese Weise könnte der Krieg vermieden werden, und die spätere Entwicklung der Sachlage würde einen gefährlichen Charakter für uns haben. Wenn wir andererseits den Vorschlag Deutschlands annehmen, so wird es sicher zum Kriege mit Polen kommen, und die Intervention Englands und Frankreichs wird unvermeidlich sein. Wir werden dann große Chancen haben, vom Konflikt fern zu bleiben, und wir können mit Vorteil unseren Zeitpunkt erwarten. Das ist es, was unser Interesse verlangt. Die Diktatur der Kommunistischen Partei ist nur möglich durch das Mittel eines großen Krieges'."

Der Berichterstatter (V-Mann der Abwehr) bemerkt weiter in seinem Bericht vom 22. Juni 1941: „Stalin erwog eiskalt die Vorteile, die sowohl bei einer Niederlage des Reiches als auch bei dessen Sieg für die Sowjetunion erwüchsen, wobei er annahm, daß ein Sieg des Reiches nur mit einer ungeheuren Schwächung zu erkaufen sei. Die Schlußfolgerungen, die Stalin zog, waren jedem Mitglied des Politbüros einleuchtend. Sie lauteten:

„Erstens: Es ist in unserem Interesse, daß der Krieg zwischen Deutschland und dem englisch-französischen Block ausbricht.

Zweitens: Es ist wesentlich für uns, daß der Krieg solange als möglich dauert.

Drittens: Wir müssen die kommunistische Arbeit in den kriegführenden Ländern intensivieren, um gut vorbereitet zu sein, sobald der Krieg zu Ende geht."

Diese Rede Stalins vom 19. August 1939 wurde von dem damaligen Vertreter der Agentur Havas, Henry Ruffin, nach Paris gemeldet. Sie wurde im Wortlaut, wenn auch gekürzt, erst nach dem Überfall Hitlers auf Rußland im „Journal de Genève“ am 12. Juli 1941 veröffentlicht. Dabei knüpfte Ruffin an ein zweites sensationelles Dokument an, nämlich an eine Instruktion der Komintern an die Sektionschefs und Generalsekretäre der Kommunistischen Partei in Belgien, die vom 25. November 1939 datiert ist. Diese Instruktion hatte die Aufgabe, die Politik Stalins den kommunistischen Parteien im Westen mundgerecht zu machen. Daher sollte sie vorerst geheim bleiben. Doch wurde ihr Inhalt durch eine Indiskretion bereits am 11. Dezember 1939 in dem kommunistischen Pariser Blatt „L'Ordre Nationale“ veröffentlicht. Da es sich um eine kleine Zeitung handelte, scheint diese Nummer nach der Besetzung Frankreichs (die „Zone libre“ ausgenommen) der deutschen Abwehr nicht bekannt geworden zu sein. Die Kommunisten galten ja zunächst noch als sogenannte „Verbündete“ Hitlers. Ihre Organisationen usw. wurden erst nach dem Bruch Hitler-Deutschlands mit der UdSSR unter die Lupe genommen, und so stellt die Instruktion Stalins eine Bestätigung dessen dar, was die Agentur Havas bereits kurz nach dem Paktabschluß vom August 1939 erfahren hatte. Der Plan Stalins wird in dem V-Mann-Bericht folgendermaßen erläutert: „Die Einrichtung des Sowjetregimes in allen kapitalistischen Ländern durch die Weltrevolution bleibt das einzige allgemeine Ziel der Außenpolitik Sowjetrusslands. Der europäische Krieg schafft allein die günstigen Umstände und Bedingungen zur Entfesselung der *internationalen Revolution.* ... Wir haben unser Ziel erreicht, nämlich den Ausbruch des allgemeinen Krieges, ohne dafür die Verantwortung in den Augen der Welt zu tragen und ohne daran teilzunehmen. Wir werden den Deutschen während des europäischen Krieges so beistehen, daß sie lange widerstehen können, aber nicht soweit, um den Triumph der deutschen Waffen zu erlauben. Auf diese Weise werden wir die Entscheidung in den Händen behalten“.

Als Henry Ruffin als erster und einziger Journalist die Rede Stalins und dessen Instruktionen im „Journal de Genève“ veröffentlichte, wollte er die skrupellose Kriegspolitik und die wahren Absichten der Sowjets aufdecken. Ob der V-Mann-Bericht vom 22. Juni 1941 an Hitler weitergegeben ist, geht aus den Dokument nicht hervor. Dies ist auch kaum anzunehmen, da inzwischen bereits die Erklärung des Reichsaußenministers von Ribbentrop den Angriff Deutschlands auf die Sowjetunion begründet hatte.

Dr. Gert Buchheit“

Dokument 7

Sven Hedin: Amerika im Kampf der Kontinente, Leipzig 1943, S. 60ff.

5. Roosevelt und das erste Kriegsjahr in Europa

Man kann beim Studium der Geschichte der neuen Zeit selten mit Sicherheit sagen, daß ein Krieg zwischen zwei Ländern oder zwei Mächtegruppen an dem Tag und zu der Stunde der Kriegserklärung oder der ersten Kampfhandlungen begann. Auch bei den beiden Weltkriegen, die die jetzt lebende Generation über sich ergehen lassen muß, reichen die Ereignisse weit zurück, die den Krieg schließlich unabwendbar machten. Die Schüsse von Sarajewo fielen nicht von ungefähr, sondern zerrissen mit ihrem Schall das dunkle Gewölk, das sich schon lange über Europa zusammenbraute.

Noch weniger hat der Zweite Weltkrieg am 1. September 1939 in dem Augenblick begonnen, in dem deutsche Truppen die polnische Grenze überschritten. Er ist aus dem Ersten Weltkrieg geboren, zum mindesten in der Stunde, da die Vertreter von zweiunddreißig Nationen im Spiegelsaal von Versailles ihre Unterschrift unter ein Dokument setzten, das als Friedensvertrag bezeichnet wurde, ohne es zu sein.

Vor dem 1. September 1939 lagen die Tage und Jahre des Waffenstillstands, der am 11. November 1918 begann und am 28. Juni 1919 in veränderter Form erneuert wurde, lagen der deutsch-polnische Vertrag vom 26. Januar 1934, das Abkommen von München vom 30. September 1938, das britisch-französische Garantieversprechen an Polen, das dieses verblendete Land das Wagnis unternehmen ließ, Hitlers großzügiges Angebot einer friedlichen Lösung der deutsch-polnischen Streitfragen vom 29. August 1939 unbeachtet zu lassen. Dieses Angebot war so wichtig und seine Verwerfung so unbegreiflich, daß ich die 16 Punkte hier wörtlich folgen lasse:

„1. Die Freie Stadt Danzig kehrt auf Grund ihres rein deutschen Charakters sowie des einmütigen Willens ihrer Bevölkerung sofort in das Deutsche Reich zurück.

2. Das Gebiet des sogenannten Korridors, das von der Ostsee bis zu der Linie Marienwerder-Graudenz-Kulm-Bromberg (diese Städte einschließlich) und dann etwa westlich nach Schönlanke reicht, wird über seine Zugehörigkeit zu Deutschland oder zu Polen selbst entscheiden.

3. Zu diesem Zweck wird dieses Gebiet eine Abstimmung vornehmen. Abstimmungsberechtigt sind alle Deutschen, die am 1. Januar 1918 in diesem Gebiet wohnhaft waren oder bis zu diesem Tage dort geboren wurden, und desgleichen alle an diesem Tage in diesem Gebiet wohnhaft gewesenen oder bis zu diesem Tage dort geborenen Polen, Kaschuben und so weiter. Die aus diesem Gebiet vertriebenen Deutschen kehren zur Erfüllung ihrer Abstimmung zurück. Zur Sicherung einer objektiven Abstimmung sowie zur Gewährleistung

der dafür notwendigen umfangreichen Vorarbeiten wird dieses Gebiet ähnlich dem Saargebiet einer sofort zu bildenden internationalen Kommission unterstellt, die von den vier Großmächten, Italien, Sowjetunion, Frankreich, England, gebildet wird. Diese Kommission übt alle Hoheitsrechte in diesem Gebiete aus. Zu dem Zweck ist dieses Gebiet in einer zu vereinbarenden kurzen Frist von dem polnischen Militär, der polnischen Polizei und den polnischen Behörden zu räumen.

4. Von diesem Gebiet bleibt ausgenommen der polnische Hafen Gdingen, der polnisches Hoheitsgebiet ist, soweit er sich territorial auf die polnische Siedlung beschränkt. Die näheren Grenzen dieser polnischen Hafenstadt wären zwischen Deutschland und Polen festzulegen und nötigenfalls durch ein internationales Schiedsgericht festzusetzen.

5. Um die notwendige Zeit für die erforderlichen umfangreichen Arbeiten zur Durchführung einer gerechten Abstimmung sicherzustellen, wird diese Abstimmung nicht vor Ablauf von zwölf Monaten stattfinden.

6. Um während dieser Zeit Deutschland seine Verbindung mit Ostpreußen und Polen seine Verbindung mit dem Meere unbeschränkt zu garantieren, werden Straßen und Eisenbahnen festgelegt, die einen freien Transitverkehr ermöglichen. Hierbei dürfen nur jene Abgaben erhoben werden, die für die Erhaltung der Verkehrswege beziehungsweise für die Durchführung der Transporte erforderlich sind.

7. Über die Zugehörigkeit des Gebietes entscheidet die einfache Mehrheit der abgegebenen Stimmen.

8. Um nach erfolgter Abstimmung – ganz gleich, wie diese ausgehen möge – die Sicherheit des freien Verkehrs Deutschlands mit seiner Provinz Danzig-Ostpreußen und Polen seine Verbindung mit dem Meere zu garantieren, wird, falls das Abstimmungsgebiet an Polen fällt, Deutschland eine exterritoriale Verkehrszone, etwa in Richtung von Bütow-Danzig beziehungsweise Dirschau, gegeben zur Anlage einer Reichsautobahn sowie einer viergleisigen Eisenbahnlinie. Der Bau der Straßen und der Eisenbahn wird so durchgeführt, daß die polnischen Kommunikationswege dadurch nicht berührt, das heißt entweder über- oder unterfahren werden. Die Breite dieser Zone wird auf einen Kilometer festgesetzt und ist deutsches Hoheitsgebiet.

Fällt die Abstimmung zugunsten Deutschlands aus, erhält Polen zum freien und uneingeschränkten Verkehr nach seinem Hafen Gdingen die gleichen Rechte einer ebenso exterritorialen Straßen- beziehungsweise Bahnverbindung, wie sie Deutschland zustehen würden.

9. Im Falle des Zurückfallens des Korridors an das Deutsche Reich erklärt sich dieses bereit, einen Bevölkerungsaustausch mit Polen in dem Ausmaß vorzunehmen, als der Korridor hierfür geeignet ist.

10. Die etwa von Polen gewünschten Sonderrechte im Hafen von Danzig würden paritätisch ausgehandelt werden mit gleichen Rechten Deutschlands im Hafen von Gdingen.

11. Um in diesem Gebiet jedes Gefühl einer Bedrohung auf beiden Seiten zu beseitigen, würden Danzig und Gdingen den Charakter reiner Handelsstädte erhalten, das heißt ohne militärische Anlagen und militärische Befestigungen.

12. Dic Halbinsel Hela, die entsprechend der Abstimmung entweder zu Polen oder zu Deutschland käme, würde in jedem Fall ebenfalls zu demilitarisieren sein.

13. Da die deutsche Reichsregierung heftigste Beschwerden gegen die polnische Minderheitenbehandlung vorzubringen hat, die polnische Regierung ihrerseits glaubt, auch Beschwerden gegen Deutschland vorbringen zu müssen, erklären sich beide Parteien damit einverstanden, daß diese Beschwerden einer international zusammengesetzten Untersuchungskommission unterbreitet werden, die die Aufgabe hat, alle Beschwerden über wirtschaftliche und physische Schädigungen sowie sonstige terroristische Akte zu untersuchen. Deutschland und Polen verpflichten sich, alle seit dem Jahre 1918 etwa vorgekommenen wirtschaftlichen und sonstigen Schädigungen der beiderseitigen Minoritäten wiedergutzumachen, beziehungsweise alle Enteignungen aufzuheben oder für diese und sonstige Eingriffe in das wirtschaftliche Leben eine vollständige Entschädigung den Betroffenen zu leisten.

14. Um den in Polen verbleibenden Deutschen sowie den in Deutschland verbleibenden Polen das Gefühl der internationalen Rechtlosigkeit zu nehmen und ihnen vor allem die Sicherheit zu gewähren, nicht zu Handlungen beziehungsweise zu Diensten herangezogen werden zu können, die mit ihrem nationalen Gefühl unvereinbar sind, kommen Deutschland und Polen überein, die Rechte der beiderseitigen Minderheiten durch umfassendste und bindende Vereinbarungen zu sichern, um diesen Minderheiten die Erhaltung, freie Entwicklung und Betätigung ihres Volkstums zu gewährleisten, ihnen insbesondere zu diesem Zweck die von ihnen für erforderlich gehaltene Organisierung zu gestatten. Beide Teile verpflichten sich, die Angehörigen der Minderheit nicht zum Wehrdienst heranzuziehen.

15. Im Falle einer Vereinbarung auf der Grundlage dieser Vorschläge erklären sich Deutschland und Polen bereit, die sofortige Demobilmachung ihrer Streitkräfte anzuordnen und durchzuführen.

16. Die zur Beschleunigung der obigen Abmachungen erforderlichen weiteren Maßnahmen werden zwischen Deutschland und Polen gemeinsam vereinbart."

Die diplomatischen Akten der neueren Geschichte werden kaum ein Schriftstück aufweisen, das diesem Vorschlag an Mäßigung, an Entgegenkommen und Verständnis für die Bedürfnisse eines andern Landes gleichkommt. Daß Polen ihn trotzdem nicht einmal einer Empfangsbestätigung für wert hielt, kann nur durch die inzwischen bekanntgewordene Tatsache erklärt werden, daß es sich nicht nur auf seine europäischen Freunde Großbritannien und Frankreich verließ, sondern vor allem auch auf die Unterstützung der Vereinigten Staaten. Roosevelt hatte sie ihm durch seine Botschafter in Warschau und Prag zusagen lassen.

In London ist behauptet worden, daß der deutsche Vorschlag so spät abgesandt wurde, daß die Warschauer Reging gar nicht darauf antworten konnte. Der deutsche Einmarsch in Polen sei so schnell erfolgt, daß der ganze Vorschlag wahrscheinlich nicht ernst gemeint war.

Diese Behauptung ist unwahr. Der Londoner „Daily Telegraph", eine dem Foreign Office nahestehende Zeitung, hat in der Abendausgabe vom 31. August 1939 einen Bericht über Beratungen im englischen Kabinett veröffentlicht. In diesen sei zur Sprache gekommen, daß dem britischen Botschafter in Berlin, Sir Nevile Henderson, vom deutschen Reichsaußenminister die deutschen Vorschläge über eine friedliche Beilegung des deutsch-polnischen Konflikts übermittelt worden seien. Er habe sie sofort nach London weitergemeldet, da sich die britische Regierung in einer Note vom 28. August 1939 gegenüber der deutschen Regierung bereit erklärt hatte, die Vermittlung zu übernehmen. Das Londoner Kabinett habe das deutsche Memorandum nach Warschau weitergeleitet, und die polnische Regierung habe nach seinem Empfang die Generalmobilmachung angeordnet.

In London hat der Bericht des „Daily Telegraph" große Bestürzung hervorgerufen, denn man war dort – mit Roosevelts Zustimmung – entschlossen, die Schuld am Ausbruch des Kriegs nach dem Vorbild von 1914 Deutschland zuzuschieben. Im britischen Blaubuch über den Kriegsausbruch und in den Erinnerungen Sir Nevile Hendersons „The Failure of a Mission" ist dieser Entschluß ausgeführt worden.

Die unbeabsichtigte Wahrheitsliebe des „Daily Telegraph" wurde dadurch zu vertuschen gesucht, daß die genannte Abendausgabe beschlagnahmt und die Redaktion veranlaßt wurde, eine zweite Spätausgabe herauszubringen, in deren Bericht über die Kabinettsberatung der für die britische Regierung so peinliche Satz über die polnische Generalmobilmachung nach Erhalt des deutschen Vorschlags entfernt war. Das Foreign Office hat aber nicht verhindern können, daß die erste Ausgabe des „Daily Telegraph" mit der Mitteilung bereits in die Hände einiger Menschen gekommen war, die sich für die wahren Umstände interessierten.

Der beispiellos schnelle Ablauf des deutschen Feldzuges gegen Polen ist in aller Erinnerung. Die versprochene Truppen- und Waffenhilfe der Mächte, die Polen durch ihre Garantie zum Widerstand gegen Deutschland ermutigt hatten, ist nie erfolgt. Polen ist von England, Frankreich und dem Amerika Roosevelts verraten worden."

Dokument 8

The Forrestal Diaries

Edited by Walter Millis

New York – The Viking Press – 1951

Seite 121–123

27 December 1945

Played golf today with Joe Kennedy (Joseph P. Kennedy, who was Roosevelt's Ambassador to Great Britain in the years immediately before the war). I asked him about his conversations with Roosevelt and Neville Chamberlain from 1938 on. He said Chamberlain's position in 1938 was that England had nothing with which to fight and that she could not risk going to war with Hitler. Kennedy's view: *That Hitler would have fought Russia without any later conflict with England if it had not been for Bullitt's* (William C. Bullitt, then Ambassador to France) *urging on Roosevelt in the summer of 1939 that the Germans must be faced down about Poland; neither the French nor the British would have made Poland a cause of war if it had not been for the constant needling from Washington.* Bullitt, he said, kept telling Roosevelt that the Germans wouldn't fight, Kennedy that they would, and that they would overrun Europe. *Chamberlain, he says, stated that America and the world Jews had forced England into the war.* In his telephone conversation with Roosewelt in the summer of 1939 the President kept telling him to put some iron up Chamberlain's backside. Kennedy's response always was that putting iron up his backside did no good unless the British had some iron with which to fight, and they did not. . . .

What Kennedy told me in this conversation jibes substantially with the remarks Clarence Dillon had made to me already, to the general effect that Roosevelt had asked him in some manner to communicate privately with the British to the end that Chamberlain should have greater firmness in his dealings had talked with Lord Lothian in the same general sense as Kennedy reported Roosevelt having urged him to do with Chamberlain. Lothian presumably was to communicate to Chamberlain the gist of his conversation with Dillon.

Looking backward there is undoubtedly foundation for Kennedy's belief that Hitler's attack could have been deflected to Russia, but I think he fails to take into account what would have happened after Hitler had conquered Russia. Would he have been content to stop? Nothing in his record indicates that that would have been the case, but rather that having removed the threat to his eastern frontiere he would then have exercised the options open to him to construct a European German-dominated system to which he later gave expression after overrunning France.

Kennedy said that the Russian demand for incorporation of Estonia, Latvia and Lithuania into the U.S.S.R. was the stumbling block, in the spring of 1939, to an understanding between Russia and England. The fundamental difficulty of England, however, was that if they backed Germany . . . they were then faced with a greater Germany, a weakened France, and a relatively defenseless England, whereas an alliance with Russia and the ultimate destruction of Germany would present England with precisely the problem that they now have, namely, a vacuum of power in Central Europe into which Russian influence would flow.

Dokument 9

ANTI-NAZI ECONOMIC BULLETIN

Official Organ of

THE NON - SECTARIAN ANTI - NAZI LEAGUE TO CHAMPION HUMAN RIGHTS

VOL. III NO. 5 MAY, 1936

1936 Statistics Show Large Drop In Nazi Exports

Figures For Period Show 12.2% Slump Since December

BERLIN—For the fourth successive month the trend in German exports has been downward according to the official April figures just received by the League and as a result Germany is dangerously close to a new foreign trade deficit. April exports amounted to 365,000,000 Marks, a drop of 3.5% compared with March and a drop of 12.2% compared with last December, the record high under the subsidy plan under which Germany is now operating. Meanwhile the April imports, amounting to 360,000,000 Marks show an increase of 5,000,000 Marks as compared with March and thus Germany now has a precariously low trade balance, just 5,000,000 Marks, the lowest since the subsidy was introduced.

Despite efforts to keep imports down in order to create a more favorable trade balance to offset its slumping export trade, the Reich found it necessary to increase its imports mainly because of a 15,000,000 Mark increase in raw material imports. A cut, however was made in the importation of agricultural products and finished goods This change, incidentally, profited the United States as much of the increased raw materials,—cotton, phosphates and mineral oils, — came from this country.

A Serious Reversal

In the early days of the export subsidy, the Germans hailed its success as the answer to the world-wide anti-Nazi boycott. But with the difficulty of collecting the monies from German industries to continue the export sub-

(*Continued on Page* 8)

Swords Now Made In This Country

Military swords and sabers, which were formerly a German monopoly, are now being made in the United States for the first time.

About fifteen years ago, during the World War, several American manufacturers attempted to enter into the manufacture of Sword blades, but the cost was so great that it did not pay to go through with the project. The strong pressure exerted by American dealers has, however, now created a renewed demand for domestic products, which is already - being supplied. Among the customers who will be glad to take advantage of the changed situation is our own Federal government.

The only firm still supplying German sabers and swords to the American market is N. S. Meyer, Inc., 419 Fourth Avenue, New York City. This firm also sells military and naval goods.

Citizen's Tribute to Samuel Untermyer Called Off Because of His Illness

Because of his frail condition, the Citizens' Tribute to Samuel Untermyer scheduled for May 12th at the Hotel Commodore was called off at the request of Mr. Untermyer's physician. Since then, however, the League is happy to announce that the health of its president has appreciaobly improved.

Over a thousand of New York's most distinguished citizens had arranged to attend the tribute to Mr. Untermyer of which George Gordon Battle was chairman. Among those scheduled to speak were Mayor Fiorello H. LaGuardia, Senator Robert F. Wagner, Judge Jeremiah T. Mahoney, Judge Ferdinand Pecora, Matthew Woll, George McDonald, Grover Whalen and others. It is expected that the Tribute to Mr. Untermyer will be held in the early Fall at which time the Anti-Nazi League will play a prominent part in the observance.

Simms Finds Reich Verging on Complete Economic Disaster

The financial wizardry that has kept the Third Reich from bankruptcy and complete collapse is failing and Germany is on the verge of complete disaster. This is the conclusion reached by William Philip Simms, foreign editor of the Scripps-Howard newspapers, in a series of cabled articles from Berlin. Mr. Simms finds that Germany's gold reserve is virtually depleted, that her credit is gone, that her much publicized economy recovery has been achieved at the expense of a catastrophic drain on government funds and that the magician's wand waved by Dr. Hjalmar Schacht is fast losing its potency. Analyzing the weaknesses of Germany's economic set-up, Mr. Simms asserts that the day is not far off when the German people will awake to "find their jobs gone, their savings accounts frozen, their life insurance policies unrealizable save in steel and cement, fortifications and poison gas."

U. S. Mayors Boycott Municipal Congress To Be Held in Berlin

WASHINGTON, D. C.—A letter asking that the State Department be informed that the United States Conference of Mayors has refused to participate in the congress of the International Union of Local Authorities to be held in Berlin on June 7th has been submitted by Mayor Fiorello H. La Guardia of New York, president of the Conference, to Paul V. Betters, director of the Conference. Mayor La Guardia's letter states that the Conference has rejected an invitation to be represented at Berlin "for the same reason which prompted the London County Council to refuse to participate in the Berlin conference," namely, the fact that it would be "rather paradoxical for municipal authorities to gather for the purpose of discussing local self-government in a country where all local self-government has been completely obliterated."

In his letter, Mayor La Guardia asked Mr. Betters to communicate the con-

(*Continued on Page* 5)

Nothing Can Stop World Anti-Nazi Boycott Says Untermyer in Reply to German Demand

Charging the German Government with attempting to inject the boycott of German goods and services into international diplomacy, Samuel Untermyer, President of the Non-Sectarian Anti-Nazi League said: "The League will continue unremittingly its boycott of German goods and services, no matter to what extent the Nazis try to employ it as a driving wedge in international negotiations. They are finally admitting with increasing frequency the real effectiveness of the boycott."

Mr. Untermyer's statement was prompted by the speech of Reichsbank Director Huelse who told the Reichsbank officials on May 18th in Berlin that:

"At any future stabilization, the German foreign debt problem also will be thrown into the debate. Creditor countries will have to choose between two alternatives. They will have either to open their borders to German goods or consent to an appropriate reduction of German debts. In any case international credit transactions will have to be made at interest rates that are economically tolerable."

Involved in this demand is a demand for the cessation of all boycott movements against German goods, a demand frequently voiced by the National socialist press.

Mr. Untermyer said "Time and again the Nazis have demanded that the boycott of German goods must stop. Now they are threatening to use the boycott as an excuse for proposing further reductions in debt and interest rates. Nothing however, can make the League and its affiliated organizations throughout the world cease for one second in the prosecution of the blockade of Germany, nothing short of the destruction of Naziism."

London Believes Reich Economic Breakdown Near

Banks Warned Not to Extend Credit to Germany

LONDON—A belief in the impending breakdown of Germany's economic structure has this month resulted in the stoppage of all credit to Germany by British banking interests. Augur, the well informed London correspondent of the New York Times, states that "there is good reason to believe that banks and insurance companies have been warned from high official quarters to abstain from giving fresh credits to Germany and to recall discreetly wherever possible money from the country as a new and severe financial breakdown is anticipated". The United Press correspondent adds that at "a meeting of representatives of clearing banks affiliated with the Bank of England, the situation was termed very grave".

Augur further states: "Apparently the desperate efforts of Dr. Hjalmar Schacht, Minister of Economics and president of the Reichsbank, to stem the tide of economic ruin caused by the immense expenditure on armaments have failed. Rumors of the impending bankruptcy of the Hitler regime have been rife here for some time. The disruptive processes evidently are expected to develop with increasing rapidity in the coming summer months".

In connection with the shutdown of credit to Germany, it is recalled that J. B. Pease, chairman of Lloyds Bank, in a recent speech referred to questions in the House of Commons regarding British banks extending credits to Germany which used them for armaments, and said:

"I am in a position to state that no such credits have ben given by any clearing banks."

Official statement on the credit stoppage is believed to have been held back because it has been considered

(*Continued on Page* 8)

Boycott of Germany Spreading in India

BOMBAY — A movement for the boycott of the 1936 Olympic games and for a boycott of German goods spread like wildfire here as a result of derogatory remarks passed by Hitler about India. K. F. Nariman, Mayor of Bombay, condemned Hitler in a newspaper article and proclaimed his attitude on Germany's treatment of the Jews.

The sports editor of the Bombay Chronicle declared: "It is imperative that the Indian Olympic Association should convene a meeting of their council as early as possible and discuss the situation arising out of the insulting speech of the German dictator."

GERMANY MUST PERISH!

By

THEODORE N. KAUFMAN

ARGYLE PRESS
Newark, New Jersey

Theodore N. Kaufman: Germany must perish.

"Special note to reader

GERMANY MUST PERISH presents a plan for the structure of a permanent and lasting peace among civilized nations. It bases its thesis on the eventual defeat of Germany by the British Empire and its Allies, without the assistance of the United States.

However should circumstances decree that the American public cast its ballot in favor of war as a measure of self-defense (and it is the fervent prayer of the author that this may never happen) it would become paramount that the lives of our native sons not be sacrificed in vain as were their fathers' lives a generation ago.

If our soldiers must go forth to kill or die in battle, at least let them be given not alone a Slogan but a Solemn Purpose and a Sacred Promise.

Let that Purpose be an Enduring Peace!

And, this time, that Promise *must be kept!*

1. About This Book

Today's war is not a war against Adolf Hitler.

Nor is it a war against the Nazis.

It is a war of peoples against peoples; of civilized peoples envisioning Light, against uncivilizeable barbarians who cherish Darkness.

Of the peoples of those nations who would surge forward hopefully into a new and better phase of life, pitted against the peoples of a nation who would travel backward enthusiastically into the dark ages.

It is a struggle between the German nation and humanity.

Hitler is no more to be blamed for this German war than was the Kaiser for the last one. Nor Bismarck before the Kaiser. These men did not originate or wage Germany's wars against the world. They were merely the mirrors reflecting centuries-old inbred lust of the German nation for conquest and mass murder.

This war is being waged by the German People. It is they who are responsible. It is they who must be made to pay for the war. Otherwise, there will always be a German war against the world. And with such a sword forever hanging overhead the civilized nations of the world, no matter how great their hopes, how strenuous their efforts, will never succeed in creating that firm and solid foundation of permanent peace which they must first establish if ever they intend to start the building of a better world.

For not only must there be no more German wars in fact; there must not even remain the slightest possibility of one ever again occurring. *A final halt* to German aggression, not a temporary cessation, must be the goal of the present struggle.

This does not mean an armed mastery over Germany, or a peace with political or territorial adjustments, or a hope based on a defeated and repentant nation. Such settlements are not sufficiently conclusive guarantees of no more German aggressions.

This time Germany has forced a Total War upon the world.

As a result, she must be prepared to pay a Total Penalty.

And there is one, *and only one,* such Total Penalty:

Germany must perish forever!

In fact – not in fancy!

Daily the truth is being impressed upon us by observation, and upon others less fortunate by bombs, that the German doctrine of force is not one based upon either political expediency or economic necessity. The personal war-lust of those who lead the German people is but a component part of the war-lust which exists as a whole in German masses. . . .

S. 90ff.

7. Death To Germany

When an individual commits premeditated murder, he must be prepared to forfeit his own life in consequence. When a nation commits premeditated murder upon its fellow nations, it must be prepared to forfeit its own national life.

On that point the laws of man and God are explicit:

"An eye for an eye, a tooth for a tooth, and a life for a life."

But what is the law of man or God to Germany? Nothing.

She recognizes only German law; so be it.

It must then be German law, if such a law there be, which decrees her penalty – the penalty of death.

And there is such a German law which decrees that death to her:

"As in all human affairs, there must also be in every system of punishment a last limit, a ne plus ultra that no punishment can overstep. Thus even from the point of view of pure theory the necessity of the death-penalty is postulated; it is, as the ultimate punishment on earth, the indispensable keystone of every ordered system of criminal law. No apparent reasons which are alleged against it can withstand any serious criticism. The State, which has the right to sacrifice for its own protection the flower of its youth, is to feel so nice a regard for the life of a murderer? We must rather allow to the State the right to make away with men who are undoubtedly injurious to the common weal. That the powers that be must bear the sword is an expression which runs deep in the blood of the honest man; if this truth is to be banished out of the world, great wrong

is done to the simple moral feeling of the people. The ultimate problems of the moral life are to be solved in the domain of the practical, not of the theoretical, reason. The conscience of every earnest man demands that blood be atoned by blood, and the common man must simply grow doubtful of the existence of justice on earth, if this last and highest punishment is not inflicted. The State makes itself ridiculous and contemptible if it cannot finally dispose of a criminal. *There must be a limit for mercy and indulgence, as for the law, a last limit at which the State says: 'This is the end, humanity is no longer possible here.'* It must be possible to inflict at last *a punishment beyond which there is nothing, and that is the punishment of death.*"
(Heinrich von Treitschke)

Let German Will be done!

There remains now but to determine the best way, the most practical and expeditious manner in which the ultimate penalty must be levied upon the German nation. Quite naturally, massacre and wholesale execution must be ruled out. In addition to being impractical when applied to a population of some seventy million, such methods are inconsistent with the moral obligations and ethical practices of civilization. There remains then but one mode of ridding the world forever of Germanism – and that is to stem the source from which issue those *war-lusted* souls, by preventing the people of Germany from ever again reproducing their kind. This modern method, known to science as *Eugenic Sterilization,* is at once practical, humane and thorough. Sterilization has become a byword of science, as the best means of ridding the human race of its misfits: the degenerate, the insane, the hereditary criminal.

Sterilization is not to be confused with castration. It is a safe and simple operation, quite harmless and painless, neither mutilating nor unsexing the patient. Its effects are most often less distressing than vaccination and no more serious than a tooth extraction. Too, the operation is extremely rapid requiring no more than ten minutes to complete. The patient may resume his work immediately afterwards. Even in the case of the female the operation, though taking longer to perform, is as safe and simple. Performed thousands of times, no records indicate cases of complication or death. When one realizes that such health measures as vaccination and serum treatments are considered as direct benefits to the community, certainly sterilization of the German people cannot but be considered a great health measure promoted by humanity to immunize itself *forever* against the virus of Germanism.

The population of Germany, excluding conquered and annexed territories, is about 70,000,000, almost equally divided between male and female. To achieve the purpose of German extinction it would be necessary to only sterilize some 48,000,000 – a figure which excludes, because of their limited power to procreate, males over 60 years of age, and females over 45.

Concerning the males subject to sterilization the army groups, as organized units, would be the easiest and quickest to deal with. Taking 20,000 surgeons as an arbitrary number and on the assumption that each will perform a minimum of 25 operations daily, it would take no more than one month, at the maximum, to complete their sterilization. Naturally the more doctors available, and many more than the 20,000 we mention would be available considering all the nations to be drawn upon, the less time would be required. The balance of the male civilian population of Germany could be treated within three months. Inasmuch as sterilization of women needs somewhat more time, it may be computed that the entire female population of Germany could be sterilized within a period of three years or less. Complete sterilization of both sexes, and not only one, is to be considered necessary in view of the present German doctrine that so much as one drop of true German blood constitutes a German.

Of course, after complete sterilization, there will cease to be a birth rate in Germany. At the normal death rate of 2% per annum, German life will diminish at the rate of 1,500,000 yearly. Accordingly in the span of two generations that which cost millions of lives and centuries of useless effort, namely, the elimination of Germanism and its carriers, will have been an accomplished fact. By virtue of its loss of self-perpetuation German Will will have atrophied and German power reduced to negligible importance."

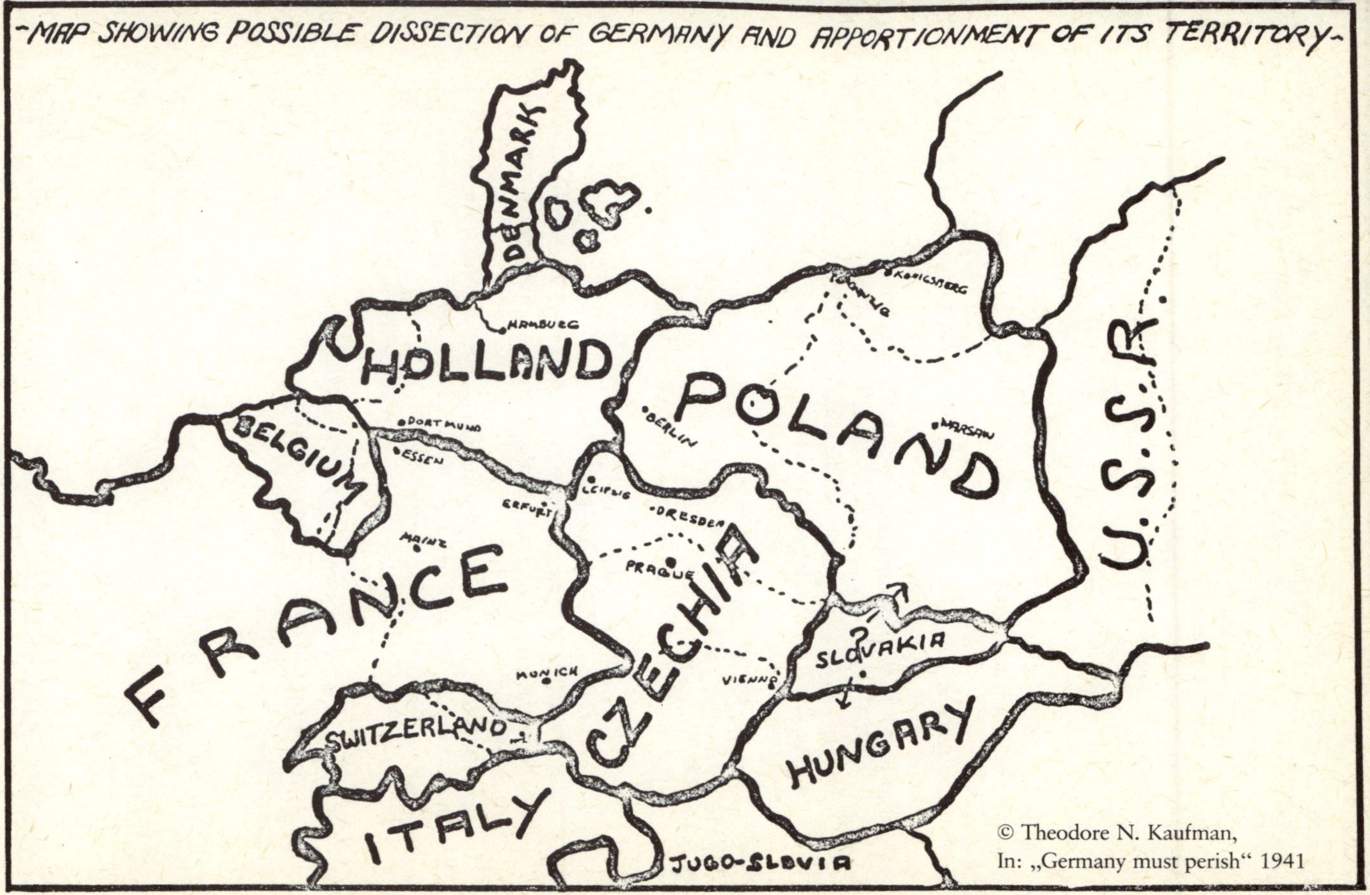

© Theodore N. Kaufman,
In: „Germany must perish“ 1941

Dokument 11

Berichte des italienischen Botschafters in Stockholm vom 18. und 21. Juni 1940. DDI, Nona Serie, Bd. V, Nr. 47 v. 18. 6. 1940 und Nr. 78 v. 21. 6., und des italienischen Generalkonsuls in Berlin v. 7. Juli 1940:

DDI, Nona Serie, Bd. V,
37, „Nr. 47 Il Ministro a Stoccolma, Fransoni, al Ministro degli Esteri, Ciano

Stoccolma, 18. 6. 1940.

Rappresentante britannico in udienza a questo Ministro degli Affari Esteri gli ha dichiarato che il Governo di Londra è disposto a trattare la pace con Germania. Questo Segretario Generale degli Affari Esteri che mi ha subito informato di ciò ha precisato su mia richiesta che la dichiarazione del Rappresentante britannico ha avuto carattere ufficiale e che Ministro degli Affari Esteri Gunther cui è stata fatta ha anche compreso di poter servirsi della dichiarazione stessa con discrezione ed a suo giudizio. Questa comunicazione del Ministro d'Inghilterra può avere almeno il fine di preparare il terreno ad ogni passo che il Governo di Londra comincia oggi considerare opportuno o forse anche inevitabile."

DDI, Nona Serie, Bd. V
61, „Nr. 78 Il Ministro a Stoccolma, Fransoni, al Ministro degli Esteri, Ciano

Stoccolma, 21. 6. 1940.

Segrètario Generale Affari Esteri ritornando oggi sull' argomento di cui al mio telegramma su indicato, mi ha precisato che mentre non era certo che questo Ministro d'Inghilterra fosse precisamente al corrente delle istruzioni in materia del proprio Governo, la communicazione che egli mi ha referito (...) era stata fatta quel giorno dal Foreign Office al Ministro Svezia a Londra. Quest Ministro Affari Esteri chiese di rimando se Foreign Office desiderava che la Svezia compisse qualche passo al riguardo. La risposta ora pervenuta è che „non se ne facesse più parola". E che „la volontà del Governo inglese era stata indicata dall'ultimo discorso di Churchill".

Secondo informazioni di questo Ministero Affari Esteri la cosa so spiega col fatto che due tendenze esistono o esistevano a Londra: quella del Foreign Office per trattative di pace e quella contraria capeggiata da Churchill che avrebbe avuto intanto il soppravento."

Dokument 12

DDI, Nona Serie, Bd. V.
190f. „Nr. 201 Il Console Generale a Berlino, Renzetti al Ministro degli Esteri, Ciano

Berlin, 7. 7. 40

Alcune personalità tedesche, in conversazioni differenti, hanno detto che da parte di gruppi industriali inglesi se è tentato e si tenta, con il tramite di svedesi, di trovare una base di accomodamento tra la Germania e l'Inghilterra. Di tali tentativi di approccio si sarebbe parlato in una seduta segreta della Camera inglese, qualche giorno fa. Non poco sono i tedeschi i quali ritengono che la offensiva contro l'Inghilterra sia terribilmente difficile. I Tentativi degli industriali inglesi sono quindi seguiti con attenzione."

3) Bericht des italienischen Botschafters in Ankara, Nr. 402 v. 13. August 1940:

DDI, Nona Serie, Bd. V
387, „Nr. 402 L'Ambasciatore ad Ankara, De Peppo, al Ministro degli Esteri, Ciano

Ankara, 13. 8. 40

Questo Ministro Svizzera, Signor Lardy, mi ha dato seguenti notizie che comunico ad ogni buon fine. Secondo un rapporto a lui pervenuto da Berna risulterebbe-da fonte privata- che conversazioni di pace erano state iniziate a Stoccolma nei giorni scorsi, l'U.R.S.S. avrebbe fatto sapere all' Inhilterra che se poteva resistere fino alla prossima primavera, in quell' epoca l'esercito dell'U.R.S.S. sarebbe stato pronto per entrare in campagna. Davanti alla possibilità di questi favorevoli complicazioni, l'Inghilterra avrebbe interrotto le conversazioni di Stoccolma.

Sempre dal Signor Lardi ho saputo che negli ambienti di questa Ambasciata di Inghilterra si è demoralizzati e preoccupati dell' esito della guerra ..."

Quellen- und Literaturverzeichnis

A. Quellen:

1. Akten-Veröffentlichungen:

Akten zur deutschen auswärtigen Politik, Serie D

Berber, Friedrich: Europäische Politik 1933–1938 im Spiegel der Prager Akten, Essen, 1942

Berber, Friedrich: Die amerikanische Neutralität im Kriege 1939–1941. Mit einem Dokumentenanhang, Essen 1943

British Documents on Foreign Policy 1919–1939, III. Serie

Brügel, Johann W.: Stalin und Hitler. Pakt gegen Europa. Dokumentensammlung vom 22. 8. 1939–22. 6. 1941, Wien 1973

Das Werk des Untersuchungsausschusses der Verfassunggebenden Nationalversammlung und des deutschen Reichtags 1919–1930 11. Bd., Berlin 1930

Der Weltkrieg 1914–1918, bearb. v. Reichsarchiv, 2. Bd., Berlin 1925

Die deutschen Dokumente zum Kriegsausbruch. Im Auftrag d. Auswärtigen Amtes, 5. Bd.: Kommentar zu den deutschen Dokumenten zum Kriegsausbruch, Berlin 1920

Documenti Diplomatici Italiani, Nona Serie

Dokumente zur Vorgeschichte des Krieges, hsg. v. Auswärtigen Amt; Nr. 2

Weißbuch Nr. 3: Polnische Dokumente

Foreign Relations of the USA, Bd. I, II

Spiegelbild einer Verschwörung. Die Kaltenbrunner-Berichte an Bormann und Hitler über das Attentat vom 20. 7. 1944, Stuttgart 1961

2. Briefe, Gespräche, Tagebücher, Unveröffentlichte Erinnerungen:

Boetticher, Friedrich von: Soldat am Rande der Politik. Unveröffentlichte Erinnerungen

Broß, Werner: Gespräche mit Hermann Göring während des Nürnberger Prozesses. Flensburg 1950.

Ciano, Graf Galeazzo: Diaries, New York 1946

Correspondence between the Chairman of the Council of Ministers of the

USSR and the Presidents of the U.S.A. and the Prime Ministers of Great Britain during the Great Patriotic War of 1941–1945. 2 vol's, Moscow 1957. Commission for the Publication of Diplomatic Documents under the Ministry of Foreign Affairs

The Forrestal Diaries, New York 1951

Halder, Franz: Kriegstagebuch, Bd. I., 1962

Hitler aus nächster Nähe. Aufzeichnungen eines Vertrauten 1929–1932, Frankfurt 1978

Kriegstagebuch des Oberkommandos der Wehrmacht, Bd. I., 1961

Lindbergh, Charles: Kriegstagebuch 1938–1945, Wien 1970

Mastny Vojtech: The Benes-Stalin-Molotow Conversations in December 1943, in: „Jahrbücher für Geschichte Osteuropas", 20, 1972, S. 367ff.

Pastor, Ludwig Freiherr von: Tagebücher, Briefe, Erinnerungen, Heidelberg 1950

Radziwill, Fürstin Marie: Briefe vom deutschen Kaiserhof 1889–1915, Berlin 1936

Roosevelt and Churchill: Their Secret Correspondence, New York 1975

Szembek, Jan: Journal 1933–1939, Paris 1952

Wagner, Gerhard (Herausgeber): Lagevorträge des Oberbefehlshabers der Kriegsmarine vor Hitler 1939–1945, München 1972

3. Nachlaß Otto Freiherr von Ritter

B. Literatur

(Erinnerungen, Darstellungen, Nachschlagewerke)

Abetz, Otto: Das offene Problem, Köln 1951

Adamov, E. A.: Die Diplomatie des Vatikans zur Zeit des Imperialismus, Berlin 1932

Adler, H. G.: Die verheimlichte Wahrheit. Theresienstädter Dokumente, Tübingen 1958

Allard, Sven: Stalin und Hitler. Die sowjetrussische Außenpolitik 1930–1941, Bern 1974

Allen, Gary: Die Rockefeller Papiere, Wiesbaden 1976

Allen, Gary: Die Insider, Wiesbaden 1975

Awaloff-Bermondt, Fürst: Im Kampf gegen den Bolschewismus. Erinnerungen, Hamburg 1925

Barnes, Harry E.: In Quest of Truth and Justice, Chicago 1928
Barnes, H. E.: Entlarvte Heuchelei. Wiesbaden 1961
Barnett, Corelli: The Collapse of British Power, London 1972
Bartlett, Bruce R.: Cover-Clp: The Politics of Pearl Harbor 1941–1946, New York 1978
Baruch, Bernard: The Making of the Reparation and Economic Sections of the Treaty, New York 1920
Baruch, Bernard: My own story, New York 1957
Baruch, Bernard: The Public Years, New York 1960
Benoist-Méchin, Jacques: Wollte Adolf Hitler den Krieg 1939? Preußisch-Oldendorf 1971
Berber, Friedrich: Das Diktat von Versailles, Essen 1939, 2 Bde.
Beyer, Hans: Der Südosten im Spiegel der Wilhelmstraße 1919–1939, in: „Südostdeutsche Heimatblätter", München 1954, S. 150ff.
Biddle, A. J. Drexel: Poland and the Coming of the Second World War, 1976
Binz, Gerhard: Die stärkeren Bataillone, in: „Wehrwissenschaftliche Rundschau", 1959
Bley, Helmut: August Bebel und die Strategie der Kriegsverhütung 1904–1913, Göttingen 1975
Bonnet, George: Vor der Katastrophe, Köln 1951
Brackenhausen, Quina von: CFR. Council of Foreign Relations. Anatomie einer Elite. Euskirchen 1977
Braun, Otto: Von Weimar bis Hitler, Hamburg 1949
Brehm, Bruno: Apis und Este, 1931
Burckhardt, Carl J.: Meine Danziger Mission, München 1960
Carr, Edward H.: The Twenty Years' Crisis 1919–1939, London 1939
Cartagena, Graf von, Don Anibal Morillo y Pérez: Erinnerungen an meine Botschafterzeit in Rußland 1914, Berlin 1934
Chamberlin, William, H.: Amerikas Zweiter Kreuzzug. Kriegspolitik und Fehlschlag Roosevelts, Bonn 1952
Charles-Roux, Francois: Huit ans en Vatican 1932–1940, Paris 1947
Churchill, Winston: The Second World War, vol. I: The Gathering Storm, London 1948
Cochran, M. H.: Germany not guilty in 1914. With a Foreword by Harry E. Barnes and a new Introduction by Henry M. Adams, Colorado Springs 1972
Colby, Benjamin: Twas a Famous Victory, New York 1974
Collier, Basil: Siege, die keine waren. Von Versailles bis Suez (1918–1956) München 1964
Colvin, Jan: The Chamberlain Cabinet, New York 1971
Cross, Colin: The Fall of the British Empire, London 1968
Dahlerus, Birger: Der letzte Versuch, Deutsche Ausgabe, München 1948. – Schwedische Originalausgabe: „Sista Forsöget", Stockholm 1945

Dahms, Helmut: Roosevelt und der Krieg, München 1958
Dahms, Helmut: Geschichte des Zweiten Weltkrieges, Tübingen, 1965
Dall, Curtis B.: Amerikas Kriegspolitik, Roosevelt und seine Hintermänner, Tübingen 1972
Davies, Joseph: Mission to Moscow, New York 1943
Dedijer, Wladimir: Die Zeitbombe. Serajewo 1914, Wien 1967
Demangeon, Albert: Das Britische Weltreich, Berlin 1926
Dieckhoff, Hans H.: Zur Vorgeschichte des Roosevelt-Krieges, Berlin 1943
Dönitz, Karl: Zehn Jahre und Zwanzig Tage, Bonn 1958
Durham, Edith: The Serajevo Crime, London 1925

Encyclopaedia Britannica, Bd. 23, 1964

Fish, Hamilton: FDR. The other side of the Coin. How we were tricked into World War II, New York 1976
Forstmeier, Friedrich-Volkmann, Erich Hans: Kriegswirtschaft und Rüstung 1939–1945, Düsseldorf 1977
Frankfurter, Felix: Reminisces, New York 1960
Franz-Willing, Georg: Erzherzog Franz Ferdinand und die Pläne zur Reform der Habsburger Monarchie, München 1943
Franz-Willing, Georg: Die Bayerische Vatikangesandtschaft 1803–1934, München 1965
Franz-Willing, Georg: Krisenjahr der Hitlerbewegung, Preußisch-Oldendorf 1975
Frauendienst, Werner: Das Deutsche Reich von 1890–1914, in: Hdb. d. Deutschen Geschichte, IV, 1. Teil
Freedman, Max: Roosevelt and Frankfurter. Their Correspondence 1938–1945, Boston 1968
Fuller, J. F. C.: Der Zweite Weltkrieg 1939–1945, 2. Auflage, Wien 1950

Gannon, I. Robert: Kardinal Spellman, Neuenbürg 1963
Gemzell, Carl A.: Raeder, Hitler und Skandinavien, Lund 1965
Geyer-Gröner, Dorothea: General Gröner. Soldat und Staatsmann, Frankfurt/Main, 1955
Gilbert, Martin – Gott, Richard: Der gescheiterte Frieden, Stuttgart 1964
Gilbert, Martin-Gott, Richard: Der gescheiterte Frieden, Stuttgart 1964
Giovanetti, Alberto: Der Vatikan und der Krieg, Köln 1961
Görlitz, Walter: Wilhelm Keitel. Verbrecher oder Offizier? Berlin 1961
Goldmann, Nahum: Staatsmann ohne Staat, Köln 1970
Goldmann, Nahum: Das jüdische Paradox, Köln 1976
Grabert, Herbert: Sieger und Besiegte, Tübingen 1966
Grenfell, Captain Russell: Bedingungsloser Haß? Die deutsche Kriegsschuld und Europas Zukunft, Tübingen 1954

Grey, Eduard: 25 Jahre Politik, Memoiren, 2 Bde, München 1936
Grieb, Conrad: Uncovering the Forces of War, New York, 1947
Grimm, Friedrich: Mit offenem Visier, Leoni 1961
Grimm, Hans: Warum Woher – Aber Wohin? Vor, unter und nach der geschichtlichen Erscheinung Hitler, Lippoldsberg 1954
Grüber, Heinrich, Probst: Erinnerungen aus sieben Jahrzehnten, Köln 1968

Härtle, Heinrich: Kriegsschuldlüge und Friedensvertrag, Hannover 1959
Härtle, Heinrich: Die Kriegsschuld der Sieger, Preußisch-Oldendorf 1971
Härtle, Heinrich: Deutsche und Juden. Studien zu einem Weltproblem, Leoni 1978
Hassell, Ulrich: Vom anderen Deutschland, Zürich 1946
Hauser, Oswald: England und das Dritte Reich, 1. Bd. 1933–1936, Stuttgart 1972
Hedin, Sven: Amerika im Kampf der Kontinente, Leipzig 1942
Hedin, Sven: Ohne Auftrag in Berlin, Tübingen 1950
Helmdach, Oswald: Überfall? Der sowjetisch-deutsche Aufmarsch 1941, Nekkargemünd 1961
Hesse, Fritz: Das Vorspiel zum Kriege. Englandberichte und Erlebnisse eines Tatzeugen 1935–1945, Leoni 1979
Hilger, Gustav: Wir und der Kreml, Frankfurt/Main 1955
Hillgruber, Andreas-Hümmelchen, Gerhard: Chronik des Zweiten Weltkrieges. Kalendarium militärischer und politischer Ereignisse 1939–1945, Düsseldorf 1978
Hölzle, Erwin: Die Selbstentmachtung Europas, Göttingen 1975
Hölzle, Erwin: Der Geheimnisverrat und der Kriegsausbruch 1914, Göttingen 1973
Hoggan, David: Der erzwungene Krieg. Die Ursachen und Urheber des Zweiten Weltkrieges, 10. Auflage, Tübingen 1976
Hoßbach, Friedrich: Zwischen Wehrmacht und Hitler, Wolfenbüttel 1949
Hubatsch, Walter: Hitlers Weisungen für die Kriegführung, Frankfurt/Main 1962
Hull, Cordel: Memoirs, 2 Bde., London 1948

Irving, David: Hitlers Weg zum Krieg, München 1979
Jordan, Rudolf: Erlebt und Erlitten. Der Weg eines Gauleiters von München nach Moskau, Leoni 1976
Joseph, Dov: Die Belagerung Jerusalems 1948, Frankfurt/Main 1962
Jovanović, Ljuba: The murder of Serajevo, Belgrad 1924

Kaufman, Theodore N.: Germany must perish, Newark 1941
Kennan, George F.: Amerikas Außenpolitik, 1952
Kennan, George F.: Sowjetische Außenpolitik unter Lenin und Stalin, Stuttgart 1961

Kennan, George F.: Memoirs, New York 1969
Kennedy, Paul M.: The Rise and Fall of British Naval Mastery, London 1976
Keynes, John M.: The economic consequences of the war, London 1919, Neuauflage 1971
Kjellén, Rudolf: Die Großmächte der Gegenwart, 17. Auflage, Leipzig 1917
Kjellén, Rudolf: Was den Frieden verhinderte, in: „Der Völkerkrieg“ Stuttgart, Heft 212, 1917
Klein, Burton: Mängel der deutschen Kriegswirtschaft, in: “Harvard Economic Studies”, Bd. 109, 1959
Kleist, Peter: Zwischen Stalin und Hitler, Bonn 1950
Knapp, Manfred – Link, Werner – Schröder, Hans-Jürgen – Schwabe, Klaus: Die USA und Deutschland 1918 bis 1975. Deutsch-Amerikanische Beziehungen zwischen Rivalität und Partnerschaft, München 1978
Kordt, Erich: Nicht aus den Akten, Stuttgart 1950
Kordt, Erich: Wahn und Wirklichkeit, Stuttgart 1947
Krausnick, Helmut: Holsteins Geheimpolitik 1886–1890, 2. Auflage, 1942
Krock, Arthur: Memoirs, 2Bde, New York 1968
Krogmann, C. V.: Es ging um Deutschlands Zukunft 1932–1939, Leoni 1976

Langoth, Franz: Kampf um Österreich. Erinnerungen eines Politikers, Wels 1951
Lea, Homer: Die Stunde der Angelsachsen, Bern 1946; (Amerikanische Originalausgabe: „The Day of the Saxon“, 1912 erschienen)
Lenin, W. J.: Über Krieg, Armee und Militärwissenschaft. Eine Auswahl aus Lenins Schriften in zwei Bänden, Berlin-Ost 1958
Lenz, Friedrich: Die Krisis des Kapitalismus in den Vereinigten Staaten, Stuttgart 1944
Liddell Hart, B. H.: The other side of the Hill. Germany's Generals. Their Rise and Fall with their own account of military events 1939–1945, London 1951, 1.A. 1948
Liddell Hart, B. H.: The memoirs of L.H., 2Bde, London 1965
Liddell Hart, B. H.: Geschichte des Zweiten Weltkrieges, 2 Bde., Düsseldorf 1972
Liß, Ulrich: Westfront 1939/40, Neckargemünd 1959
Londonderry, Lord: Ourselves and Germany, London 1938
Lückenhaus, Alfred: Von draußen gesehen. Bericht eines deutschen Auslandskorrespondenten aus Großbritannien, den Vereinigten Staaten von Amerika, Japan, China 1924–1945, Düsseldorf 1955

Maiski, J. M.: Memoiren eines sowjetischen Diplomaten, Berlin 1967
Manstein, Erich: Verlorene Siege, Bonn 1955
Marcks, Erich: Die europäischen Mächte und die 48-er Revolution, in: Männer und Zeiten, Stuttgart 1942

Matthias, L. L.: Die Kehrseite der USA, Hamburg 1968
Meier-Dörnberg, Wilhelm: Die Ölversorgung der Kriegsmarine, Freiburg 1973
Morgenthau, Henry jr.: Germany is our Problem, New York 1945
Morin, Reman: East Wind Rising, New York 1960
Müller, Karl Alexander von: Das Zeitalter des Imperialismus, in: Knaur's Weltgeschichte, 1935
Müller, Karl Alexander von: Deutschland und England. Ein weltgeschichtliches Bild, 1939
Murphy, Robert: Diplomat unter Kriegern, Berlin 1966
Myers, Gustav: Die großen amerikanischen Vermögen, 2Bde, Darmstadt 1969 (Erstausgabe 1916: The History of Great American Fortunes)

Neubacher, Hermann: Sonderauftrag Südost, Göttingen 1956
Nevins, Allan: Henry White. Thirty Years of American Diplomacy, New York 1930
Newman, Simon: March 1939. The British Guarantee to Poland. A Study in the Continuity of British Foreign Policy, Oxford 1976
Niedhart, Gottfried: Kriegsbeginn 1939. Entfesselung oder Ausbruch des Zweiten Weltkrieges? Darmstadt 1976
Niedhart, Gottfried: Appeasement: Die britische Antwort auf die Krise des Weltreichs und des internationalen Systems vor dem Zweiten Weltkrieg, in: „Historische Zeitschrift", 226, 1978
Nitti, Francesco: Europa am Abgrund, Frankfurt/Main, 1923

Offner, Alfred A.: The Origins of the Second World War. American Foreign Policy and World Politics 1917–1941, New York 1975
Olch, Isaiah: America's Undeclared War, in: „US Naval Institute Proceedings", September 1962
Oncken, Hermann: Greys Kampf um den Eintritt Englands in den Weltkrieg, in: „Nation und Geschichte", Berlin 1935
Oreans, K.: Geschichte Englands, Bonn 1921

Panikkar, K. M.: Asien und die Herrschaft des Westens 1498–1945, Zürich 1955
Penz, Oberst von: Gedenkartikel auf Generaloberst Erich von Falkenhayn in: „Mitt. für die Angehörigen des ehemaligen Kgl. Preuß. Garderegiments z. Fuß Nr. 4 v. 22. 5. 1922
Pirow, Oswald: James M. Barry Hertzog, Cape Town-London 1958
Ploetz, Karl: Konferenzen und Verträge, Teil II, 4Bd. 1914–1959; Würzburg 1959
Ploetz, Karl: Der Zweite Weltkrieg, Würzburg 1960
Ponsonby, Arthur: Absichtliche Lügen in Kriegszeiten, Seeheim 1967

Prel, Dr. Freiherr Max du – Drescher, Dr. Herbert: Die Polen vor Berlin. Deutschland im Spiegel der polnischen Kriegspropaganda, Krakau 1940

Raeder, Erich: Mein Leben, 2Bde, Tübingen 1957
Raschhofer, Hermann: Völkerbund und Münchner Abkommen. Die Staatengesellschaften von 1938, München 1976
Rhode, Gotthold: Quellen zur Entstehung der Oder-Neiße-Linie, Stuttgart 1956
Ribbentrop, Anneliese von: Deutsch-Englische Geheimverbindungen. Britische Dokumente der Jahre 1938 und 1939 im Lichte der Kriegsschuldfrage, Tübingen 1967
Ribbentrop, Anneliese von: Die Kriegsschuld des Widerstandes. Aus britischen Geheimdokumenten 1938/39, Leoni 1974
Ribbentrop, Joachim von: Zwischen London und Moskau, Leoni 1954
Richthofen, Bolko Freiherr von: Kriegsschuld 1939–1941. Der Schuldanteil der anderen, Vaterstetten 1975
Riemeck, Renate: Mitteleuropa. Bilanz eines Jahrhunderts, Freiburg/Br. 1965
Rintelen, Enno von: Mussolini als Bundesgenosse, Tübingen 1951
Ritter, Gerhard: Karl Gördeler und die deutsche Widerstandsbewegung, Stuttgart 1954
Rock, William R.: British Appeasement in the 1930s, London 1977
Rosenman, Samuel: Working with Roosevelt, New York 1952
Rosenstock, Morton: Louis Marshall, Defender of Jewish Rights, Detroit 1965
Roskill, S. W.: The War at Sea, vol. I: The Defensive, London 1954
Ruhnau, Rüdiger: Die Freie Stadt Danzig 1919–1939, Berg a. See 1979

Sherwood, Robert E.: Roosevelt and Hopkins. An intimate History, New York 1948
Simpson, Colin: Die Lusitania, Frankfurt/Main 1973
Sündermann, Helmut: Hier stehe ich. Deutsche Erinnerungen 1914–1945, Leoni 1975
Sündermann, Helmut: Das Dritte Reich, Leoni 1961
Suñer, Ramon Serrano: Zwischen Hendaye und Gibraltar, Zürich 1948
Sykes, Christopher: Kreuzwege nach Israel, München 1965

Schellenberg, Walter: Memoiren, Köln 1956
Schlabrendorff, Fabian von: Offiziere gegen Hitler, Zürich 1946
Schüßler, Wilhelm: Deutschland zwischen Rußland und England, Leipzig 1940
Schwarte, Max: Geschichte des Weltkrieges, Berlin 1932
Schwartz, Michael: Meilensteine auf dem Weg zur slowakischen Unabhängigkeit. III. Über die Autonomie zur Eigenstaatlichkeit, in: „Slowakei“, Zeitschrift des Mtus Cernak-Instituts, Köln 1977/78, Jg. XV/XVI
Schweppenburg, Geyr von: Der Kriegsausbruch 1914 und der deutsche Generalstab, in: „Wehrwissenschaftliche Rundschau“, 1963, S. 150ff.

Schweppenburg, Geyr von: Erinnerungen eines Militärattachés in London, 1933–1937, Stuttgart 1949
Schwerin von Krosigk, Graf Lutz: Memoiren, Stuttgart 1977
Schwerin von Krosigk, Graf Lutz: Es geschah in Deutschland, Tübingen 1951
Schwinge, Erich: Bilanz einer Kriegsgeneration. Ein Beitrag zur Geschichte unserer Zeit, Marburg 1978
Stampfer, Friedrich: Erfahrungen und Erkenntnisse. Aufzeichnungen aus meinem Leben, Köln 1957
Stegemann, Hermann: Geschichte des Krieges, Bd. 1, 1917
Ströbinger, Rudolf: A-54. Spion mit drei Gesichtern, München 1965

Tansill, Charles: Die Hintertür zum Krieg, Düsseldorf 1956
Tardieu, André: La Paix, Paris 1921
Taylor, A. J. P.: Die Ursprünge des Zweiten Weltkrieges, Gütersloh 1962
Taylor, A. J. P.: The Second World War, London 1975
Thadden, Adolf von: Die Erbschaft der Giganten, Leoni 1976
Tirpitz, Alfred von: Erinnerungen, Leipzig 1919
Turmann, Ernst: Pickwa. Ein baltisches Leben, Tübingen 1975

Übersberger, Hans: Rußland und Serbien, München 1958
Übersberger, Hans: Das entscheidende Aktenstück zur Kriegsschuldfrage, in: „Auswärtige Politik", Heft 7, Juli 1943

Vansittart, Lord: Lessons of my Life, New York 1943
Verrat und Widerstand im Dritten Reich, Coburg 1978
Vnuk, F.: Die slowakische Haltung zum Nationalsozialismus, in: „Slowakei", Jg. IV, 1966
Vogel, Robert: A Breviate of British Diplomatic Blue Books 1919–1939, Montreal 1963
Volz, Hans: Daten der Geschichte der NSDAP, 11. Auflage 1943

Walendy, Udo: Wahrheit für Deutschland. Die Schuldfrage des Zweiten Weltkrieges, Vlotho 1970
Warlimont, Walter: Im Hauptquartier der deutschen Wehrmacht, Frankfurt/Main 1962
Wedemeyer, Albert: Reports, 1958; (deutsche Ausgabe: Der verwaltete Krieg, Gütersloh 1960)
Weizsäcker, Ernst von: Erinnerungen, Freiburg/Br. 1950
Werth, Alexander: Rußland im Krieg 1941–1945, München 1965
Westphal, Siegfried: Der deutsche Generalstab auf der Anklagebank, Nürnberg 1945–1948, mit einer Denkschrift von Walther von Brauchitsch, Erich von Manstein, Franz Halder, Walter Warlimont, Siegfried Westphal, Mainz 1978
Wiedemann, Fritz: Der Mann, der Feldherr werden wollte, Kettwig 1964

Williams, T. Desmond: Negotiations leading to the Anglo-Polish Agreement of 31 March 1939, in: „Irish Historical Studies", vol. X, March and September 1956

Winter, Eduard: Rußland und das Papsttum, 2 Bde, Berlin 1961

Winter, Eduard: Rußland und die slawischen Völker in der Diplomatie des Vatikans 1878–1903, Berlin 1950

Wirsing, Giselher: Der maßlose Kontinent. Roosevelts Kampf um die Weltherrschaft, Jena 1943

Zwischen Storting und Downingstreet. Schicksalsstunden eines Volkes. Ein Tatsachenbericht, zusammengestellt auf Grund authentischer Dokumente. Oslo o.J.

Abkürzungen

ADAP	Akten zur Deutschen Auswärtigen Politik
DBFP	Documents on British Foreign Policy
DDI	Documenti Diplomatici Italiani
HZ	Historische Zeitschrift
KTB/OKW	Kriegstagebuch des Oberkommandos der Wehrmacht

Personen-Verzeichnis